부자들의 개인도서관

부자들의 개인 도서관

돈을 끌어당기는 위대한 지식

이상건 지음

RHK
알에이치코리아

20주년 기념판을 펴내며

왜 돈을 벌어야 할까?

스스로 자문해 보자. 돈을 벌어야 하는 이유란 무엇인가? 누구에게는 더 좋은 집, 더 비싼 자동차를 의미할 것이고, 또 다른 이에게는 러시아 대문호 도스토옙스키의 말처럼 '화폐(돈)는 주조된 자유'를 뜻할 것이다. 어떤 이에게는 삶의 선택권을 상징하기도 한다. 일을 할 자유와 하지 않을 자유를 선택할 수 있다는 것은 얼마나 멋진 일인가. 너무너무 출근하기 싫은 월요일 아침을 떠올리면 일하지 않을 자유가 새삼 가슴에 와닿을 것이다.

필자에게 돈은 '보호'와 '독립적인 삶'과 연결돼 있다. 삶이란 예상치 못한 수많은 우연이 개입된다. 그 우연이 항상 좋은 일만 가져오는 것이 아니다. 가난, 질병, 가족 간의 갈등 등을 데려

오곤 한다. 가족 중에 오래 아픈 사람이 있다고 해 보자. 처음에는 걱정과 염려가 넘치지만 시간이 흐를수록 돈이라는 차가운 현실과 마주하게 된다. 가족을 돌볼 수 있는 돈이 있으면, 최소한 무너지지는 않는다. 지금도 질병과 돈 때문에 대한민국의 수많은 집안이 갈등을 빚고 있을 것이다.

독립적인 삶의 두 가지 기초

독립적인 삶은 두 가지 기초 위에 세워진다. 하나는 경제적 독립이고, 다른 하나는 사고의 독립이다. 두 가지는 밀접하게 관련돼 있는데, 나이가 들어갈수록 경제적 독립이 사고의 독립보다 더 중요한 것 같다. 유물론적으로 표현하면, 하부 구조(경제)가 상부 구조(사고)를 결정하는 것이다.

경제적 독립을 이루지 못한 사람들은 심리적으로 취약한 모습을 자주 드러낸다. 자존심을 필요 이상으로 내세우거나 가까운 사람들을 비난하는 등 상처받은 존재가 어떻게 해서라도 자신을 지키려 발버둥 치는 경우를 많이 본다.

필자가 간혹 후배들에게 하는 얘기가 있다. "좋은 집에 사는 것만이 자존심을 지키는 것은 아니다. 좋은 집에 살더라도 잔뜩 빚이 있는 상태라면, 결코 독립된 삶이 아니다. 빚 없고 아껴 쓸 수 있는 능력이나 습관을 가진 사람, 즉 삶 자체가 고비용 구조가 아닌 저비용의 삶을 살 수 있는 사람이 더 독립적인 존재일 수 있다"라고. 번 것보다 덜 쓰고 부채는 최소한으로 하려고 노력하며 남은 돈을 꾸준히 저축하고 투자할 수 있다면, 그 사람은 이미 독립적인 사람일 확률이 높다.

필자는 워런 버핏Warren Buffett의 파트너 찰리 멍거Charles Munger의 얘기처럼 "저축하지 않는 사람은 그 누구도 도와줄 수 없다"라는 말을 믿는다. 저축은 독립적인 삶의 기본 징표이다. 그리고 부자로 가는 첫걸음이기도 하다. "백만장자의 표시가 뭔지 아는가? 바로 수입이 항상 지출을 초과하는 것이다. 백만장자들은 일찍부터 저축을 시작한다. 돈을 벌기 시작할 무렵부터 말이다(미국의 철강왕 앤드류 카네기)."

투자에서 확률적 우위를 확보하는 법

$$투자\ 성과 = f(금액,\ 수익률,\ 시간)$$

필자는 이 함수가 투자의 모든 것을 말한다고 믿는다. 투자 성과를 극대화하는 길은 정답이 있다. '많은 금액'을 '높은 수익률'로 '오랜 기간' 투자하는 것이다.

먼저 금액을 보자. 투자는 절대적으로 판돈이 크면 클수록, 즉 부자가 유리한 게임이다. 판돈이 크면 첫째, 적은 수익률로도 많은 돈을 벌 수 있고(100억 원의 1퍼센트는 1억 원이지만, 1,000만 원의 1퍼센트는 10만 원이다), 둘째, 일부 손실을 입더라도 삶에 큰 타격을 받지 않으며, 셋째, 무엇보다 중요한 것으로, 오래 기다릴 수 있다는 장점이 있다.

투자에서 가장 위험한 것은 찰리 멍거의 말을 빌자면, 무지와 레버리지가 만나는 것이다. 워런 버핏의 표현을 빌리면, 조급증과 레버리지가 만나는 것이다. 최악은 조급증과 무지와 레버리지가 만나 연출하는 불행과 파국의 하모니이다. 큰 금액은 절대적이지는 않더라도 조급증의 함정에 빠질 가능성도 크게 줄여준다.

수익률은 어느 정도 올려야 할까? 2배, 3배를 벌어야 할까? 물론 그러면 더할 나위 없을 것이다. 필자의 목표수익률은 적게는 연 10퍼센트, 보통은 15퍼센트 전후이다. 이 정도 수익률만 올릴 수 있으면, 절대 가난하게 살 일이 없기 때문이다. 그 유명한 72의 법칙을 활용해 더 구체적으로 살펴보자.

72의 법칙은 복리 수익률과 기간의 관계를 나타낸다. 만일 연평균 10퍼센트의 수익률을 거둘 수 있으면, 72를 10으로 나눈 값, 즉 대략 7.2년 뒤에 내 돈이 2배가 된다. 만일 15퍼센트라면? 4.8년 뒤에 2배로 불어난다. 만일 20퍼센트의 수익률이라면, 3.6년 뒤면 2배가 된다. 20퍼센트의 수익률을 매년 거둘 수 있다면, 내 돈이 3.6년마다 2배로 불어나면 나중엔 감당할 수 없는 규모로 커질 것이다. 실제 이런 사람이 존재하는데, 그가 바로 세계 최고의 투자가 워런 버핏이다. 2배도 아니고 3배도 아닌 그에 한참 못 미치는 연평균 20퍼센트의 수익률을 거둘 수 있다면, 당신은 제2의 워런 버핏이 될 수 있다는 말이다.

시장수익률이라고 불리는 S&P 500의 지난 200년간 수익률은 자료마다 조금 상이하지만 연 8~12퍼센트 수준이다. 2000년대 이후는 수익률이 이보다 좀 더 높다. 200년이란 세월 속에는 자본주의 역사상 가장 참혹한 대공황의 시기, 고통의 시간이었던 1970년대의 스태그플레이션 시기, 그리고 2008년 금융위기와 코로나 팬데믹 사태가 있었다. 심지어 10년 정도는 주가가 전혀 힘을 쓰지 못한 경우도 있었다. 하지만 투자의 시간 지평Time Horizon을 10년 이상, 아니 20년, 30년 가져갈 수 있는 사람은 시장에서 모두 승자가 됐다.

평범한 사람들의 동반자, 적립식 투자

투자란 확률 게임이다. 게임에서 51퍼센트의 승률을 기록할 수 있다면, 그는 영원히 그 게임의 승자가 될 것이다. 그런데 승률이 90퍼센트 이상, 아니 거의 100퍼센트에 육박하는 방법이 있다. 바로 오래 투자하는 것이다. 10년도 짧다. 30년 이상 투자하면, 당신은 투자 게임에서 영원한 승자가 될 수 있다. 역사적 경험이 보여 준 사실이 이런데도 시간에 베팅하는 사람은 많지 않다. 지루하고 재미없고 빨리 결과가 나오지 않기 때문이다.

한국에서도 미국의 S&P 500과 같은 세계 여러 나라의 인덱스에 투자할 수 있는 시대이다. 전 세계 전체에 투자하는 인덱스도 있다. 무엇이라도 좋다. 처음 시작할 때부터 시간에 초점을 맞추자. 장기간 오래 꾸준히 쉬지 않고 투자하겠다는 각오로 시작하자. 필자는 개인적으로 25년 가까이 매월 적립식으로 투자하고 있는데, 평범한 사람이 큰 고민 없이 안정적으로 돈을 벌 수 있는 이보다 더 나은 방법을 아직까지는 찾지 못했다.

자산 경제의 시대

'자산 경제 The Asset Economy.'

2000년대에 들어서는 한 사람의 삶에서 '자산의 보유 여부'가 미치는 영향력이 크게 늘었다. 예전에는 살아가는 과정이 컨베이어 벨트 시스템처럼 대부분 어슷비슷했다. 비슷한 시기에 대학을 가고, 비슷한 때에 결혼하고 아이 낳고, 비슷하게 승진하고 아파트 분양받아서 내 집 마련하고……. 이런 삶의 풍경이 급변하기 시작한 것은 2000년대가 본격화되면서이다. 같은 내 집이라도 어디에 있는 집인가(소위 말하는 입지)가 중요해졌고, 반드시 부장이 대리보다 자산이 더 많다고 보장할 수 없는 풍경이 만들어졌다. 자산 보유 여부가 그 사람에 대한 평가를 결정하는 주요 잣대가 된 것이다. 우리나라만 그런 것이 아니라 대부분의 선진국에서 이런 현상이 나타났다.

여러 이유가 있지만 가장 두드러진 것 중 하나가 통화량의 팽창이다. 우리나라만 보더라도 통화량(M2 기준)은 집계를 처음 시작한 1986년 연중 평균 액수로 47.9조 원이었는데, 2024년에는 4045.2조 원으로 늘었다. 38년 사이에 단순 계산으로 84.5배가 늘었다. 여기서 구체적인 수치는 언급하지 않겠지만 미국, 일본, 유럽도 우리나라와 사정은 다 비슷하다.

2008년 금융 위기와 그 이후 코로나 팬데믹을 거치면서 통화량은 급격히 늘어났다. 경제학자들은 이런 현상을 두고 엄밀한 분석과 전망을 내놓겠지만 개인 투자자들이 그것까지 알 필요가 없다고 생각한다. 우리가 알아야 할 것은 돈이 많이 풀리면, 그것도 실물 경제 성장보다 더 빠른 속도로 돈이 풀리면, 그 돈은 자산시장으로 간다는 것이다. 돈이 흔해지고, 가치가 떨어지면, 자산에 대한 수요는 증가하게 마련이다. 이 점을 알아차린 사람들은 주식, 부동산 같은 자산을 적극적으로 사들였다.

2000년대 이후에는 현금의 가치가 떨어지는 시대였고, 가치가 떨어진 현금을 주식이나 부동산으로 바꾼 사람들이 부를 축적하는 시대였다. 30년도 안 되는 시기에 자산 보유자와 비 보유자 간 삶의 간극이 몰라보게 달라진 것이다. 우리는 지금도 그 연속선상에 살고 있다.

자산이 추동하는 삶

우리가 돈을 버는 방법은 본질적으로 두 가지 방법밖에 없다. 하나는 대출자가 되어 돈을 빌려주는 것이고, 다른 하나는 자산 소유자가 되는 것이다. 흔히 앞의 것을 저축, 뒤의 것을 투자라고 한다. 적금이나 예금은 저축인데, 이것은 은행 등에 돈을 빌려주고 그 대가로 이자를 받는 것이다. 투자는 자산을 매입해서 소유자, 즉 주인이 되는 것이다. 저축이 이자로 돈을 번다면, 자산 소유자는 가격 상승을 통해 수익을 챙긴다.

저금리와 통화량의 증가로 인해 저축자는 계속 돈을 잃고, 자산 소유자는 부가 상승하는 시대가 2000년대 이후 계속되고 있다. 지금은 '자산이 추동하는 삶asset driven lives의 시대'를 살아야 할 때이다.

자신이 어떤 사람인지 알고 하는 투자

바야흐로 1999년대 말 인터넷이라는 도도한 문명이 등장하면서 주식시장의 열기는 그야말로 뜨거웠던 때의 일이다. 그때 필자는 증권 기자 초년병이었고, 다른 사람들과 마찬가지로 주식시장의 광기에 흠뻑 취해 있었다. 그 시절 새로 등장한 투자 방법이 데이 트레이딩, 스켈핑과 같은 초단타 투자였다. 하루,

아니 매분 매초의 주가 움직임에 인생을 건 투쟁(?)을 하는 새로운 유형의 투자자들이 등장했다. 모두가 희망에 부풀었고, 모두가 주식에 미쳐 있었으며, 모두가 부자가 되는 꿈에 열렬히 취해 있었던 시절이다. 대문호 찰스 디킨스가 『두 도시 이야기』에 쓴 유명한 첫 문장과 유사한 시대였다.

"최고의 시절이었고, 또한 최악의 시절이었다. 지혜의 시기였고, 또한 어리석음의 시기였다. 믿음의 시대였고, 또한 불신의 시대였다. 빛의 계절이었고, 또한 어둠의 계절이었다. 희망의 봄이었고, 또한 절망의 계절이기도 했다. 우리는 모든 것을 가지고 있었지만, 또한 아무것도 갖고 있지 않았다. 우리 모두는 천국을 향해 가고 있었지만, 또한 그 반대쪽으로 가고 있기도 했다."

그 열광의 결과를 우리는 이미 알고 있다. 최고는 최악이 됐으며, 지혜는 어리석음이 됐고, 믿음은 불신으로 변했으며, 빛은 어둠이 되었다. 희망의 봄은 절망의 계절로 변했고, 부자가 된 듯했지만 나중은 모두 가난해졌다. 천국으로 가는 듯했지만 결국은 파국의 길로 갔던 셈이다.

열광과 파국을 거치며 느낀 점은 투자는 필요하지만 인생을 건 투자는 나에게 맞지 않는다는 사실이었다. 데이 트레이더는 하루하루를 치열한 승부사로 살았다. 그들이 느끼는 스트레스와 압박감을 보면 '과연 주식이, 돈이 그럴 가치가 있을까?'라는 질문을 떠올렸다. 물론 돈은 귀신도 부린다는 말이 있지만 보다 균형 잡힌, 일상과 투자를 동시에 꾸리면서도 가난해지지 않는 방법, 큰 부자는 아니더라도 작은 부자는 될 수 있는 방법이 궁금했다.

그 방법, 그중에서도 자신에 맞는 방법을 찾는 위력한 길은 바로 공부를 통해 자신에게 맞는 길을 찾는 것이다. 여기서 공부란 독서와 경험, 그리고 나보다 나은 사람들로부터 배우는 태도를 아우르는 개념이다. 최소한 일류 투자가들의 책을 읽고, 경제 신문에 나오는 경제 용어는 충분히 소화할 수 있는 실력 정도는 갖추어야 한다.

어떤 사람을 만나느냐도 독서 못지않게, 아니 독서 이상으로 중요한 거 같다. 단순히 돈 많은 사람만을 의미하는 것이 아니다. 자신의 지혜와 경험을 나누어 줄 수 있는 사람이어야 한다. 물론 당신이 그 사람으로부터 신뢰를 얻어야 함은 당연한 일이다. 읽고 생각하고 배우고 자신의 실수를 스스로 검토하고 피드백을 통해 수정·발전시켜 나가는 과정이 지속적으로 선순환되어야 한다.

아무리 위대하고 뛰어난 투자 방법이라 하더라도 자신의 기질에 맞아야 한다는 것이다. 사람마다 타고난 기질이 있고, 인생 고유의 경험이 있다. 그런데 자신을 돌아보지 않는 투자자들이 너무 많다. 내가 어느 정도의 리스크를 수용할 수 있는 사람인지 스스로 평가할 수 있어야 한다. 내가 어떤 방법으로 투자할 때, 변동성을 잘 견디고 상대적으로 편한 투자를 하는지 본인이 알고 있어야 한다. 결국 자신의 기질에 맞는 방법을 찾아서 얼마나 꾸준히 지속적으로 하느냐에 따라 장기적인 투자 성과가 달라질 것이다. 우리는 여전히 '너 자신을 알라'고 설파했던 소크라테스의 정신적 그늘 안에 살고 있다.

    이 책이 나온 지 20년이 됐다. 대단한 투자가도, 깊이 있는 학식도 갖추지 못한 피 끓는 한 젊은이가 쓴 책이 이리 오래 생명력을 유지할 것이라고는 전혀 생각하지 못했다. 다시 읽어 봤다. 몇 가지 눈에 거슬리는 부분이 있긴 하지만 20년 전이나 지금이나 생각에는 거의 차이가 없었다. 출간 20주년을 맞아 새로 쓴 머리말은 과거의 내가 아닌 현재의 내 생각이다. 복잡한 투자 기법이나 공식보다 단순한 규칙을 갖고 장기 투자하는 게 훨씬 더 좋은 결과를 만든다는 사실을 지금 더 뼈저리게 느낀다. 더 단순하고 규율 있게 투자하고 살았어야 했다.

    여러분은 부디, 필자와 같은 어리석음에 빠지지 말고 단순하고 규율 있게 자신의 인생 항로를 유지하시길 기원한다.

2025년 12월
이상건

이 책을 다시 출간하며

투자 분야에서 기자로, 연구소 직원으로 밥을 얻어먹고 산 지 20여 년이 넘었다. 그 세월의 결과로 배운 것 중 마음에 새긴 몇 가지가 있다. 물론 마음에 새겼다고 해서 그것을 모든 상황에서 완벽하게 지키고 따르는 것은 아니지만 말이다.

- 당신이 생각하는 것보다 운運의 힘은 더 강력하다. 아니 때론 실력보다 더 중요하다.
- '위대한 예측가'보다는 '꼼꼼한 분석가'가 돈을 잘 벌 가능성이 높다.
- 남들보다 멀리 내다보려면, 앞선 거인들의 어깨 위에 올라서야 한다.

- 가장 뛰어난 재정전략이란 자신의 수입 범위 내에서 만족하며 사는 것이다.

이외에도 몇 가지가 더 있지만 가장 강조하고 싶은 것은 이 네 가지다. 이 네 가지를 각각 한 단어로 표현하면, '운' '예측' '학습전략' '재무전략'이라고 할 수 있다. 먼저, 재무전략에 대한 얘기부터 거꾸로 시작해 보자.

돈 버는 방법의 기초는 늘 번 것보다 덜 쓰는 데 있다. 번 것보다 덜 써서 남은 것이 '자본'이다. 이를 '종잣돈'이라고 말할 수도, '밑천'이라고 표현할 수도 있다. 투자는 이 자본에서 시작된다. 자본 축적이 없으면 투자로 나아갈 수 없고, 당연히 이 자본의 크기가 커질수록 부자에 다가가게 된다.

그러나 덜 써서 모으는 과정을 좋아하는 사람은 별로 없다. 상당한 인내심을 요구하는 탓이다. 대다수의 사람들은 빨리 돈을 벌어 부자가 되고 싶어 한다. 인간은 비교하는 동물이고, 시기하는 동물이고, 부러워하는 동물이기 때문이다.

작은 원시공동체에서 발전해 온 인류는 끊임없이 옆 사람과 옆집과 옆 동료와 나를 비교한다. 그래서 돈의 절대적 크기보다는 상대적 크기가 중요하다. 내게 100억 원이 있더라도 주위에 150억 원 이상 가진 사람들이 가득하면 빈곤감을 느낀다. 어쩌면 상대적 박탈감은 인간 본연의 감정일지도 모른다.

이 감정에 초연해 살 수 있는 사람은 아마도 성인의 반열에 오를 것이다. 이렇듯 구도求道의 길에 오른 사람이 아니라면, 이 감정의 실체를 인정하고 사는 것이 낫다고 생각한다. 단, 비교의식 혹은 부러움의 양면성을 제대로 이해할 필요는 있다.

비교의식 또는 부러움은 투자나 소비의 영역에서는 순기능보다 역기능이 많다. 무리한 투자나 과소비로 연결되기 십상이다. 그러나 비즈니스를 하거나 의지를 다질 때는 순기능이 존재한다. 성공에 대한 강력한 내적 동기와 도전의식을 불어넣어 준다. 남들에게 지지 않겠다는 의지와 분노는 삶에 상당한 에너지를 제공한다.

반면 재무전략에 있어서는 부러움과 비교의식은 독毒으로 작용할 때가 많다. 가급적 남과 비교를 적게 하고, 덜 부러워하고, 덜 시기하면, 인생도 덜 불행해진다. 경제적으로는 저축액과 투자액이 늘어난다.

여기서 알아야 할 것 한 가지. 남들이 먼저 부자가 된다고 해서 세상이 끝나는 것이 아니라는 사실이다. "누군가는 분명히 당신보다 빨리 부자가 되고 있다. 그런다고 세상이 다 끝난 것은 아니다(찰리 멍거)."

워런 버핏의 스승이자 현대 증권의 아버지이고 월스트리트의 성경이라 불리는 『현명한 투자자』의 저자인 벤저민 그레이엄Benjamin Graham이 회고록에서 가장 훌륭한 재무전략에 대해 다음과 같이 얘기한 바 있다.

"내가 가장 단순하고 중요한 물질적 풍요의 법칙을 알게 되기까지 수십 년의 세월이 흘렀고 수많은 부침을 겪고 난 뒤였다. 가장 뛰어난 재정전략이란 그 사람의 수입 범위 내에서 만족하며 사는 것이다."

다음은 '학습전략'이다. 거창하게 표현하면, 태양 아래 새로운 것은 없다. 누군가의 발명이나 발견은 과거의 것의 새로운 조합이나 덧붙임이다. 없던 것이 새롭게 태어나는 것은 없다. 특히 비즈니스 세계에서는 사정이 더하다.

일류 투자가들의 DNA 중 가장 도드라지는 것은 '학습 유전자'이다. 그들은 늘 공부한다. 특별히 시간을 내서 따로 하는 공부가 아닌 '삶의 일부로서의 학습'이다.

모든 투자 이론은 앞선 세대에 빚을 지고 있다. 거장의 반열에 오른 투자가라도 예외는 아니다. 앞선 세대의 이론과 경험에 살을 붙이고 색을 칠해서 자신의 이론과 철학을 가다듬는다. 물론 공부를 열심히 한다고 돈을 많이 벌 수 있다고 말할 수는 없다. 하지만 투자를 잘하는 사람들이 '뛰어난 학습자'라는 것은 분명한 사실이다.

일류 투자가들은 인생을 학습 과정으로 바라본다. 성공도 실패도 학습의 과정일 뿐이다. 인생에 완성형이 없음을 인정하고, 자신의 실수나 실패 가능성을 늘 열어 놓는다. 실수나 실패를 누구의 탓으로 돌리기보다 학습의 과정으로 받아들인다. 탓으로 돌리는 사람들은 한 걸음도 나아가지 못하지만 그것으로부터 배우는 사람은 작은 걸음을 내딛는다. 그 작은 걸음이 쌓이고 쌓여 나중에 커다란 차이를 만들어 낸다. 학습에도 '복리複利 효과'가 있는 것이다.

학습의 시작은 나보다 나은 사람을 흉내 내면서 시작된다. 모방하면서 점차 자신의 입김과 피를 불어넣어 자신만의 철학 혹은 방법론을 만들어간다. 물론 그 철학 또는 방법론은 폐쇄형이 아닌 개방형이다. 다시 말해 자신의 오류 가능성, 실수 가능성이 담보되어 있다. 벤저민 그레이엄과 워런 버핏은 이를 '안전 마진margin of Safety'이란 개념으로 정식화했다. 안전 마진이란 개념에는 설사 올바른 분석을 통해 투자했더라도 자신이 틀릴 수 있으므로 실패 가능성을 고려해야 한다는 아이디어가 담겨 있다. 한 마디로 최악은 피하겠다는 것이다.

한 걸음 더 나아가 세상을 멀리 내다보려면, 그리고 자신의 삶을 더 충실하게 살려면, 거인들의 어깨 위에 올라서야 한다. 세기의 천재 아이작 뉴턴 경의 말처럼 말이다.

"내가 남들보다 멀리 내다본 게 있다면 그건 단지 거인들의 어깨 위에 올라서 있었기 때문이다."

운과 실력, 무엇이 큰돈을 벌어다 줄까

아마도 인류 역사상 가장 오래된 직업 리스트를 작성할 때,

매춘과 예언은 빠지지 않을 것이다. 두 가지는 모두 욕망을 상징한다. 앞의 것은 육체적 욕망을, 뒤의 것은 인간의 한계를 넘어서 신의 영역에 도전하고자 하는 욕망을 표현한다.

투자의 세계에서도 예언이나 예측은 빠지지 않는다. 미래를 알 수만 있다면 큰돈을 벌 수 있으니, 당연한 일이 아니겠는가. 대표적인 것이 '시장 전망'이다. 투자에 관한 대화가 이뤄지는 자리에 빠지지 않는 것이 시장 전망이다. 주식시장이 어떻게 될지, 부동산시장은 앞으로 어떤 모습이 될 것인지는 누구나 알고 싶은 미래이다.

한 가지 재미있는 현상은 예언 비즈니스에서는 사람들의 뇌리에 낙관론보다 비관론이 더 또렷이 기억된다는 점이다. 시장 강세론을 외친 사람보다는 폭락을 예견한 사람이 더 주목을 받고 인기를 끈다. 시장의 슈퍼스타가 되기도 한다. 왜 그럴까. 사람들이 이익보다는 손실에 더 민감하고, 마치 비행기 추락 사건처럼 강렬한 이미지로 시장 폭락을 기억하기 때문인 것 같다. 현대 심리학 연구에 따르면 인간은 같은 금액이라도 이익보다는 손실에 2배가량 민감하다고 한다. 이를 '손실 회피 감정'이라고 한다. 뇌리에 각인된 손실에 대한 아픔에 '폭락론 예언가'의 말에 귀를 더 기울이게 되는 것이다.

확률적으로 비행기 사고로 죽을 확률이 자동차 사고로 사망할 확률보다 현저히 낮음에도 사람들은 비행기가 더 위험하다고 여긴다. 자동차 사고는 뉴스의 헤드라인을 장식할 가능성이 거의 없지만 비행기 사고는 그렇지 않다. 뉴스 시간마다 빠지지 않고 등장한다. 강력한 미디어의 힘이 인간의 의식 속에 깊은 두려움을 심어 놓는 듯하다. 시장 폭락 상황도 비행기 사고와 같다. 커다란 폭락으로 시장에 공포심이 가득하면 미디어는 더욱더 공포감을 불어넣는다. 공포심과 투자 손실이 결합되면, 그 기억은 오래도록 머릿속을 떠나지 않는다.

주택시장을 둘러싼 폭락론도 몇 년간 빠지지 않는 단골이다. 인구구조의 변화와 저성장 그리고 가격 거품으로 주택시장의 상승세는 이제 과거의 일이라는 게 폭락론의 요지이지만 아직도 폭락하지 않았다. 물론 앞으로 폭락할 수도 있다. 그것이 내년이 될지, 10년 뒤가 될지, 20년 뒤가 될지는 모를 일이다. 만일 어떤 사람이 20년 동안 줄기차게 주택시장 폭락론을 주장했다고 하자. 19년 동안 틀리다가 마지막 1년에 그의 예측이 적중했다고 해서 그 사람이 뛰어난 예측력을 발휘했다고 말할 수 있을까.

그렇다고 필자가 예측의 무용론을 주장하는 것은 아니다. 예측은 할 수도 있고 필요하면 해야 한다. 그러나 강조하고 싶은 점은 그 예측으로 돈을 벌기도 어렵고, 설사 예측을 제대로 했더라도 예측의 정확성과 돈을 버는 것이 반드시 합치하는 것은 아니라는 점이다. 오히려 자신이 잘 아는 것에 집중하는 전략이 승률을 높여 준다.

주택시장 관련 기사의 주인공은 단연 강남아파트이다. 기사만 읽어 보면 강남아파트를 사지 않은 사람은 모두 부동산으로 돈을 벌지 못한 것처럼 느껴질 때도 있다. 그러나 숨은 고수들 중에는 강남에 부동산 하나 없으면서 부자가 된 사람들도 적지 않다. 이들은 대개 자신이 사는 지역이나 잘 아는 지역에만 집중한다. 그 지역의 사정을 잘 아니 좋은 물건이 싸게 나오기를 기다렸다 매입한다.

아파트에만 투자해서 성공한 사람도 있고, 아파트는 상가와 같은 수익성 부동산에 비해 현금흐름 창출력이 떨어진다는 이유로 살 집만 마련하고 철저히 상가만 공략해서 성공한 이들도 있다.

투자의 세계에서는 어느 하나의 방법만이 옳은 것은 아니다. 투자는 학교 시험 문제와 다르고 참과 거짓을 가르는 정의의 문제가 아니다. 자신이 잘 알고 승률을 높일 수 있는 쪽을 찾아가는 게 장기적으로 보면 안전하고 성과도 더 좋다.

투자란 미래와 관련된 일이지만 안타깝게도 미래를 볼 수 있는 눈이 우리에게는 없다. 그래서 투자 지역이나 대상을 좁혀야 한다. 그 좁히는 과정이 바로 자기 자신을 이해하는 길이고, 분석의 깊이를 더 하는 일이다. 워런 버핏의 파트너이자 아마추어 심리학자라고 불리는 독서광 찰리 멍거의 얘기를 들어 보자.

"투자 게임이란 남들보다 미래를 더 잘 예측하는 게임이다. 그러나 모든 것을 예측하려는 것은 가능하지도 않고 그것은 욕심이다. 그래서 한 가지 방법은 자기 능력의 영역을 제한하는 것이다. 자신이 잘 알고 할 수 있는 분야로 집중에서 예측하는 것이 중요하다."

또 한 가지 덧붙이고 싶은 점은 예측을 잘 못해도 큰돈을 벌 수 있다는 것이다. "640킬로바이트면 모든 사람에게 충분한 메모리 용량이다." 누구의 얘기냐고? 빌 게이츠Bill Gates의 말이다. 잘 알다시피 빌 게이츠는 세계 1등 부자이다.

큰돈을 버는 것은 운의 영역일까, 실력의 영역일까. 실력만 쌓으면 모든 문제가 해결될까. 일부 자기계발서 저자들의 주장처럼 매일 아침 거울을 보고 웃으면서 하루를 시작하고, '나는 할 수 있다'라고 강한 내적 암시를 하면 인생에서 성공할 수 있을까. 긍정적인 마인드를 가지면 만사형통이 될까.

물론 매일 웃으면서 하루를 시작하면 그렇지 않은 사람에 비해 좋은 일이 많이 생길 것이다. '나는 할 수 있다'라는 강한 내적 암시를 하면 어려움을 극복하는 데에도 도움이 될 것이다. 긍정적인 마인드를 가진 사람은 실패에도 툴툴 털고 빨리 일어날 것이다. 이런 것들이 쌓이고 쌓이면 일의 성과도 좋아지고, 그 결과로 돈도 따라올 것이다. 그러나 이렇게 한다고 해도 반드시 투자에서 성공한다고 말할 수 있을까. 웃고 내적 암시를 하고 긍정적인 마인드를 가지면 투자도 잘할 수 있을까.

애석하게도 그렇지는 않을 것 같다. 투자의 세계에는 '운運'이라는 요소가 개입되어 있기 때문이다. 갑자기 2008년과 같은 금융 위기가 오면 어떻게 될까. 갑자기 복권에 당첨된다면 어떨까. 기쁘게도 먼 친척이 죽으면서 나에게 뜻하지 않게도 아파트를 상속했다면 어떨까.

나의 자산에 엄청난 영향을 미치는 사건들임에도 이것들은 자기 능력의 범주에는 넣을 수 없는 것들이다. 운의 범주에 담아야 한다.

주식투자의 성패를 결정짓는 것은 운일까, 능력일까. 운과 능력 중 어느 것이 더 큰 힘을 행사할까. 역사적으로 보면, 큰 수익은 능력보다는 큰 장이 설 때 나왔다. 예를 들어 2000년대 초반부터 2008년 금융 위기가 오기까지는 주식이든 부동산이든 사놓고 기다리면 돈을 벌었다. 이건 '시대적 운'이라는 요소가 더 큰 영향을 미쳤다고 할 수 있다. 그래서 흔히 '큰돈은 시장이 벌어 준다'라고 하는 것이다. 시대나 시기를 잘 만나지 못하면 노력해도 큰돈을 벌기는 어렵다.

투자에서 우리가 해야 할 일은 운이 아닌 능력에 초점을 맞춰야 한다는 것이다. 자신의 '능력 범위 Circle of Competence'를 알 필요가 있다. 물론 스스로 능력 범위를 알기가 좀처럼 쉽지는 않다. 찰리 멍거는 「월스트리트 저널」과의 인터뷰에서 이렇게 말했다.

"자신이 지닌 능력의 한계를 아는 것이 인간에게 있어 가장 어려운 일 중 하나다. 인생 그리고 사업에서 자신이 무엇을 모르는지를 인식하는 것이 똑똑한 것보다 훨씬 더 유익하다."

큰돈은 운이 따라야 한다. 그런데 그게 언제일지 알 수 없다. 운을 내 편으로 만들기 위해서는 '재무전략', '학습전략', '분석능력'이 잘 결합되어 있어야 한다. 운이 개입되는 세계에서 승자가 되기 위해서는, 번 것보다 덜 써야 하고, 자신을 학습 기계로 만들어야 하고, 자신의 잘 아는 영역에 집중하고, 그것을 분석할 줄 알아야 하는 것이다.

이 책이 이 세상에 나온 것은 10여 년 전이다. 재테크 담당 기자 생활을 그만두면서 재테크 관련 서적을 다시는 쓰지 않겠다는 심정으로 쓴 책이었다. 『부자들의 개인 도서관』은 그동안 썼던 책들 중에서 가장 힘들게 썼다. 그래서 가장 많은 인세를 선물(?)한 책은 아니지만 가장 소중하게 다가오는 책이다.

개정판이 아니고, 오래전 책을 복간한다는 게 마음 한편으로는 부담스러웠다. 이 머리말을 쓰기 위해 원고를 다시 읽으면서 10여 년 전 필자의 생각이나 지금의 생각이 다르지 않다는 것을 새삼 느끼면서 용기를 내기로 했다. 지난 10여 년 동안 이 책을 읽어 주고 지지해 준 독자 여러분께 감사의 마음을 전하고 싶다.

머리말

누구나 살다 보면 힘든 시기가 있다. 자의든 타의든 삶이 뜻대로 움직여 주지 않을 때. 사실 그런 시기가 더 많다고 하는 것이 정확한 표현일 것이다. 물론 나도 예외는 아니었다. 자본주의 사회에서 삶의 고단함은 대부분 돈 때문이다. 가정불화, 이혼, 자녀 문제, 질병으로 인한 병원비 등등. 내 인생의 고단함도 많은 부분 돈에 기인한 것이었다. 나는 힘든 시절 매주 관악산을 오르며 다짐했다. 다시는 돈이 내 인생을 방해하도록 결코 내버려두지 않겠다고. 이런 결심을 했다고 내가 대단한 부자가 됐다거나 경제적 자유를 얻은 것은 아니다. 하지만 그 고단한 시절은 내 삶의 분기점이 됐고, 경제 관념에 대한 메스 역할을 했다.

이 책을 쓰고 있는 중에 절친한 선배의 아버님이 암에 걸렸다는 소식을 들었다. 선배는 "상건아, 너 알잖아. 우리 아버지 매우 강직한 분인 거. 그런데 그런 사람도 암에 걸리니까 가끔 약한 모습을 보이더라"라며 술잔을 기울였다. 마지막을 준비하는 사람의 모습은 강하면서도 약한 법이라고 하지 않던가. 선배 아버지가 그 선배에게 했다는 얘기가 마음에 와닿았다.

"이제야 하는 얘기지만 내가 너희들의 결혼을 반대한 이유는 너희 둘 다 대학 시절 운동권이었기 때문이다. 너희들도 시간이 지나면 알겠지만 아이를 키우는 건 이념이나 명분이 아니다. 아이는 돈으로 키우는 것이다. 잘 집이 없고 옷 살 돈이 없는데, 어떻게 아이를 바르게 키울 수 있겠느냐? 의식주가 있어야 이념도 있고 명분도 있는 법이다. 그래서 너희들의 결혼을 반대했다. 오해 말아라."

선배 아버지는 돈 지상주의를 얘기하는 것이 아니다. 어느 누가 얼마 남지 않은 생을 돌아보며 돈 지상주의를 설파하겠는가. 나는 선배 아버지의 말을 우리가 사는 자본주의 체제의 삶의 원리로 받아들였다. 왜냐하면 자본주의의 자유는 경제적 자유로 표현되기 때문이다.

그런데 많은 사람들이 경제적 자유는 꿈꾸면서도 경제적 자유를 삶의 우선순위에 두지 않는다. 아침 출근길 지하철을 타보면 그 사실을 쉽게 알 수 있다. 경제신문을 보는 사람보다 무가지나 스포츠신문을 보는 사람이 훨씬 많다.

거칠게 표현하자면 이 세상의 지식은 크게 '필요'와 '관심'으로 나눌 수 있다. '필요'는 먹고 입고 자는 문제에 관한 것이고, '관심'은 연예계 X-파일처럼 당장 먹고사는 문제와는 관련이 없지만 흥미를 유발하는 것이다. 당신이 연예 비즈니스를 하지 않는 이상 연예계 X-파일은 당신 삶에 큰 의미가 없다. 연예인 누구누구의 사생활이 내 먹고사는 일과 대체 무슨 상관이란 말인가.

내가 이 책에서 말하고 싶은 것은 먼저 '필요'를 공부하자는 것이다. 선배 아버지의 말처럼 명분과 이념을 내세우기 전에 의식주 문제를 해결하는 데 먼저 노력을 기울이자는 것이다. '필요'에 관한 지식을 쌓으려면 경제신문을 읽고 책을 많이 읽어야 한다.

나는 재테크 기자 초년병 시절 한 가지 궁금증을 갖고 있었다. 과연 어떤 사람들이 돈을 잘 벌고 재테크를 잘할까 하는 것이었다. 내가 8년간 재테크 기자 생활을 하면서 얻은 결론 중 하나는 경제적으로 성공한 사람들은 대부분 책을 가까이한다는 점이다. 세계 2위의 부자인 버크셔 해서웨이의 워런 버핏은 하루의 3분의 1을 자료와 책을 읽는 데 쓴다고 한다. 세계 제일의 부자인 빌 게이츠의 어릴 적 별명도 책벌레였다. 큰 성공은 아니더라도 나름대로 자신의 분야에서 어느 정도 자리 잡은 사람들의 집에 가 보라. 그들의 집에는 한결같이 평균적인 사람들보다 책이 많다.

물론 '독서=성공'을 의미하지는 않는다. 문제는 방법이다. 그것은 자본주의 체제 원리를 이해하는 데서 출발한다. 책을 좋아하는 사람이라고 모두 성공적인 삶을 사는 것이 아닌 이유가 바로 여기에 있다. 나침반 없는 항해란 운運에 인생을 맡기는 것이다. 세상에는 물론 운이 엄청 좋아 나침반 없이도 성공하는 사람들이 있다. 하지만 특별히 좋은 운을 타고나지 못한 나 같은 사람들은 어쩔 수 없이 우리가 살고 있는 자본주의 체제의 원리를 이해하고 그 속에서 생존하는 법을 터득해야 한다. 그런 점에서 재테크도 생존의 일환이다.

그렇다면 재테크와 일에서 성공하는 방법을 배우는 가장 빠른 길은 무엇일까? 바로 위대한 투자가들의 생각을 훔쳐 내 것으로 만드는 것이다. 나는 위대한 투자가들은 위대한 사상가라고 생각한다. 남들과 다른 길을 걸어가고, 남들과 다르다는 이유만으로 비난받을 때도 변명 없이 묵묵히 자신의 길을 걸어간 사람들이다. 그들은 물론 훌륭한 자선사업가이기도 하다. 위대한 투자가들의 생각을 배우는 데 필요한 것은 시간과 1만 원 안팎의 책값뿐이다. 수업료치고 이보다 싼 강의가 어디 있겠는가.

이 책은 내 힘만으로 쓰여진 것이 아니다. 위대한 투자가들의 생각을 정리해 놓은 책들이 없었다면 도저히 불가능한 작업이었다. 원고 작업을 끝내고 나니 그들의 생각을 내가 잘못 이해하지 않았나 하는 걱정이 앞선다. 책 서문에 흔히 등장하는 '이 책의 잘못된 점은 전적으로 저자의 책임'이라는 궁색한 변명을 내가 하게 될 줄은 꿈에도 몰랐다. 나는 돈을 좋아하는 인간이지만 그렇다고 돈이 모든 것을 해결한다고는 생각하지 않는다. 돈이 있다고 행복한 것은 아니지만 돈이 없으면 확실히 불행해진다. 우리는 행복해지기 위한 노력과 불행해지지 않기 위한 노력을 동시에 해야 한다. 이 책을 읽는 독자들이 모두 행복해졌으면 좋겠다. 그것이 나의 작은 바람이다.

차례

20주년 기념판을 펴내며	005
이 책을 다시 출간하며	016
머리말	027

1장 자본주의 원리, 이것부터 이해하라
돈 버는 기본 원리

황금 동굴에 이르는 지도는 '지식'이다	038
공부에도 우선순위가 있다	043
'차이'가 곧 돈이다	051
경쟁은 피할수록 좋다	062
독점의 원리가 세상을 지배한다	071
돈 버는 '시스템'을 만들어라	080
'무엇을 하느냐'보다 '어떻게 하느냐'가 중요하다	087

2장 심리적인 장벽부터 넘어서라
부자들의 심리학

돈을 벌려면 어느 누구도 탓하지 말라	094
'집행유예 환상'에서 벗어나라	098
돈에는 낭만이 없다	102
'손실 기피 감정'은 당신을 더욱 망친다	106
혹시 당신도 샤워실의 바보?	110
비교의식과 평등의식을 버려라	114
심리 게임에 휘둘리지 말라	119
고독한 입장이 되는 것을 두려워하지 말라	128
군중이 원하는 영웅은 진정한 영웅이 아니다	134

3장 남들과 거꾸로 갈 수 있는 힘을 길러라
역발상식 인생관과 투자의 원리

남들과 거꾸로 가라, 그곳에 돈이 있다	144
거리가 피로 질퍽거릴 때 사라	154
가격이 폭락했을 때 '1등'을 사라	160
언론이 떠드는 것과 정반대로 가라	168
가치가 가격보다 크다고 느낄 때 사라	174

중요한 건 돈이야, 돈! 이 멍청아!	179
'투자는 타이밍의 예술'이라는 말을 믿지 말라	185
똑똑한 척하지 말고 아는 것에 투자하라	191
시간을 내 편으로 만들라	197
미래는 '인구 변수'로 예측한다	204
인구 변화가 부의 지도를 바꾼다	216

4장 돈 되는 역사 공부는 이런 것이다
부동산 투자의 원리

역사성을 이해하면 실패하지 않는다	224
17세기 네덜란드에서 배우는 투자의 지혜	228
사람들의 이동 경로에 돈이 있다	233
부동산 투기의 역사가 보여 주는 교훈	240
교통이 부동산의 가치를 바꾼다	248
워런 버핏과 존 템플턴 경에게 배우는 부동산 투자	253

5장 모든 걸 잃어도 다시 일어설 수 있는 힘
유대인과 화교의 지혜

유대인과 화교는 어떻게 전 세계의 부를 장악했는가	260
현대판 유목민을 강하게 만든 건 불확실한 미래다	268
돈은 잃어도 지식은 뺏기지 않는다	273
유대 상술의 기초, 78 : 22의 법칙	282
믿을 건 가족밖에 없다	291
남보다 뛰어나기보다 남과 다르게 돼라	295

6장 위대한 투자가는 위대한 사상가다
세상과 인생을 보는 눈

위대한 인물들의 재테크 실력	304
위대한 경제학자 케인즈 경, 투기로 돈 벌다	312
투자는 불확실성과의 싸움이다	317
42세에 은퇴한 백만장자 데이비드 리카도	324
피카소처럼 살 것인가, 고갱처럼 살 것인가	330
마케팅의 귀재 화가 루벤스에게 배우는 돈 버는 법	338
미국 현대문학의 아버지 마크 트웨인은 투기꾼?	343
철학자 쇼펜하우어가 말하는 돈! 돈! 돈!	351

1장

자본주의 원리, 이것부터 이해하라

돈 버는 기본 원리

황금 동굴에
이르는 지도는
'지식'이다

인생에서 성공하고 싶은가? 자신이 일하는 분야에서 인정받고 싶은가? 불편하지 않을 만큼의 돈도 벌고 싶은가? 그렇다면 공부하라. 성공한 사람들의 공통점 중 하나가 바로 열심히 공부한다는 점이다. 공부는 성공으로 가는 첩경이다. 지난 1909년 노벨화학상을 수상한 독일의 물리화학자 오스트발트는 '위인이나 성공한 사람들의 공통점은 무엇인가'를 조사했는데 두 가지 공통점을 발견했다. 하나는 긍정적으로 생각하는 것이고, 두 번째는 독서였다. 오스트발트의 조사를 뒷받침하는 얘기는 수도 없이 많다.

세계 2위의 갑부 워런 버핏은 읽기 중독증 환자다. 버핏은 "관심 있는 비즈니스의 가치를 어떻게 결정하는가?"라는 물음에 이렇게 답한다. "자료를 많이 읽는다." 그리고 "관심 있는 회사의 영업 보고서와 경쟁사의 영업 보고서를 읽는다. 그보다 더 중요한 자료는 없다." 어디 버핏만 그러한가? 월스트리트에서 가장 존경받는 인물인 존 템플턴John Templeton 경은 자기 자신을 "살아 있는 도서관"으로 만들라고 주문한다. 그는 출장 갈 때 멍하니 있지 말고 좋은 신문을 읽거나 업무 관련 자료를 보라고 충고한다. 세계 제일의 부자 빌 게이츠는 어려서부터 지독한 책벌레였다. 빌 게이츠와 워런 버핏 그리고 워싱턴 대학 비즈니스스쿨 학생들의 대화 내용을 정리한 『빌 게이츠와 워런 버핏 성공을 말하다』라는 책에서는 어린 빌 게이츠를 '책을 언제나 옆에 끼고 사는 책벌레'라고 소개하고 있다.

    기자라는 직업은 일반인들에 비해 성공한 사람들을 만날 기회가 많다. 특히 나처럼 재테크 분야를 취재한 경험이 있는 경우에는 가난한 사람보다는 부자들을 만날 기회가 많다. 그들의 공통점을 한 마디로 정리하라고 주문한다면 나는 서슴지 않고 '공부를 열심히 하는 사람들'이라고 표현하고 싶다.

    재테크 담당 기자 생활을 하면서 나는 개념에 관한 질문을 받을 때 짜증이 많이 났다. 값이 오를 아파트를 사고 싶다면서 기본적인 개념인 용적률, 건폐율, 대지지분도 모르고 덤비는 사람들이 있다. 그런 사람에게 아파트 투자의 3박자인 용적률, 건폐율, 대지지분을 확인해 봤느냐고 물으면 도리어 그게 무슨 말이냐고 내게 묻는다. 서점에 가서 부동산 관련 책 한 권만 사보면, 아니 인터넷만 검색해 봐도 알 수 있는 용어를 왜 내게 묻는가? 그런 사람들은 '하늘은 스스로 돕는 자를 돕는다'는 경구와는 무관한 삶을 사는 사람들이라고 나는 생각한다.

돈을 벌고 싶다고 하면서 매일 스포츠신문을 보며 낄낄대고 연예인 뒷얘기에만 관심을 갖는 사람들도 이해할 수 없다. 돈으로 사람 차별을 가장 심하게 하는 곳이 바로 항공사다. 퍼스트 클래스, 비즈니스 클래스, 이코노미 클래스의 서비스는 천양지차다. 심지어 퍼스트와 비즈니스 클래스 고객을 먼저 태울 뿐만 아니라 입구도 다르다. 그런데 비즈니스와 이코노미 클래스 고객의 큰 차이점은, 비즈니스 클래스 고객은 경제신문을 주로 보고 이코노미 고객들은 스포츠신문을 주로 본다는 것이다. 비즈니스 고객 중에는 신문을 보면서도 메모하는 사람이 많다. 연예매니지먼트를 하는 사람이 아니라면 스포츠신문을 보면서 무슨 도움을 얻을 수 있단 말인가.

비용은 적고, 효과는 큰 배움

지식은 우리가 그토록 바라는 황금 동굴에 이르는 지도다. 누구나 황금 동굴에 이르는 지도를 쉽게 손에 넣고 싶어 한다. 그 지도만 있으면 금세 자신의 운명을 바꿀 수 있다고 믿기 때문이다. 나도 한때는 황금 동굴에 이르는 지도를 손에 넣고 싶었다.

'그 지도만 있으면 지긋지긋하고 궁상맞은 내 인생도 끝'이라는 생각을 하기도 했다. 복권도 사보고 한껏 기대에 부풀어 벤처 주식에도 투자해 보았다. 하지만 황금 동굴에 이르는 지도는 찾지 못했다. 아니, 정확히 표현하면 황금 동굴에 이르는 길은 주식이나 복권, 벤처 주식이 아니라 '지식'이라는 걸 알고 나서는 요행을 믿지 않게 됐다. 그래서 로또 열풍이 불 때도 복권은 한 번도 사지 않았다. 하지만 복권 발행 회사의 주식은 샀다. 요행에 기대느니 로또로 돈을 버는 회사를 찾는 게 훨씬 속 편했기 때문이다.

지금도 나는 의사결정을 할 때마다 요행수를 기대하는 내 모습이 두렵다. 요행을 바라는 사람은 공부도 노력도 고민도 하지 않는다는 사실을 잘 알기 때문이다. 많은 나이는 아니지만 나는 지금까지 살면서 요행을 바라는 사람치고 잘 먹고 잘 사는 사람을 거의 보질 못했다.(물론 태어날 때부터 운이 좋은 사람들이 있다. 무엇을 해도 잘되는 사람들도 있다. 하지만 그런 사람들과 나는 근본부터 다른 사람이라고 생각한다. 선택받은 자는 선택받은 대로 살도록 내버려두면 그만이다)

조지 소로스George Soros와 함께 퀀텀 펀드를 만든 짐 로저스Jim Rogers는 "사람은 두 가지 방식으로 배운다. 하나는 다른 사람을 통해, 다른 하나는 책을 통해서다"라고 말한다. 나는 이 말에 100퍼센트 공감한다. 이 세상에서 책만큼 싼 가격에 배움을 구할 수 있는 수단은 없다. 비용은 적은 반면 효과는 크다.

워런 버핏은 "(자신이)가진 것을 잃고 처음부터 새로 시작한다면, 유형이든 무형이든 그동안의 삶에서 단 세 가지만을 가질 수 있다고 한다면, 어떤 것을 고르겠느냐"는 질문에 이렇게 답한 바 있다.

"나는 내 삶에서 어떤 것도 놓치고 싶지 않다. 내가 좋아하는 게임을 계속하고 싶을 따름이다. 나를 이곳으로 데리고 온 지식을 계속 유지할 수 있다면, 무슨 일이든 계속할 수 있다면, 그리고 누군가에게 새로운 일을 시작하는 데 필요한 자금을 빌릴 수만 있다면, 나는 또 한번 새롭고 흥미로운 게임을 즐기고 싶다."

공부에도 우선순위가 있다

세상의 모든 책과 자료는 도움이 된다. 어느 것 하나 버릴 게 없다. 문제는 이 모든 걸 소화할 수 없다는 점이다. 평생 공부만 하는 사람도 이 세상의 모든 책을 다 읽을 수는 없다. 때문에 공부에도 순서를 정할 필요가 있다.

나는 공부를 할 때 먼저 '필요'와 '관심'을 구분하는 것이 중요하다고 생각한다. 관심은 교양을 쌓기 위한 것이고, 필요는 실용 즉 의사결정에 도움이 되는 지식이다. 교양이란 문학이나 예술, 인문과학 등의 분야를 말한다. 실용은 자본주의 사회에서 살아가면서 자신의 몸값을 높이거나 당면한 문제를 해결하는 데 도움이 되는 구체적인 지식이다. 나는 둘 다 중요하다고 생각한다. 어느 한쪽만의 지식으로 산다면 절름발이 지식을 갖게 되기 때문이다.

하지만 우리네 사는 풍경을 보면 지나치게 고상한(?) 교양미만 떠받드는 풍토가 만연하다. 식자識字인 양하는 사람들은 부동산이나 주식에 관한 책을 벌레 보듯이 취급한다. 나도 개인적으론 상당히 '고상한' 취향을 가진 사람이었다. 하지만 지금은 그런 선입견이 얼마나 나의 발전을 가로막았는지 절감한다. 그리고 그런 느낌을 받을 때마다 깜짝깜짝 놀라곤 한다. 언론매체에서 소개하는 책을 보더라도 교양미를 자극하는 책이 주류다. 물론 교양을 위한 공부도 장기적 차원에서 의사결정을 하는 데 도움을 준다. 하지만 순간순간 변하는 현실적인 문제에 즉각 대응하기에는 아무래도 역부족이다. 그래서 나는 교양을 위한 공부도 좋지만 경제적 자립을 위한 실용 공부를 먼저 해야 한다고 생각한다.

필요를 먼저 해결해야 관심과 교양이 발전한다. 위대한 철학자나 예술가는 후진국보다 선진국에서 더 많이 배출된다. 노벨상 수상자 명단을 보라. 노벨평화상을 제외하곤 경제적 후진국 출신을 찾기가 어렵다. 역사상 가장 큰 거품 사건으로 불리는 네덜란드의 튤립 투기 열풍도 해상 무역을 장악한 네덜란드의 경제적 부가 증대한 결과였다. 투기 열풍이 불었던 1634년부터 1637년까지 36개월 동안 튤립 가격은 무려 5,900퍼센트가 올랐다. 튤립 열풍이 불기 전에는 주식 투자 열풍이 있었다.

그런데 여기서 우리가 주목해야 할 점은 당시 해상 무역의 강자로 네덜란드가 등장하면서 막대한 돈이 네덜란드로 흘러들어 유동성이 풍부했다는 점과 당시 네덜란드에서 미술품이 큰 인기를 끌었다는 점이다. 심지어 중산층 가정이라면 미술 작품 한 점쯤은 소장용으로 갖고 있었다고 한다. 곳간이 차고 배가 부르기 시작했기 때문에 사람들이 그림이라는 교양을 찾기 시작했고, 그 결과 미술시장이 크게 발전한 것이다.

개인도 마찬가지다. 법정 스님의 에세이집 제목처럼 '무소유'의 삶을 살지 않는 이상 자신의 힘으로 경제적 필요를 해결해야 한다. 경제적 필요를 해결하기 위해서는 자신이 만들어 내는 부가가치, 다시 말해 자신이 돈을 벌어들이는 매커니즘을 이해하고 그 능력을 높여야 한다. 일정한 재산을 모으기까지 가장 큰 수입원은 자신의 노동력이다. 여러 자본 중에서 인적 자본이 가장 기본이 된다. 따라서 자신의 몸값을 높이는 공부를 해야 한다.

그리고 다음이 바로 재테크다. 재테크를 위해서는 부동산, 주식, 세금 등 각 분야의 책을 읽어야 한다. 이런 책을 통해 기본 개념을 정확히 알아야 한다. 그다음에는 어떤 책을 읽어야 할까? 로버트 기요사키의 『부자 아빠 가난한 아빠』 같은 책을 먼저 읽어야 할까? 물론 이런 책도 내용의 옳고 그름을 떠나 마인드 형성에 도움이 된다. 하지만 나는 위대한 투자가들의 삶과 그들의 투자 철학을 다룬 책을 먼저 읽어야 한다고 생각한다. 왜냐하면 위대한 투자가는 위대한 사상가이기 때문이다. 그들의 삶과 그들이 말하는 투자 지혜에는 그들이 온몸으로 배운 경험과 철학이 담겨 있다.

한때 미국 경제지 「포브스」지가 미국 제일의 부자로 꼽은 석유 재벌 폴 게티는 "부자가 되고 싶다면 주위의 부자가 하는 것을 그대로 따라하라. 그러다 보면 당신도 어느새 부자가 되어 있을 것이다"라고 말했다. 부자를 따라하기 위해서는 단순히 돈만 쫓아서는 안 된다. 그들이 갖고 있는 철학과 삶의 태도도 함께 이해하려는 노력이 필요하다. 위대한 투자가들은 투자라는 분야에서 일가를 이룬 사람들이다. 투자를 통해 부자가 됐다는 것은 자본주의를 제대로 이해하고 있다는 얘기다.

위대한 투자가인 워런 버핏은 자기 자신의 강점을 '자본주의 경제에 대한 적응력'이라고 말한다. "나는 달리기를 잘 못한다. 하지만 시장 경제, 특히 수많은 활동으로 점철된 거대한 자본주의 경제에 대한 적응력만큼은 누구에게도 뒤지지 않는다." 따라서 그의 지식을 배우는 것은 그가 이룩해 놓은 업적뿐만 아니라 자본주의 경제에 대한 적응력을 배우는 것이기도 하다. 그리고 그들이 가진 지식을 익히는 것이다. 그들은 누구보다도 지식의 힘을 믿는 사람들이기 때문이다.

먼저 위대한 투자가들의 책을 읽어라

이 자리를 빌어 공개적으로 반성할 일이 있다. IMF 환란 사태로 내가 일하던 잡지사의 경영 사정이 어려워졌다. 그래서 2년 동안 월 100만 원 가량의 월급을 받고 일한 적이 있다. 몸이 불편하신 부모님이 계시고 주택 대출금 이자를 갚아야 하는 형편이라 그 돈으로는 정상적인 생활이 어려웠다. 가진 돈도 없고 특별한 능력도 없어서 주말에 과외 아르바이트라도 할 요량이었지만 절친한 기자 선배가 아무리 어려워도 자존심을 버리지 말라고 충고해 그만두었다. 하지만 돈이 없으니 사람이 궁색해질 수밖에 없었다. 술을 먹어도 답답한 현실에 폭음을 했다. 당시 나보다 어려운 사람도 많았겠지만 나를 둘러싼 모든 것이 엉망진창이었다.

마침 내가 할 수 있는 아르바이트 일거리를 찾게 되었다. 한 증권사 사이버 수익률 대회에서 1등을 차지한 사람의 책을 대필해 달라는 제안이 들어온 것이다. 마음 한구석이 찜찜했지만 300만 원을 준다고 하기에 승낙했다. 물론 선배들에겐 말하지 않았다. 보나마나 욕을 먹을 게 뻔했기 때문이다. 순전히 돈 때문에 책 작업에 들어갔다.

사이버 고수의 원고를 받아보니 철학도 없고 원칙도 없었다. 오로지 기술적 분석에 따른 매매가 전부였다. 기술적 분석도 중요한 투자 방법이긴 하지만 기본적으로 이 방법은 '우연'의 요소가 너무 많이 개입된다. 그리고 폐인처럼 매일 주식 시세를 보면서 돈을 버는 사람들에 대해서 나는 일종의 반감도 가지고 있었다. 돈이 아무리 좋다고 한들 인생의 풍요로움과 바꿀 수는 없지 않은가. 사이버 고수가 써 온 초고 분량이 적어서 700여 페이지에 달하는 책의 3분의 2가량을 내가 만들었다. 그리고 300만 원을 받았다.

그런데 이게 대체 무슨 일인가? 그 책이 주식시장 붐을 타고 엄청나게 팔려나가더니 무려 15만 부 이상이 팔린 베스트셀러가 된 것이다. 국내 역대 주식 투자 책 중 단기간에 가장 많이 팔린 책이라는 신기록도 세웠다. 얼마 전에 만난 한 출판사 직원의 말에 의하면 아직도 그 기록은 깨지지 않았다고 한다. 그런 말도 안 되는 책이 그렇게 많이 팔리다니. 나는 어이가 없었다. 그 일로 내가 배운 것은 두 가지다.

하나는 개인적 차원으로, 글쟁이는 글쟁이답게 살아야 한다는 것이다. 책을 쓴다는 것은 글을 판다는 것이다. 책도 제조업체의 제품처럼 제대로 만들어야 한다. 그런데 나는 그렇게 하지 못했다. 그 책을 읽고 말도 안 되는 투자 방법으로 돈을 잃은 사람들을 생각하면 마음 한구석에 자괴감이 밀려온다. 그 후 나는 내 이름을 건 글이 아니라면 절대 쓰지 않기로 마음먹었다.

다른 하나는 독자들도 절대 군중심리에서 자유로울 수 없다는 점이다. 주식으로 돈을 번 사람들을 상품화하는 근거는 그것을 구매하는 사람들이 있기 때문이다. 시장의 원리라는 관점에서 보면 별문제가 없다. 하지만 불량품이 많으면 그로 인해 피해를 보는 사람들이 생겨나는 법이다. 책은 자동차처럼 리콜도 할 수 없는 것 아닌가. 군중심리는 불량품도 정품으로 잘못 인식하게 만들 수 있다는 사실을 뼈저리게 느꼈다.

그 일이 있은 후 나는 "재테크를 하려면 어떤 책을 읽어야 하는가"라는 질문을 받을 때마다 "먼저 위대한 투자가들의 책을 읽으라"고 말한다. 인생에는 온갖 우연적 변수가 끼어드는 법이다. 투자라고 예외는 아니다. 그런 우연 속에서 자신의 철학과 논리를 구축한 사람이라면 나름대로 세상에 대한 자기만의 안목을 가진 사람이라고 할 수 있다. 위대한 투자가들이 어떤 결정을 내렸는지, 그들도 우리 같은 범부처럼 실수를 하는지 그리고 그들이 세상을 보는 시각은 어떤 것인지를 먼저 살펴야 한다. 자기 자신을 과대평가하는 순간 반드시 투자 손실로 이어지게 되어 있다.

서점에서 볼 수 있는 위대한 투자가들의 책들은 대부분 주식 투자로 돈을 번 사람들이다. 살아 있는 전설로 불리는 워런 버핏, 존 템플턴 경, 피터 린치Peter Lynch 등은 모두 주식 투자의 대가들이다. 여기서 많은 사람들이 범하는 오류는 이들 위대한 투자가들이 주식으로 부를 축적했다고 해서 그들의 주장을 '주식'에만 한정한다는 점이다. 나는 워런 버핏이나 피터 린치가 마음 먹고 부동산 투자를 했어도 그 분야에서 빼어난 수익을 올렸을 것이라고 생각한다. 실제 존 템플턴 경은 부동산 투자에 적극적이지는 않았지만 부동산 투자로도 돈을 벌었다. 물론 역사에서 가정은 용납되지 않는다. 하지만 뭐든지 한 분야에서 돈을 벌 수 있는 능력을 가진 사람은 다른 분야에 가더라도 최소한 중간

이상의 성적을 내는 법이다. 그러니 위대한 투자가들의 책을 주식에 한정해서 보지 말기 바란다. 행간에 담겨 있는 투자의 지혜와 원칙을 생각하며 읽도록 하자.

부자가 되려면 부자의 생각을 배워야 한다. 마찬가지로 투자에 성공하기 위해서는 우리보다 앞서 실패의 가시밭길을 거쳐 성공에 이른 위대한 투자가들의 생각을 배워야 한다. 그 배움을 자신의 몸에 체화하는 것이 투자에 성공하는 가장 빠른 길이다. 그럼 위대한 투자가들의 생각을 우리는 어디서 배울 것인가? 그들을 직접 만날 수 없으니 책을 통해 배워야 한다. 그들을 주인공으로 해서 쓴 책이나 그들이 직접 쓴 책 또는 그들이 투자 결정을 내릴 때 한 말들을 통해서 배워야 한다. 그 배움의 대가는 1만 원 안팎의 돈에 불과하다. 배움의 대가치고 얼마나 싼 가격인가? 자본주의 원리를 이해하고 적극 활용해 부를 축적한 위대한 투자가들이 펼쳐놓는 투자의 세계로 함께 나아가자.

'차이'가 곧 돈이다

경제적으로 성공하고 싶은가? 그러면 '차이'를 만들어라. 열심히 사는데 왜 돈이 따르지 않는지 모르겠다고 한탄하는 사람들이 많다. 어릴 적부터 교과서에서 배운 것은 '성실하고 정직하게 살라'는 것이었다. 배운 대로 정직하고 성실하게 살았는데 정작 내게 돌아오는 것은 빠듯한 살림살이뿐이다. 어디에 문제가 있는 걸까? 물론 정직하고 성실하게 살아야 한다. 남을 속이고 괴롭혀서 얻은 경제적 부가 무슨 의미가 있겠는가? 하지만 인생은 정직과 성실만으로 완성되는 게 아니다. 우리가 사는 세상은 자본주의다. 자본주의의 원리를 이해하지 못하고 방향 감각 없이 살다 보면 아무리 열심히 성실하게 노력한다 해도 원하는 결과를 얻지 못할 공산이 크다. 정직과 성실도 나침반이 없으면 그 빛을 발하기 어려운 게 세상살이라는 뜻이다.

그럼 열심히 산 대가로 돈을 벌기 위해서는 어떤 자세를 가져야 할까? 나는 '남과 다른 무엇' 즉 '차이'를 만들어 내는 것이라고 생각한다.

얼마 전 한 TV 프로그램에서 학교 앞 떡볶이집을 다룬 내용을 재미있게 본 적이 있다. 고등학교 앞에 떡볶이집 다섯 군데가 있는데, 유독 한 집만 장사가 잘 됐다. 그 집만 기존의 떡볶이와 다른 맛을 내는 소스를 개발해 여고생들의 입맛을 유혹하고 있었기 때문이다. 다른 떡볶이집에서는 볼 수 없는 특별한 소스, 바로 그것이 그 떡볶이집이 가진 '그 무엇'이었다.

장사만 그런 게 아니다. 직장생활도 마찬가지다. 미래에셋투자교육 소장을 역임한 강창희 행복100세 자산관리 연구회 대표는 "개인투자자에게 있어 자산 운용은 어디까지나 부업에 지나지 않는다. 부업에 지나치게 많은 시간을 쏟아부어서는 안 된다. 본업보다 주식 투자에 지나치게 몰두한다는 것은 가장 수익성 높은 자산을 썩히는 결과를 초래할 수 있다"라고 말한다. 치열한 주식시장에서 평생을 일했고, 두 군데 투자신탁회사의 최고경영자가 한 말이니 허투루 들을 말은 아니다.

그럼 직장생활을 다르게 한다는 것은 무엇일까? 강 대표는 '자기만의 주특기를 가질 것'을 주문한다. "가끔 재취업을 알선해야 할 기회가 있어서 거들다 보면 '그 사람 주특기가 뭐예요?'라는 질문을 자주 받는다. 그런데 일류대학을 나오고 능력 있는 사람이라도 이 부서 저 부서 거치다 보면 마땅히 내세울 만한 주특기를 갖지 못 하는 경우가 많다."

그렇다. 샐러리맨은 주특기가 있어야 남과 다른 차이를 만들 수 있다. '남과 다른 무엇'이 있어야 자신의 몸값을 높일 수 있고, 필요하면 다니는 회사를 박차고 나가 전직도 할 수 있다. 갈 곳 없어 얼굴 찌푸린 채 직장생활을 하고 싶지 않다면 '남과 다른 무엇', 즉 '차이'를 만들어 내야 한다.

자본주의는 '차이'의 원리를 따른다

남과의 차이를 키울수록 경제적 보상은 커진다. 자본주의 역사는 차이를 만들어내기 위한 투쟁의 역사라고도 할 수 있다. 우리는 '차별화'라는 말을 귀가 따갑도록 듣는다. 심지어 일부 이미지 컨설턴트는 겉으로 드러나는 모습을 잘 가꾸는 것도 경쟁력이라며 이미지에서도 남과 다른 차이를 만들라고 권한다. 수많은 경영학자와 컨설턴트라는 사람들은 '차이'를 만들어내라는, 누구나 다 아는 진리를 갖고 돈과 명예를 얻는다. 실제로 차이를 만들어 내는 사람과 기업이 그리 많지 않기 때문이리라.

차이의 원리를 제대로 이해하고 싶다면 도쿄대 경제학부 교수인 이와이 가쓰히토의 『회사 앞으로 어떻게 될 것인가』를 꼭 읽어 보기 바란다. 내가 이 책으로 서두를 시작하는 이유는 이와이 교수의 탁월한 '차이'의 해석을 읽고 느낀 바가 많았기 때문이다. 지금부터 『회사 앞으로 어떻게 될 것인가』 속으로 들어가 보자.

자본주의 역사는 '차이'를 가진 자들의 손을 들어줬다. 의식적이든 무의식적이든 차이를 만들어내지 못하는 기업이나 개인은 모두 역사의 뒤안길로 사라졌다. 그래서 저명한 경영학자 마이클 포터는 '전략은 곧 차별화'라고 단언한다.

역사상 큰 부를 축적한 집단은 모두 '차이의 원리'를 활용했다. 현대적 의미의 산업화가 이뤄지기 전에 큰돈을 만진 사람들은 '해상 무역'을 하는 이들이었다. 그들은 두 지역 간의 가격 차이나 희소성의 차이를 이용해 돈을 벌었다.

산업혁명 전 영국, 네덜란드, 스페인 등이 세계적인 강국이 될 수 있었던 것은 일찍 해상 무역에 눈을 떠 지리적 차이를 이용할 줄 알았기 때문이다. 산업자본주의의 전 단계인 상업자본주의 단계에서는 '해상 무역을 장악하느냐, 못 하느냐'가 부의 지도를 결정했던 것이다. 17세기 네덜란드가 황금시대를 구가한 것도 스페인을 해상 전쟁에서 몰아낸 후 유럽 해상로에 대한 독점적 위치를 구축했기 때문이다. 그때 네덜란드로 막대한 돈이 유입되면서 네덜란드는 유럽에서 가장 부유한 국가로 자리 잡게 된다. 해상 항로 장악으로 네덜란드는 전 유럽인의 중개자 및 운송인 역할을 하게 된다.

산업자본주의 단계에서도 차이의 원리는 그대로 적용된다. 상업자본주의 시대에 지리적 격차를 이용한 사람들이 돈을 벌었다면 18세기 후반 산업혁명 시대에는 '싼 임금'이 차이를 만들었다. 이와이 교수는 초기 산업자본주의 시대에 차이가 어떻게 만들어졌는지를 다음과 같이 설명한다.

"산업자본주의가 성립하기 위해서는(동력기계나 방적기계의 발명과 개량이 이뤄진) 산업혁명만으로는 충분하지 않았다. 아무리 공장 시스템에 의해 노동자의 생산성이 올라가도 거기에 대응하여 노동자의 실질임금이 올라가면 이윤은 창출되지 않는다. 노동생산성과 실질임금률 간의 차이야말로 산업자본주의 이윤의 원천이었던 것이다."

그렇기 때문에 초기 자본주의의 초상은 우울하다. 뽀얀 먼지가 가득한 공장에서 어린 아이를 고용해 착취하는 자본가의 모습이 쉽게 연상된다. 기업주는 어떻게든 실질임금을 낮추기 위해 수단과 방법을 가리지 않았다. 태생적으로 산업자본주의의 첫 얼굴은 탐욕으로 가득 찬 추악한 모습이었다. 그래서 사회주의 사상가 칼 마르크스 같은 이가 나타나 '착취'를 폭로하고 나섰던 것이다.

칼 마르크스의 폭로에도 불구하고 자본가들은 임금을 낮추는 것으로 계속 차이를 만들어 낼 수 있었다. 왜냐하면 농촌에 많은 산업 예비군이 존재했기 때문이다. 일자리는 적고 농촌을 떠나 도시로 오는 이들이 많은 이상 기업주는 임금을 올릴 이유가 없었다. 만일 이 시점에 주식 투자를 한다면 윤리적인 문제를 차치할 경우 실질임금을 최대한 낮출 수 있는 기업의 주식을 사야 했을 것이다. 그게 바로 경쟁력이고 차이를 만들어 내는 원동력이었기 때문이다.

하지만 산업 예비군이 고갈되고 나자 임금을 통한 차이를 만들기가 어려워졌다. 생존하기 위해서는 새로운 차이를 만들어 내야 했다. 이와이 교수는 "산업자본주의가 의존하고 있던 노동생산성과 실질임금과의 구조적 차이에 더 이상 의존할 수 없게 됐다. 따라서 각 기업은 새로운 제품이나 기술 개발, 새로운 시장 개척, 새로운 조직 형태 도입 등으로 다른 기업과 차별화하지 못하면 이윤을 창출할 수 없었다"라고 말한다.

금융의 본질도 '차이성의 원리'에 있다. 차이를 최대한 활용하는 사람들만이 금융시장에서 돈을 번다. 은행은 예금이자와 대출이자의 차이(예대마진)를 이용해 돈을 번다. 한국은행에서 금리를 내리면 은행들은 예금이자는 빨리 낮추는 반면 대출이자를 낮추는 데는 미적거린다. 차이가 배를 불려준다는 것을 너무 잘 알고 있기 때문이다.

보험회사는 받은 보험료와 앞으로 줄 보험금의 차이를 활용해 돈을 벌어들인다. 은행이든 보험회사든 모두 '시간'을 매개로 한 차이를 통해 돈을 번다. 예금은 현 시점에서 돈을 받지만 이자는 나중에 준다. 그렇게 들어온 돈으로 현재 대출을 해 준다. 현재 받는 돈과 대출해 주는 돈의 이자와의 시간차를 최대한 활용해서 수익을 창출한다. 배구로 말하면 상대방의 타이밍을 뺏는 '시간차 공격'을 하는 셈이다.

보험회사는 과거 인플레이션을 활용해 돈을 벌어왔다. 지금까지 우리나라는 성장 위주의 경제 정책을 펴왔다. 성장 위주의 경제 정책은 어쩔 수 없이 물가상승, 즉 인플레이션을 감수해야 한다. 경제 정책이 인플레이션을 감수하는 방향이었기 때문에 과거 보험회사는 설립만 하면 돈을 벌었다. 화폐의 가장 중요한 기능은 물건이나 서비스와의 교환 기능이다. 높은 인플레이션은 화폐의 가치를 떨어뜨린다. 보험회사는 고객에게 현재 가치로 돈을 받으면서 나중에 보험금을 줄 때는 인플레이션으로 인해 낮아진 가치로 돈을 준다.

고객에게 받은 돈으로는 전국 요지에 부동산을 사들였다. 꿩 먹고 알 먹는 사업이었던 것이다. 그 과정에서 일부 보험 계약자들은 분노를 느껴야만 했다. 교육보험과 일부 연금보험 등이 대표적이다. 자녀 교육 자금을 해결할 수 있다고 해서 교육보험에 가입했는데, 정작 큰돈이 필요한 시점이 돼서 받은 돈은 쥐꼬리만 한 금액일 뿐이었다. 연금도 마찬가지였다. 우리 부모님은 생활비를 아껴 D보험사의 장수보험이란 상품에 15년 동안 열심히 보험료를 납부했다. 하지만 60세 이후부터 받는 연금은 연 100만 원이 전부였다. 한 달 생활비에 해당되는 돈을 노후 생활 자금이라고 오랫동안 열심히 불입하신 아버지는 나에게 이렇게 말했다.

"보험회사 놈들은 다 도둑놈이야. 장수보험에 가입하면 노후 자금 걱정할 것 없다고 하더니 모두 새빨간 거짓말이었어."

보험회사는 시간 차이를 이용해 돈을 벌었지만 아버지는 그 차이 때문에 돈을 잃었다. 그 시간 동안 돈의 차이를 만들어 낸 것은 물론 인플레이션이었다. 투기적 거래인 선물 투자도 차이를 이용한 대표적인 투자 방법이다. 현재 가치와 미래 가치의 차이를 이용해 돈을 버는 것이다.

이처럼 금융을 이해하는 키워드 중 하나가 '차이'다. 이는 국제적 차원에서도 마찬가지다. 만일 우리나라와 세계 제일의 경제 대국 미국의 금리가 같다면 돈은 우리나라를 떠나 미국으로 이동한다. 두 나라의 신용도를 비교할 때 금리가 같다면 미국에 투자하는 것이 안전하기 때문이다.

국가든 개인이든 기업이든 돈을 벌고 생존하기 위해서는 '차이'를 가져야 한다. 차이를 만들어 내지 못한 국가는 역사의 뒤안길로 사라졌다. 기업도 마찬가지고 개인도 마찬가지다. 다시 한 번 강조하지만 차이는 성실하다고 만들어지는 것이 아니다. 성실 그 자체도 하나의 차이의 영역이긴 하다. 하지만 그것 이상의 무엇이 있지 않는 한 그 기능을 제대로 발휘하지 못한다. 성실에 앞서야 할 것이 바로 '차이'에 대한 올바른 인식이다.

차이의 크기가 가격의 차이다

이와이 교수가 지적하고 있는 '차이의 원리'는 재테크에도 그대로 적용된다. ==남과의 차이를 크게 한 것일수록 비싸게 거래된다. 차이의 크기는 곧 가격의 차이로 연결된다. 주식도 부동산도 이 원리에서 벗어날 수 없다.==

현대 기업 경영에서 차이를 만들어 내는 방식은 크게 두 가지다. 하나는 몸집, 즉 크기다. 다른 하나는 남들이 하지 않는 것, 다시 말해 틈새를 개척하는 것이다. 몸집 경쟁은 규모의 경제가 필요한 업종에서 두드러지게 나타난다. 일정 정도의 규모를 갖춰야만 경쟁할 수 있는 대표적인 업종으로는 자동차, 반도체, 조선, 중공업 등 주로 중 후장대형 산업이다. 이들 기업은 매년 새로운 투자 계획을 발표한다. 금액도 많게는 수조 원에 달한다.

왜 이들 기업은 이렇게 지속적인 투자를 하는 것일까? 이유는 간단하다. 후발주자들이 따라오지 못하게 하기 위해서다. 덩치가 작은 기업이 큰 기업의 투자 금액과 속도를 따라가다 보면 자칫 뱁새가 황새 쫓다 가랑이 찢어지는 격이 될 수 있다. 지속적으로 규모를 키워나가면 다른 기업들과 비교되는 진입 장벽을 만들게 된다.

크기 싸움은 유통업이나 금융업종에도 그대로 적용된다. IMF 환란 직후 전국 요지의 땅을 사들여 할인점을 대대적으로 키운 신세계나 주택은행과 합병한 국민은행, 서울은행과 외환은행을 합병한 KEB하나은행 등을 대표적으로 꼽을 수 있다. 유통업의 경우 전국적인 네트워크를 구축하면 많은 상품을 싼 가격에 조달할 수 있다. 네트워크만큼 바잉 파워Buying Power가 생긴다. 그래서 다국적 차원을 벗어나 전 세계 시장으로 진출하는 것이다. 네트워크의 범위가 넓어질수록 구입 가격을 더 낮출 수 있기 때문이다.

금융업도 사정은 비슷하다. 금융업의 본질은 네트워크 비즈니스다. 지점을 내고 그 지점을 통해 고객을 유치하는 비즈니스 모델이 일반화된 이유도 금융업의 본질이 네트워크 비즈니스이기 때문이다. 따라서 덩치를 키워 다른 경쟁자들이 쫓아올 수 없게 만들어 지배적 위치를 누릴 수 있다.

그럼 몸집 불리기 게임을 할 수 없는 분야는 어떻게 해야 할까? 골리앗이 하지 않는 분야에 특화해 다윗식 게임을 해야 한다. 다시 말해 남들이 하지 않는 일을 하면 차이를 만들어 낼 수 있는 것이다.

코스닥 등록 기업 중에 줄자를 생산하는 '코메론'이란 기업이 있다. 이 회사는 줄자 분야에서는 세계적인 경쟁력을 갖고 있는 기업이다. 삼성그룹 등 대기업들이 한낱(?) 줄자 시장을 장악하기 위해 뛰어들 가능성은 아예 없다. 그렇다고 다른 중소기업들이 뛰어들기도 쉽지 않다. 이미 이 회사는 차이를 만들어 내 멀찌감치 앞서 있기 때문이다. 국내 치과재 시장의 60퍼센트를 차지하고 있는 '신흥'이란 회사도 마찬가지다. 치과를 개업할 때 필수적인 장비는 대부분 이 회사에서 취급하고 있다. 외국계 회사들이 치과재 시장에 뛰어들기 위해 국내에 들어왔지만 백기를 들고 나가거나 신흥과 손을 잡는 방법을 택했다. 치과재라는 틈새를 개척해 경쟁자들과의 차이를 만들어 내는 데 성공한 것이다.

차이의 원리를 주식으로 좁혀 보면 결과는 명료하게 드러난다. 규모나 틈새로 차이를 만들어 낼 수 없는 기업에는 투자하지 않는 것이 좋다. 소위 말하는 블루칩이라는 업종 대표주나 한 분야에 특화해 다른 기업들이 뛰어들 수 없을 정도의 경쟁력을 확보하고 있지 못하다면 쳐다보지 않는 게 낫다.

차이의 원리는 부동산시장에도 적용해 볼 수 있다. 강남 아파트를 생각해 보자. 강남 아파트가 비싼 이유는 다른 지역과의 차이를 만들어 내고 있기 때문이다. 그 차이는 학군, 대단지, 생활 근린 시설, 교통 등에서 발생하고 있다. 강남보다 학군이 좋은 곳이 있는가? 강남처럼 생활 근린 시설이 발달한 곳이 서울에 또 있는가? 이런 차이가 강남 지역 아파트를 비싸게 만들고 있는 것이다.

서울 용산구 동부이촌동이 갖고 있는 차이는 '한강 조망권'이다. 한강변에 줄지어 서 있는 50평대 아파트들은 모두 고가 아파트 대열에 포진해 있다. 서울 지역에서 한강을 정남향으로 볼 수 있는 아파트는 동부이촌동의 한강변 아파트가 거의 유일하다. 한강변에 인접한 강남 반포 지역 아파트들도 한강을 북쪽으로 보고 있다. 당신은 아파트를 살 때 과연 어떤 차이에 주목해서 골랐는가? 한번 생각해 볼 일이다.

경쟁은
피할수록
좋다

우리에겐 경쟁에 관한 잘못된 인식이 있다. '경쟁은 무조건 좋다'는 것이 그것이다. 물론 경쟁이 치열할수록 사회는 효율화된다. 그래서 정부는 경쟁을 해치는 기업들 간의 담합 행위에 대해서는 서슬 퍼런 칼날을 휘두른다. 일례로 기업들이 가격을 담합해 가격을 일정 수준으로 유지하면 그 부담을 고스란히 소비자들이 져야 하기 때문이다. 공정한 경쟁을 해치는 기업들의 이런 행위를 감시하고 시정하는 곳이 바로 공정거래위원회다. 그래서 기업들이 국세청만큼이나 무서워하는 곳이 공정거래위원회다.

경쟁은 소비자에겐 좋은 일이지만 경쟁을 하는 기업 입장에선 피가 마르는 일이다. 경쟁에서 도태되는 데 대한 두려움이 늘 따라다닐 수밖에 없다. 기업들은 어떻게든 경쟁하지 않고 돈을 버는 방법에 골몰해 왔다. 시장을 독차지해 버리면 경쟁에 따른 마케팅 비용 등을 지출하지 않아도 되고 가격도 자기 마음대로 책정할 수 있기 때문이다. 그래서 기업이 발견해 낸 것이 트러스트, 카르텔 등의 독과점이다.

어찌 보면 자본주의 정부 정책의 역사는 독점적 위치를 구축하려는 기업과 그것을 막고 경쟁 원리를 도입하려는 정부 간 대응의 역사라고도 할 수 있다. 『그들은 그래서 부자가 되었다』의 저자 마틴 프리드슨은 "재산 증식을 방해하는 것들 중에서 가장 무서운 것은 자유 기업 체제의 최고의 미덕이라고 할 수 있는 '경쟁'이다"라고 지적한다.

기업이 경쟁을 피하는 길은 무엇일까? 이에 대한 마틴 프리드슨의 견해를 들어 보자.

"기업 간의 경쟁에서 가장 분명한 해결책은 '결탁'이었다. 모든 생산업자가 비용 절감에 따른 가격 인하를 하지 않겠다는 공식적인 협상을 준수한다고 가정해 보자. 그럴 경우 결탁을 통해 생산 비용과 판매 가격 사이에서 생겨나는 이윤은 고스란히 기업의 몫이 된다. 그러나 소비자들도 이런 생산업자들의 책략을 알고 있고 이를 방지하는 법적인 조치를 취해 놓았다. 법을 위반하지 않고 결탁할 수 있는 엄청난 행운이 따라주지 않는다면 결탁이라는 것도 실제적인 대안이 될 수 없다. 그러나 경쟁을 극복하는 방법도 세월이 지나면서 '결탁'에서 '독점'으로, '독점'

에서 '시장 점유'라는 방식으로 전개되어 왔다."

기업뿐만 아니라 경쟁을 피하기 위해 인위적으로 진입 장벽을 만드는 것은 직업 세계에서도 오래된 일이다. 지난 1976년 노벨경제학상 수상자이자 영국의 전 총리였던 마가렛 대처와 미국의 전 대통령 로널드 레이건의 이념적 스승으로 불리는 경제학자 밀턴 프리드먼Milton Friedman은 1941년 자신의 박사 학위 논문을 출판하지 못했다. 변호사, 의사, 세무사, 회계사 등 전문직에 종사하는 사람들의 경제 상황에 관한 '독립 전문 직종 소득'을 분석한 그의 논문이 논란을 불러일으켰던 탓이다.

그는 이 논문에서 "의사들의 소득이 턱없이 높은 이유는 의사와 의료단체가 의료업에의 진입 장벽을 높게 쳐 놓았기 때문"이라며 각종 이익집단에 대한 진입 장벽을 없애야 한다는 급진적인 주장을 폈다. 이 논문을 두고 관련 이익단체들이 거센 항의를 해 5년 뒤인 1946년에야 논문을 출판할 수 있었다.

기업이나 전문직들이 경쟁을 피하기 위해 독점적 지위를 구축하고 진입 장벽을 만들어 두는 이유는 무엇일까? 활발한 경쟁은 생산자 혹은 전문직의 이익을 떨어뜨리기 때문이다. 경쟁은 기업이나 전문직들의 이익 혹은 수익 증가율을 제약한다. 과연 어느 누가 자신들의 이익 증가율이 떨어지는 것을 보고만 있겠는가?

시장 내에서 지배적 위치를 구축하면 비용을 소비자에게 떠넘길 수 있다. 대표적인 예가 농심이나 오뚜기처럼 강력한 시장 지배력을 가진 기업들이다. 예를 들어 라면의 주원료인 밀가루를 수입해야 하는 농심은 밀가루 가격이 오르면 소비자 가격을 인상하는 방식으로 문제를 해결한다. 이는 가장 손쉬운 방법이다. 그래서 밀가루 가격이 오르면 증권가에서는 농심 주식의 호재로 받아들인다.

결국 기업이든 직업이든 돈을 벌기 위해서는 경쟁을 피한 상태를 만들어야 한다. 그 형식은 시장 점유일 수도 있고 자격증일 수도 있고 자신만의 능력이나 노하우일 수도 있다. 당신과 당신이 투자한 것이 경쟁을 피하지 않은 상태에 있는가? 그렇다면 좋은 결과를 낳기 어렵다는 사실을 명심하자.

무한경쟁을 피하는 법

경쟁을 피하기 위해서는 어떻게 해야 하나? 이에 대한 명쾌한 해답은 서울대 경영학과 교수를 지낸 윤석철 명예교수의 『경영학의 진리체계』와 그가 각 언론매체에 기고한 에세이를 모아 놓은 『경영·경제·인생 강좌 45편』이란 책에 잘 담겨 있다. 나는 절친한 선배의 추천으로 윤 교수의 책을 읽은 후 "왜 이 책을 진작 알지 못했을까?"라며 아쉬움을 토로한 적이 있다.

경쟁을 피하는 법을 알면 먹고사는 문제를 해결할 수 있다는 게 나의 믿음이다. 개인적으로 그나마 재테크 담당 기자로 먹고 살 수 있었던 것도 돌이켜 보면 다른 기자들과 경쟁하지 않았기 때문이다.

내가 기자 생활을 처음 시작한 것은 지난 1997년 초. 나는 보험회사에서 4년간 근무한 후 재테크 전문잡지로 자리를 옮겼다. 조그만 잡지사다 보니 대형 언론사 기자들처럼 회사 브랜드로 취재할 수 없었다. 취재하러 가서도 본 취재보다는 내가 일하는 잡지가 어떤 잡지인가를 설명하는 시간이 더 길었다. 힘든 시기였지만 그래도 한 가지는 어슴푸레 알고 있었다. 초년병 기자였지만 종합일간지와 경제일간지의 재테크 기사를 보면서 이 정도면 내가 더 잘할 수 있다는 생각이 들었다. 왜냐고? 내가 그들보다 더 똑똑해서가 아니었다.

당시만 해도 일간지 기자들에게는 다른 주 취재 영역이 있고 재테크는 시장 상황과 지면 사정에 따라 부차적으로 취재하는 대상이었다. 내가 아무리 기자 경력이 일천하고 머리가 나빠도(사실 고등학교 시절에 측정한 나의 IQ는 100을 갓 넘는 수준이다.) 일간지 기자들이 대충 처리하는 재테크에 집중한다면 승산이 있다는 판단이 들었다. 게다가 일간지 기자들은 순환보직이라는 이름 아래 이 부서 저 부서를 옮겨 다니지 않는가? 막연한 판단이었지만 내 생각은 틀리지 않았다. 만일 내가 원래 좋아했던 문학이나 출판 담당 기자를 했다면 지금의 경쟁력은 확보하지 못했을 것이다. 내가 보더라도 나보다 글을 더 잘 쓰고 더 많이 아는 기자들이 수두룩하기 때문이다. 윤 교수의 책을 읽고 나서야 이렇게 일목요연하게 나의 기자생활을 '경쟁의 원리'로 해석할 수 있게 되었다.

경쟁을 피하는 방법은 개인의 생활뿐만 아니라 투자의 세계에서도 중요하다. 우리가 사는 물건이나 주식 그리고 아파트 가격 뒤에는 언제나 '경쟁'이라는 개념이 자리 잡고 있기 때문이다. 만일 전쟁 시기처럼 생필품 사재기가 일어나면 라면 값이 오르게 된다. 그만큼 사겠다는 사람이 많기 때문이다. 사겠다는 사람이 많다는 것은 경쟁적으로 높은 가격을 지불하겠다는 것을 의미한다. 이를 흔히 '수요'라고 부른다.

주식도 마찬가지다. 주식시장은 일종의 '완전 경매시장'이다. 익명의 사람들이 주식시장에 모여 자신이 사고자 하는 가격을 부르고 가장 높은 가격을 부른 사람이 그 주식을 가져간다. 입찰자가 많으면 많을수록 가격은 오르게 되어 있다. 경쟁을 피해야만 더 싼 가격에 살 수 있는데, 대부분의 사람들은 그렇게 하질 못한다. 다수의 참가자가 모이면 비정상적인 경쟁심이 발동해 높은 가격을 지불할 수밖에 없기 때문이다. 부동산시장에도 동일한 원리를 적용할 수 있다. 어떤 물건이든 간에 경쟁자가 많으면 그에 상응하는 대가를 지불해야 한다. 좋은 물건을 싸게 사려면 경쟁자가 적은 시점을 노려야 한다. 그래야 경쟁 상태에서 벗어날 수 있는 것이다.

그럼 경쟁을 피하려면 어떻게 해야 할까? 윤 교수는 '남들이 덜 택한 길을 선택하라'고 충고한다.

"과거 우리나라 기업들은 경쟁 기업이 공장을 확장하면 나도 확장하고, 경쟁 기업이 신규 분야에 진출하면 나도 진출했다. '나도 남들처럼'을 표방하다가 결국 과잉 투자, 과잉 경쟁으로 IMF 경제 위기를 맞았다. '남들이 덜 택한 길'을 선택하여 그 분야에서 세계적인 업적을 이룩한 경우는 개인의 인생, 기업 경영 등 모든 영역에서 찾아볼 수 있다."(『경영학의 진리체계』 중에서)

그는 남들이 덜 택한 길은 '황무지를 개척하는 길'이라고 말한다. 그는 황무지를 개척한 대표적인 기업으로 시스코시스템을 들고 있다. 시스코는 세계 최초로 컴퓨터 간의 상호 연결을 가능하게 하는 라우터의 상업화에 성공한 기업이다. 남들이 가지 않은 길을 갔기 때문에 시스코는 세계적인 기업이 될 수 있었다.

문제는 황무지 개척이 결코 쉬운 일이 아니라는 데 있다. 황무지 개척이 어렵다면 어떻게 해서 생존 가능성을 높일 수 있을까? 윤 교수는 "프런티어 개척이 어렵다면 3D 산업이 차선책일 수 있다"고 말한다. 3D란 더럽고Dirty, 어렵고Difficult, 위험하다Dangerous의 앞 글자 D에서 따온 말이다.

"3D 산업은 회피 대상이기 때문에 거기에는 '너 죽고 나 죽고' 식의 과당 경쟁이 없다. 그런데 의식주 등 인간에게 꼭 필요한 제품과 서비스는 궁극적으로 3D 산업에서 나온다. 그래서 3D 산업은 인류가 존재하는 한 영원할 수밖에 없다. 따라서 프런티어를 발견하고 개척하기 어렵다면 3D 업종을 좀 더 깨끗하고, 쉽고, 안전하게 일할 수 있는 방향으로 연구하여 발전시키는 길이 차라리 현명할 것이다."

윤 교수의 설명은 기업을 두고 한 말이지만 이는 보편적인 진리를 담고 있다. 먼저 개인으로 좁혀 살펴보자. 내가 직장생활을 하면서 가장 싫어한 부류는 폼 나고 생색나는 일만 하려는 족속들이었다. 그런 사람들은 부서를 지원할 때 능력도 없는 주제에 힘이 센 부서만 찾는다. 자신의 바람이 이뤄지지 않으면 자기를 몰라준다고 불평한다.

이런 인간들은 새로운 일에 도전하지 않는다. 이미 확인된 편안함과 권력을 선호한다. 이런 식으로 살아온 사람들 중에 잘된 사람은 한 사람도 못 봤다. 게다가 그런 부류는 영업부서나 '노가다' 성격이 강한 부서에 배치되면 '물먹었다'고 생각한다. 그들이 경쟁에서 도태된 이유는 황무지도 개척하지 않고 3D 업무도 기꺼이 하지 않았기 때문이다.

이번에는 주식 투자에 이를 적용해 보자. 사람을 판단할 때 경쟁을 피하는 원리를 체득한 사람을 높게 평가하듯 기업도 이 원리를 적용해 성공한 기업에 관심을 가져야 한다. 주식 투자란 기업의 일부를 사는 행위이기 때문에 다른 경쟁 기업들에 비해 '확실히 경쟁을 피한 상태나 단계'에 있는 기업의 주식을 사는 것이 더욱 안정적이다. 경쟁을 피한 상태에 놓여 있는 기업이란 앞서 얘기했듯이 황무지를 개척해 선도 기업으로서 위치를 구축하고 있거나 남들이 하기 싫어하는 비즈니스를 하는 기업을 말한다.

    차이의 원리가 경쟁의 원리에도 그대로 적용되는 것이다. 참고로 세계 최대의 뮤추얼펀드인 마젤란 펀드를 운용할 당시 월스트리트의 살아 있는 영웅으로 추앙받던 피터 린치는 "지저분한 일을 한다는 이유로 사람들이 혐오하는 기업이 있다면 바로 그 기업에 투자해야 한다"라고 말한 바 있다. 이 둘 사이에 놓인 그만그만한 기업들은 장기적으로 보면 생존 확률이 낮을 뿐만 아니라 다른 경쟁자에 비해 매번 높은 비용을 지불해야 한다. 비용도 많이 들고 생존 확률도 낮은 기업을 굳이 선택할 이유는 없지 않은가?

독점의 원리가
세상을
지배한다

경쟁과 독점의 원리를 가장 탁월하게 이해한 인물은 세계 최고의 투자자 중 한 명인 워런 버핏이었다. 그는 지난 1991년부터 친구로 지내온 빌 게이츠 마이크로소프트 창업자와 함께 워싱턴대학 비즈니스 스쿨에서 학생들과 대담을 했다. 그는 그 자리에서 스스로를 "시장경제, 특히 수많은 활동으로 점철된 거대 자본주의 경제에 대한 적응력만큼은 누구에게도 뒤지지 않는다"라고 말한 바 있다. 그가 선택한 주식 종목에는 어떤 것들이 있을까? 나는 그중 하나가 '독과점적 지위를 가진 회사 주식'이라고 생각한다.

그는 지난 1974년 광고회사인 인터퍼블릭Interpublic과 오길비메더Ogilvy&Mather 사의 주식을 사들였다. 그가 이들 광고회사의 주식을 사들인 이유는 미국의 저명 투자 칼럼니스트인 존 트레인의 『마이더스의 손』이라는 책에 잘 담겨 있다.

"워런 버핏은 광고업계의 빅 세븐이라 불리는 인터퍼블릭, 테드 베이츠Ted Bates, 제이 월터 톰슨J. Walter Thompson, 오길비그룹, 도일 데인Doyle Dane 등이 공유된 독점, 더 정확히 과점 상태에 있음을 발견했다. 그 이유는 포드, 코카콜라, IBM, 캠벨수프 같은 큰 회사들의 광고는 전 세계적으로 이루어져야 하기 때문이다. 모빌Mobil 사가 로고를 변경하거나 코카콜라 원액 성분을 변경하려면 전 세계 수백 개 국가에서 동시에 변경이 이뤄져야 한다. 이 일을 감당하기 위해서는 광고회사가 전 세계에 지사를 가지고 있어야만 한다. 따라서 대규모 다국적 기업의 광고를 전담할 수 있는 기업의 수는 제한되게 마련이다. (중략) 실내장식업처럼 이론적으로는 한 나라의 모든 은행과 거래할 수 있는 업종이 있지만, 광고회사는 경쟁 전략에 의해 영업을 하기 때문에 경쟁 기업의 은행과 거래를 하는 것이 불가능에 가깝다. 시티은행이나 체이스은행이 한 회사와 영업 관계를 갖기는 힘들다. 그래서 국제적 광고회사들은 부득이 영업망을 가지고 있어야 한다."

이 내용은 몇몇 광고회사들이 다국적 기업의 광고를 서로 분할해서 따내고 있음을 의미한다. 다시 말해 몇몇 광고회사들이 다 해 먹는 시장, 즉 독점적 공유를 하고 있는 것이다. 버핏은 바로 이들 회사들의 독점적 지위에 높은 점수를 주었던 것이다.

그럼 매입 시점을 어떻게 잡았을까? 버핏이 이들 주식을 산

것은 지난 1974년 주식시장 침체기였다. 그때는 미국 증시가 흥흥하던 시기였다. 증시가 호황을 보이던 바로 전 해 1973년도에 그는 당시 시장에 대한 자신의 생각을 다음과 같은 말로 표현했다. "성욕이 넘치는 남자가 무인도에 있는 느낌이었다. 살 만한to buy 것이 아무것도 없었다."

이 말을 한 지 1년 후 그는 한 기자와의 인터뷰에서 시장에 대한 자신의 입장에 바뀌었음을 시사했다. "성욕이 넘치는 남자가 하렘에 있는 기분이다. 이제 투자를 시작해야 할 때다." 하렘은 이슬람 세계에서 가까운 친척 이외의 일반 남자들의 출입이 금지된 여성들만의 장소를 의미하는 말이다.

버핏은 광고회사뿐만 아니라 다른 투자에서도 독점적 지위를 가진 회사들을 선호했다. 그가 영구 보유 종목이라 부르는 코카콜라나 질레트, 일간지「워싱턴 포스트」는 물론 그가 투자를 결정한 많은 회사들이 경쟁이 거의 불가능한 사업을 영위하는 회사들이었다.

존 트레인은 이를 두고 같은 책에서 "버핏은 강력한 프랜차이즈형 기업을 선호한다. 사람들이 잘 알지 못하는 사업 기반을 갖춘 프랜차이즈를 적당한 가격에 사려고 찾는다"고 말한다. 여기서 말하는 프랜차이즈란 맥도널드나 롯데리아 같은 프랜차이즈 기업을 말하는 것이 아니라 앞서 얘기한 것처럼 거의 경쟁이 불가능한 사업을 영위하는 회사를 의미한다. 버핏은 지난 1985년도에 프랜차이즈의 개념을 다음과 같이 설명했다.

"프랜차이즈를 시험해 보려면 돈 많고 똑똑한 사업가가 특정 프랜차이즈 사업을 어떻게 공격하는지 보면 알 수 있다. 만일 누군가가 10억 달러를 주면서 미국 내에 50명의 사업가를 대충 뽑아서 테스트해 보라고 한다면, 나는 언론 매체는 뺄 것이다. 예를 들어 그 사람이 (미국 최대의 경제일간지인)「월스트리트 저널」을 파산시키라고 한다면 아쉽기는 해도 나는 그 사람에게 돈을 돌려줄 수밖에 없다. 그런데 같은 돈을 주고 오마하의 은행이나 잘나가는 백화점의 수익성에 흠집을 내거나 시장 점유율을 떨어뜨리라고 한다면, 나는 잘 해 낼 수 있을 것이다. 나는 그 회사들을 괴롭힐 수 있다. 한 사업에 대한 진정한 테스트란 경쟁자가 큰 해를 줄 수 있는지에 대한 테스트라고 할 수 있다. 어떤 사업이 성곽 안에 있다면 성곽을 둘러싸고 있는 호수에는 악어, 상어, 피라나(식인고기) 같은 것들이 헤엄치고 있을 수 있다. 내가 원하는 것은 바로 성곽의 보호를 받는 사업이다."

독점에 대한 버핏의 얘기를 더 들어보자. 칼럼니스트 자넷 로우가 쓴『워런 버핏의 투자격언』에는 다음과 같은 버핏의 말이 들어 있다.

"(소수의 몇몇 회사가 시장을 나눠 먹고 있는) 복점複占은 독점 다음으로 좋은 것이다."

"신문은 굉장한 비즈니스다. 그것은 자연스럽게 제한된 독점권을 행사할 수 있는 몇 안 되는 비즈니스 가운데 하나다. 분명히 신문도 다른 광고 매체와 경쟁한다. 하지만 똑같은 상대와 경쟁하는 것은 아니다. 그런 류의 비즈니스가 있다면 보여 달라. 그런 것은 없다."

그가 「워싱턴 포스트」 주식을 좋아했던 이유를 알 수 있는 대목이다. 이 말을 한 시기는 지난 1986년이었다. 그 후 버핏은 신문 산업에 대한 개념을 바꿔 이렇게 말했다. "인구통계, 소매 유통업, 광고 경쟁 대상의 증가 등 근본적인 변화로 말미암아 신문업은 '좋기는 하지만 대단하지는 않은 비즈니스'의 범주다."

지금까지 버핏을 통해 가격이 싸지는 불황기에 독점 혹은 독과점적 기업의 주식에 관심을 가져야 하는 이유에 대해 살펴봤다. 물론 가격이 싸다는 것에 대해서는 사람마다 입장이 다를 수 있다. 하지만 확실한 것은 자신이 설정한 기준에서 싸야 한다는 점이고, 가급적 독점 혹은 독과점 아니면 절대적인 시장 점유율을 확보한 회사라야 한다는 것이다.

우리나라에서 대략 50퍼센트 이상의 시장 점유율을 기록하고 있는 기업은 농심, SK텔레콤, 삼성전자, 동서식품 등이다. 돌이켜 보면 이들 주식이 투자자들을 곤경에 빠뜨린 적은 거의 없다.

그럼 이런 원리를 부동산에 적용해 보면 어떻게 될까? 추후에도 얘기하겠지만 나는 버핏이 부동산에 투자했다 하더라도 큰돈을 벌었을 것이라고 생각한다. 독점과 경쟁에 대한 탁월한 이해, 좋은 물건을 싸게 사려는 치열한 태도, 수학적 엄밀성 등을 볼 때 그는 부동산으로도 큰 부를 일궜을 것이다.

독점적 위치를 가진 것에 투자하라

예전에 일하던 경제주간지에서 가치투자를 신봉하고 그 원리를 자신의 투자 세계에 적용하고 있는 VIP자산운용의 최준철 공동대표, 당시 동원증권에 근무하던 이채원 라이프자산운용 의장, 사이버 고수인 신현준(필명 청솔) 씨와 함께 가치투자 좌담회를 마친 후 술자리를 가진 적이 있다. 그 자리에서 이 의장은 자신이 아파트를 싸게 산 방법에 대해 이렇게 설명했다.

"결국 아파트도 땅 아닙니까? 모든 부동산의 가치는 결국 땅값에 의해 결정되는 겁니다. 그래서 주변 아파트와 대지지분을 비교해 얼마나 저평가되어 있는가를 분석했죠. 그리고 시장이 과열되어 있는가도 살폈습니다. 결과적인 얘기지만 성공적인 매입이었죠."

이 의장의 말에 모두 파안대소를 한 기억이 있다. 좋은 물건을 싸게 사서 보유하는 것은 주식이든 부동산이든 어디에나 적용된다. 부동산 투자 대상은 크게 아파트를 비롯한 주거용 주택, 오피스텔, 상가, 그리고 토지로 나눠 볼 수 있다. 토지는 일단 차치하고 아파트와 오피스텔 그리고 상가 투자에 독점 원리를 적용해 보자.

먼저 오피스텔보다 아파트 투자가 선행되어야 한다. 왜냐하면 오피스텔에 비해 아파트가 더 공급 제한적이기 때문이다. 아파트에는 높이를 결정하는 용적률 등 오피스텔에 비해 규제가 많다. 반면 오피스텔은 상업용지에 허가만 받으면 좀 더 높이 올릴 수 있다. 그래서 부동산 경기가 과열되면 건축업자들이 앞다투어 오피스텔 분양에 나서고 부동산 경기가 꺾이는 시점부터는 오피스텔 시장이 공급 과잉으로 쑥대밭이 되는 것이다. 게다가 아파트는 모든 사람들이 일반적으로 생각하는 주거 형태다. 그만큼 시장 수요가 많다는 것이다. 오피스텔에 비해 수요도 많고 공급 제한적인 특성을 갖고 있기 때문에 아파트의 가격 상승률은 항상 오피스텔의 가격 상승률을 앞서 왔다. 주거용 오피스텔이라고 분양 회사들이 그럴듯하게 포장해서 분양에 나선다 하더라도 감언이설에 속지 말기 바란다. 독점의 잣대를 들이대면 어떤 형태의 오피스텔이라 하더라도 아파트값의 상승률을 이기기 어렵기 때문이다.

    같은 아파트라도 인구 대비 공급 제한적 지역에 위치한 아파트 가격이 더 비싼 법이다. 사람은 점점 늘어나는데 공급이 제한되어 있다면 필시 추후에는 가격이 오를 수밖에 없다. 서울 강남의 아파트값이 비싼 것도, 한강변에 위치한 동부이촌동의 아파트값이 고가에 거래되는 것도 모두 공급 제한적인 곳에 위치해 있기 때문이다. 이제 강남은 재건축을 통한 공급 외엔 공급 물량을 늘리기 어려운 상황이다. 그래서 나는 부동산 가격이 하락하더라도 강남 아파트값의 하락폭이 가장 적을 것이라고 생각한다. 물론 아파트 투자에서는 이런 측면과 함께 향후 발전 가능성 즉 교통이나 학군 등도 따져봐야 한다. 독점적 지위를 구축하고 있고 향후 발전 가능성이 큰 곳이라면 최적의 투자처가 될 것이다.

상가는 특히 경쟁자에 의해 운명이 결정되는 경우가 많다. 경쟁자가 개인이 아닌 기업인 경우에 사정은 더욱 심각해진다. 유통업계에는 '월마트 효과'라는 말이 있다. 대형 할인점인 월마트가 미국의 중소도시로 점포를 늘려나가자 도심에서 장사하던 도소매 상인들이 몰락하고, 도심 상권이 공동화된 현상을 일컫는 말이다. 우리나라에도 이런 현상이 나타나고 있다. 대형 할인점의 등장으로 중소 도매상들은 막막한 처지에 놓이게 되었고 백화점 매출도 급감했다.

하지만 월마트 효과로 인해 모든 상가가 죽은 것은 아니다. 오히려 전문점인 카테고리 킬러의 입지는 공고해졌다. 미국의 경우 카테고리 킬러인 베스트바이(전자제품), 토이저러스(장난감), 홈디포(가정용 건축자재·공구) 등은 월마트 효과로 더욱 공고한 입지를 구축했다. 대형화(할인점)나 특화(전문점)의 두 길 이외에 다른 길을 선택한 곳은 모두 몰락한 것이다.

우리는 여기서 "프랜차이즈 사업에 대해 실험해 보려면, 돈 많고 똑똑한 사업가가 특정 프랜차이즈 사업을 어떻게 공격하는지를 보면 알 수 있다"는 버핏의 말을 다시 상기할 필요가 있다. 할인점의 공격에서 벗어나 할인점과 경쟁을 하지 않는 상가여야 한다. 이는 두 가지 의미를 갖는다. 하나는 할인점이 들어오기 어려운 입지에 있는 상가를 골라야 한다는 것이고, 다른 하나는 땅값이 비싸서 할인점이 들어오기 어려운 곳이어야 한다는 것이다. 이런 입지라야 할인점에 치이지 않고 안정적인 임대 수익을 올릴 수 있다.

일례로 아파트를 살 때는 대단지 아파트를 사야 하지만, 단지 내 상가를 고를 때는 할인점의 마수로부터 비켜 서 있는 소단지 아파트의 상가를 고르는 게 더 안정적이다. 땅값이 대한민국에서 가장 비싼 서울 강남이나 명동 등 요지의 상권에는 할인점이 들어가기 어렵다. 이미 상권이 형성되어 있고, 땅값이 비싸 할인점이 수지타산을 맞추기 어렵기 때문이다. 그래서 불경기와 부동산 침체기에도 강남의 큰손들은 이런 요지의 상가 건물을 선호한다. 당신이 돈이 많다면 후자를, 투자 금액이 적다면 전자를 선택하는 것이 올바른 투자 방법이다.

이 책에서는 토지 투자에 대한 이야기는 언급하지 않기로 했다. 토지 투자는 내가 잘 알지 못하는 영역이기도 하고, 분양가가 있는 아파트나 오피스텔 등에 비해 토지는 원가가 없는 탓에 정부 정책이나 도시 개발 계획에 의해 가격이 결정되는 특성을 갖고 있기 때문이다.

돈 버는 '시스템'을 만들어라

차이와 경쟁의 원리를 바탕으로 해서 돈 버는 시스템을 구축해야 한다. 이를 위해 역사상 큰 부자들과 우리 주변에서 볼 수 있는 부자들을 통해 부자들이 어떻게 돈 버는 시스템을 구축했는지 살펴보자.

자본주의 사회에서 가장 큰 부자는 대부분 기업가들이다. 매년 미국의 경제잡지 「포브스」지에서 발표하는 부자들의 순위를 보더라도 분명하게 드러난다. 최고의 부자 10명은 기업인이나 기업인 가족들이 늘 차지하고 있다. 지난 2004년 9월 「포브스」 발표에 따르면 마이크로소프트 사 창업자인 빌 게이츠가 11년째 1위를 고수하고 있고, 전설적인 투자가인 워런 버핏이 2위를 차지했다. 3위를 기록한 폴 앨런Paul Allen은 빌 게이츠의 고등학교 동창이자 마이크로소프트 사의 공동 창업자다. 세계 최대의 할인점 체인 월마트의 창업자인 샘 월튼Sam Walton의 재산을 상속한 월튼가 5명이 4~8위를 휩쓸었고 델 컴퓨터를 창업한 마이클 델Michael Dell이 9위에 랭크됐다. 오라클 창업자 래리 엘리슨Larry Ellison 회장이 10위였다.

우리나라도 마찬가지다. 우리나라의 부자 상위 랭킹에는 삼성그룹 이건희 회장, 현대차그룹 정몽구 회장 등과 벤처 기업인들이 자리를 잡고 있다. 왜 큰 부자들은 기업을 하는 사람들일까? 물론「포브스」지나 국내 부자 순위를 발표하는「이쿼터블」이 기준으로 삼는 것이 '주식'이기도 하지만 기업이 자본주의에서 가장 돈을 잘 벌 수 있는 시스템이기 때문이다. 다시 말해 자본주의 사회에서 최고의 돈 버는 기계는 '기업'이라고 할 수 있다.

그런 이유 때문에 큰 부자로 살고 싶다면 '기업인'이 되어야 한다. 현재 샐러리맨을 하고 있든 장사를 하든 간에 최종적으로 안정적인 돈 버는 시스템을 만들기 위해서는 기업 형태로 자신의 재산을 소유해야 한다. 하지만 기업을 일으켜 성공하기란 결코 쉬운 일이 아니다. 사업을 시작해서 성공할 확률이 1퍼센트에 불과하다는 말처럼 기업을 한다는 것은 많은 시련과 고통을 견뎌 내야 한다는 걸 의미한다. 그러나 고통과 시련, 위험이 큰 만큼 성공하면 보상도 크다. 기업이 계속 성장하는 한 기업가의 재산도 같이 성장한다. 창업자와 기업은 그래서 한몸이 된다.

그렇다고 세상 모든 사람들이 모두 기업인이 되어야 한다고 주장하는 것은 아니다. 자본주의에서 가장 확실하게 검증된 돈 버는 기계가 기업이라는 걸 받아들인다면, 우리네 일상도 기업가 마인드를 가져야 한다고 말하고 싶은 것이다. 현재 내가 기업을 하지 않더라도 기업이라는 돈 버는 시스템을 자신의 삶의 일부로 받아들이기 위해서는 두 가지가 필요하다.

첫째, 당신이 샐러리맨이든 장사하는 사람이든 '기업가 마인드'를 가져야 한다는 것이다. 당신이 장사하는 사람이라고 가정해 보자. 나는 장사와 사업의 가장 큰 차이는 '시스템'에 대한 이해와 태도라고 생각한다. 기업을 보면 기업을 운용하기 위해 여러 단위가 동원된다. 재무부서도 있고 영업부서도 있다. 그리고 인력 관리를 담당하는 인사부서도 있다. 물론 창업 초기에는 사장 혼자서 이런 일들을 모두 담당할 것이다. 그러다 사업이나 장사가 성장하면서 각 단위로 일이 분화되고, 사장은 각 단위가 원활하게 작동할 수 있도록 지원하고 의사결정을 내린다. 하지만 장사로 머무는 사람은 이런 시스템을 만들어 내지 않고 자신이 몸을 직접 부려 일을 해 낸다. 아르바이트생을 쓰기도 하지만 체계적인 관리를 하지 않는다.

하지만 생각해 보라. 동일한 장사를 하더라도 시스템의 중요성을 늘 고민하면서 장사하는 사람과 그렇지 못한 사람은 나중에 큰 차이가 생기지 않겠는가. 그래서 경제적으로 안정된 삶을 살고 싶다면, 샐러리맨이나 장사꾼이라도 자신의 일에 대해 기업가적 마인드를 가져야 한다.

둘째, 자신이 직접 경영을 하지 않더라도 돈 버는 좋은 기계에 투자하는 것이다. 이런 식의 투자가 바로 주식을 사는 것이다. 주식 투자의 왕도가 있다면 '돈을 잘 버는 회사의 주식을 쌀 때 사는 것'뿐이다. 사람들은 당장 오를 주식을 찾는 데 열을 올리는 탓에 돈을 잘 버는 회사의 주식을 산다는 생각을 하지 못한다. 자본주의에서 가장 뛰어난 돈 버는 시스템인 회사의 일부를 소유할 생각이라면 반드시 돈을 잘 벌 수 있느냐에 초점을 맞추어야 한다.

부동산을 소유하는 것도 돈 버는 시스템을 구축하는 한 방법이다. 이 세상 많은 샐러리맨들이 은퇴 후 자신이 소유한 부동산에서 매월 꼬박꼬박 임대료를 받아 돈 걱정 없이 노후 생활을 하는 꿈을 갖고 있다. 안정적인 임대료가 나오는 부동산을 소유하는 것은 좋은 돈 버는 기계를 하나 구입해 놓은 것과 같다. 한 번 구입해 놓으면 추가 노동을 하지 않아도 된다. 기름칠을 하고 관리만 잘 해 주면 스스로 알아서 돈을 벌어 준다. 물론 이런 관리가 쉬운 것만은 아니지만 말이다. 경제적 안정을 꿈꾸는 사람이라면 부동산에 대한 관심을 게을리해서는 안 되는 이유가 여기에 있다.

현대 사회에 와서 새롭게 등장한 돈 버는 시스템은 연예인이나 스포츠 선수다. 일류 연예인이나 스포츠 선수가 되면 일거수일투족이 돈 버는 시스템 역할을 한다. 미국의 전설적인 농구선수 마이클 조던은 나이키 운동화를 신어 주는 조건으로 엄청난 거액을 받았다. 자신의 능력을 키우면 키울수록 조던의 부는 계속 증가한다.

미국 정도는 아니지만 국내 연예인도 마찬가지다. 최고의 MC로 꼽히는 연예인들은 한 회당 출연료로 800~1,000만 원을 받는다. 만일 주당 1회씩 3개 프로를 맡는다면, 세금을 고려하지 않았을 때 일주일에 2,400만 원에서 3,000만 원을 받는다. 이를 1년으로 계산하면 연 11억 원이 넘는 돈이다. 여기에 CF 출연료까지 합하면 더 많은 돈을 벌게 된다. 이렇게 많은 돈을 버는 데 필요한 것은 자신의 재능뿐이다. 종잣돈도 필요 없다. 오로지 자신의 능력이 상품성을 잃지 않는 한 그는 계속 돈을 벌게 된다. 이런 사실을 통해 왜 금융기관이 유명 연예인들을 고객으로 확보하고 싶어 안달하는지 쉽게 알 수 있다.

돈을 벌기 위한 방법 중 하나는 자격증을 따는 것이다. 그러나 자격증이라고 다 돈을 벌어 주는 것은 아니다. 자격증 중에서도 진입 장벽이 높은 자격증이라야 한다. 누구나 쉽게 접근할 수 있는 자격증은 빛 좋은 개살구인 경우가 많다.

그럼 진입 장벽이 상대적으로 높은 자격증에는 어떤 것이 있을까? 변호사 자격증과 의사 자격증이 다른 자격증에 비해 진입 장벽이 높은 편이다. 공인회계사도 과거에는 진입 장벽이 높았지만 공인회계사 수를 매년 늘려 뽑으면서 똥값이 됐다. 공인회계사 자격증을 갖고도 취직을 못하는 이들이 얼마나 많은가. 이는 수요에 비해 공급이 늘어나면서 나타난 현상이다.

아직도 변호사나 의사는 상대적으로 안정적인 삶을 살 수 있는 자격증이다. 하지만 변호사도 과거보다는 돈을 벌 확률이 점점 줄어들고 있다. 왜냐하면 로스쿨의 도입으로 변호사들의 숫자가 급격히 늘어났기 때문이다. 공급이 늘면 희소성, 다시 말해 가치는 떨어지는 법이다. 변호사가 안정적인 직업이 되는 시대는 이미 과거의 일이 되어 버렸다. 변호사 시장도 이젠 치열한 경쟁시장이다.

상대적으로 의사는 변호사에 비해 안정적인 직업의 위치를 차지하고 있는 듯하다. 하지만 의사 숫자도 점점 많아지고 경쟁도 치열해지고 있어 병원도 망하는 곳과 흥하는 곳으로 양극화됐고, 이런 흐름은 더욱 가속화될 것이다. 바야흐로 시장 원리가 의사 시장에도 작동하고 있는 것이다.

소비자에게 좋은 서비스와 제품을 제공하는 자만 살아남는 게 시장의 원리다. 인위적으로 진입 장벽을 만들어 자신들만의 이익을 추구하는 시스템은 자본주의 원리에 맞지 않는다고 생각한다. 변호사나 의사는 갑부는 못 되어도 어느 정도 먹고사는 데는 지장이 없다. 의사도 변호사도 큰 부자가 되려면 기업 시스템을 도입해야 한다. 시스템이 움직이도록 하지 않으면 진입 장벽이 있는 자격증을 갖고 있더라도 부자의 길로는 다가갈 수 없다.

노동소득을 자본소득으로 전환하라

끝으로 샐러리맨의 돈 버는 시스템에 대해 알아보자. 샐러리맨은 일정한 노동력을 제공한 대가로 매월 급여(근로소득)를 받는다. 노동력을 제공하지 않으면 샐러리맨의 수입은 끊어진다. 문제는 노동력은 시스템이 아니라는 것이다. 시스템은 그 자체로 움직여야 한다. 그런데 노동력을 제공하지 않으면 돈을 벌 수 없는 샐러리맨에겐 시스템이 없다. 샐러리맨 재테크의 핵심은 노동력의 대가를 키우는 방법과 근로소득을 하루 빨리 자본소득으로 전환시키는 노력이 동시에 진행되어야 한다는 점이다.

자신의 능력을 비싸게 팔면 수입의 크기가 커진다. 노동력을 팔아 번 돈으로 돈 버는 시스템에 투자해야 한다. 돈 버는 시스템을 스스로 설립할 수도 있고, 돈 버는 시스템의 일부를 살 수도 있다. 전자는 창업이나 사업을 하는 것을 의미하고, 후자는 주식과 부동산 그리고 각종 예금 등에 투자하는 것을 의미한다. 근로소득의 비중보다 돈 버는 시스템이 만들어 내는 돈의 비중을 높이는 것이 바로 샐러리맨의 돈 버는 매커니즘인 것이다.

'무엇을 하느냐'보다 '어떻게 하느냐'가 중요하다

"저는 행복한 놈이에요. 취미와 직업과 특기가 일치하거든요. 전 취미도 남 웃기는 거고 특기도 남 웃기는 거예요. 그런데 그걸 또 직업으로 가졌으니 정말 운 좋은 놈이죠."

술자리에서 개그맨 남희석 씨가 한 말이다. 나는 이 얘기를 듣고 무릎을 '탁' 쳤다. 그 말에 많은 진리가 담겨 있었기 때문이다.

일이나 직업을 선택할 때는 자신이 좋아하는 일을 해야 한다. 세계 최고의 갑부인 빌 게이츠와 워런 버핏은 자신들의 성공 비결 중 하나가 '일을 즐기는 것'이라고 말한다. 성공학 저서를 봐도 자신이 좋아하는 일을 하라고 강조한다. 일본인 부자 전도사로 국내에서 많은 팬을 갖고 있는 혼다 켄 씨도 "자신이 좋아하는 일을 하는 것이 부자가 되는 길"이라고 말한다. 나도 빌 게이츠나 혼다 켄 씨의 의견에 적극 공감한다.

하지만 자신이 좋아하는 일을 하면서 사는 사람들이 얼마나 될까? 그리고 자신이 좋아하는 일을 한다고 해서 반드시 성공하는 것도 아니다. 자신이 좋아하는 일을 하다 망가진 대표적인 기업이 쌍용그룹이다. 쌍용그룹은 그룹 규모에 걸맞지 않게, 그리고 현대자동차라는 강력한 경쟁자가 있는 시장에 무모하게 뛰어들었다. 오너인 김석원 전 회장이 자동차를 좋아한다는 이유로 자동차 사업을 시작했지만 IMF 환란 시기에 직격탄을 맞고 그룹이 분해되는 운명에 처했다. 김 전 회장은 자동차광으로 유명한 사람이다. 자동차를 좋아하다가 자동차 사업에까지 뛰어든 것이다. 이런 비즈니스를 통상 '펫 비즈니스pet business(애완 비즈니스)'라고 한다. 기업 역사상 쌍용그룹 외에도 펫 비즈니스 실패 사례는 수없이 많다.

자신이 좋아하는 일을 선택했고 경제적으로도 윤택하다면 계속 그 일을 하면 된다. 그러면 돈과 행복이라는 두 마리 토끼를 모두 잡을 수 있다. 그런데 만일 지금 하는 일이 먹고살기 위한 것이라면? 그리고 너무 재미가 없다면 어떻게 해야 할까? 나는 이런 삶을 사는 사람일수록 자신의 삶에 '경쟁과 차이의 원리'를 적용해야 한다고 생각한다.

남들이 알아주지 않는 것이 기회다

일단 일을 선택할 때는 경쟁자가 적은 곳으로 가야 한다. 닭의 머리가 될 수 있는 곳을 찾아야 한다. 누구에게나 좋아 보이는 일은 경쟁자가 많은 법이다. 폼나고 화려해 보이는 일과 직업에는 나보다 똑똑한 사람들이 이미 포진해 있다. 그런 곳으로 가면 피 말리는 경쟁을 해야 한다. 하지만 경쟁자가 없는 시장, 다시 말해 남들이 보기에 지저분하고 더럽고 위험한 일에는 경쟁자가 적을 수밖에 없다.

이런 곳으로 가면 단기간에 지배적인 위치(독점적 지위)를 확보할 수 있다. 남들이 알아주지 않는 것에 신경 쓰지 말라. 오히려 남들이 알아주지 않는 것을 기회라고 생각하라. 남들이 알아주지 않는 것은 경쟁자가 적다는 뜻이다. 경쟁자가 적으면 나는 쉽게 시장을 선점 할 수 있다. 재테크도 마찬가지다. 모든 사람이 부동산이나 주식 투자에 열을 올리면 경쟁으로 가격이 올라간다. 경쟁자가 많아지면 시장 가격은 올라갈 수밖에 없다. 이럴 때는 시장을 떠나서 경쟁자가 없어지는 시기, 사람들이 주식이나 부동산 투자에 관심을 멀리할 때를 노려라.

둘째, 어떤 일을 하는지 보다는 일하는 태도가 더 중요하다. 보통사람들은 돈을 벌기 위해 돈 되는 투자처나 아이템을 먼저 찾는다. 창업을 할 때도 아이템이 가장 중요하다고 생각한다. 이렇게 생각하는 사람들이 아이템을 판매하는 프랜차이즈 업체나 창업 컨설턴트를 돈 벌게 해준다. 소수의 길을 선택하는 사람은 '무엇을 하느냐'보다 '어떻게 하느냐'를 더 중요하게 여긴다.

피자헛 신화의 주인공으로 잘 알려진 성신제 씨는 『나는 50에 꿈을 토핑한다』라는 책에서 "문제는 무엇이냐가 아니고 어떻게 하느냐"라는 말을 하고 있다. 성신제 씨는 미국 본사와의 갈등으로 피자헛과 결별한 후 닭요리 전문점 케니 로저스를 설립했다. 그러나 부도가 났다. 그 후 성신제 씨는 오십의 나이에 피자로 재기에 성공한다. 사람들이 새로운 아이템을 찾아 돌아다닐 때 경쟁의 원리를 이해한 사람들은 기존의 것을 개선하는 방향으로 일을 한다. '무엇'보다 '어떻게'에 집중한다. 나는 이런 태도를 가지고 있는 사람 중에 돈으로 고통받는 사람을 보지 못했다. 일시적으로 어려움이 닥치더라도 대부분 성신제 씨처럼 재기에 성공한다.

차이는 '무엇'에서 만들어지는 것이 아니라 '어떻게'에서 만들어지는 것이다. 같은 지역에 여러 음식점이 있어도 유독 잘되는 음식점만 잘되는 이유도 '어떻게' 게임에서 이겼기 때문이다. 차이와 경쟁의 원리를 삶에 적용하는 사람은 '어떻게'를 통해 차별화한다.

셋째, '관심'과 '필요'를 구분해 일의 우선순위를 정한다. 회사를 그만두기 전 내 직업은 기자였다. 기자 생활을 할 때 담당 분야는 금융과 재테크였다. 그러나 개인적인 관심사는 금융이나 재테크보다 문학이나 인문학 분야였다. 기자 생활 초기, 경제 음치였던 나는 아예 소설책을 가까이하지 않았다. 한번 소설책에 빠져들면 날밤을 새우는 체질인데다 당장 내가 할 일은 금융과 재테크 분야였기 때문이다. 2년간 경제 책만 읽었다. 금융과 재테크 공부는 필수였고, 문학은 관심이었다. 물론 긴 시간을 두고 보면 둘 다 내 인생을 풍부하게 해주는 것이지만 문학은 당장에 써먹을 수 있는 게 아니었다. 그 좋아하던 스포츠신문도 사서 본 적이 거의 없다. 설사 지하철에서 공짜로 볼 기회가 있어도 한동안은 참고(?) 보지 않았다. 연예인들 뒷얘기를 아는 게 내일에 하등 도움이 되지 않는다고 판단했기 때문이다.

주변을 보면 관심과 필요를 구분하지 못하는 사람들이 많다. 관심 있는 것보다 필요한 것에 먼저 시간을 투자해야 한다. 돈이 필요하다면 다른 것보다 돈에 관해 공부하는 시간을 먼저 할애해야 한다. 업무 능력 향상이 필요하다면 업무 관련 서적을 읽고, 그 업무에 밝은 사람과 만나 대화하는 시간을 맨 앞자리에 배치해야 한다. 그러고도 시간이 남으면 관심에 투자하라. 필요한 것만 하다 보면 인생이 재미없어질 수도 있으니까. '필요'에 우선순위를 두느냐 아니면 '관심'에 무게를 두느냐는 전적으로 당신에게 달려 있다.

2장

심리적인 장벽부터 넘어서라

부자들의 심리학

돈을 벌려면
어느 누구도
탓하지 말라

돈을 버는 데 가장 큰 장애물은 경기 동향도 아니고 정부 정책도 아닌 바로 자기 자신이다. 투자의 세계만큼 자유와 책임의 원리가 절대적으로 적용되는 곳은 없다. 금융기관 직원이 강력하게 추천한 상품이 결과가 좋지 않다 해도 최종 책임은 자기 자신이 져야 한다. 사기를 당해도 마찬가지다. 나는 사기 치는 사람 못지않게 당하는 사람도 나쁘다고 생각하는 사람이다. 순간의 유혹에 혹해서 자기 돈을 호주머니에서 서슴지 않고 꺼내는 사람은 자기 자신의 행위에 대해 책임감을 가진 사람이 아니다.

세계 3대 상인 중 하나인 중국인들은 사기당한 사람을 전혀 동정하지 않는다. 심지어 사기당한 사람을 사기꾼과 같은 등급의 인간으로 치부한다. 투자의 세계는 철저히 자유와 책임의 원칙에 따라야 한다. 동기야 어떻든 간에 결과에 대한 책임은 자기 자신이 질 수밖에 없다. 이 원칙은 투자가 극히 개인적인 행위라는 점에서 특히 더 중요하다. 같은 시기에 같은 종목을 사는 사람이라 하더라도 주식의 움직임을 대하는 태도는 사뭇 다르다. 단돈 몇 푼만 올라도 흥분하는 사람이 있는가 하면 반대로 1~2퍼센트만 가격이 하락해도 두려움을 느끼는 사람이 있다.

이와 반대로 주가 등락에 관계없이 오랫동안 묵묵히 기다리는 사람도 있다. 사람마다 가격의 움직임을 대하는 태도가 사뭇 다르다. 그래서 먼저 자기 자신을 아는 것이 중요하다. 우리가 알고 있는 통계 수치에는 이런 인간의 감정이 포함되지 않는다. 통계 수치로 놓고 볼 때 시장 전망이 좋더라도 돈을 버는 사람과 그렇지 않은 사람이 나오는 것은 개인적 의사결정과 투자 대상을 대하는 사람들의 감정 상태가 다르기 때문이다.

지금까지 역사적으로 검증된, 그리고 위대한 투자가들이 피해야 한다고 말하는, 투자를 망치는 심리는 과연 무엇일까. 어떤 심리가 우리를 불행하게 만들고, 또한 잘못된 투자 결정을 내리게 만드는 것일까. 이번 장의 주제는 바로 올바른 투자를 망치는 심리적 장벽들에 대한 얘기다. 이런 심리적 장벽을 알아가는 것은 또한 자기 자신에 대한 이해로도 연결된다. 자기 자신에 대한 이해는 자기 삶의 주인은 자기 자신임을 선언하는 것이고,

주인답게 행동하는 것이다. 주인의 행동 원리는 바로 자유와 책임이다. 반면 노예의 행동 원리는 복종과 회피다.

자신의 자유와 책임에 따라 투자하라

자유와 책임의 원리를 투자 세계에도 적용해야 하는 또 다른 이유가 있다. 우리가 살고 있는 시장은 인간의 탐욕과 공포로 가득 차 있기 때문이다. 이곳에는 여러 부류의 인간 군상들이 모여 자신의 욕심을 채우기도 하고, 공포에 질려 도망치기도 한다. 인간의 이런 감정들이 모여 시세를 연출하고 시장 분위기가 만들어진다. 인간은 이성적 존재일 뿐만 아니라 감정적 존재다.

평상시에는 이성이 힘을 발휘하는 것 같지만 정작 의사결정이 이뤄지는 시기에는 감정의 지배를 받는다. 이는 머리가 좋고 나쁘고의 문제가 아니다. 출신 성분의 문제도 아니다. 만유인력의 법칙으로 유명한 아이작 뉴튼 경도 주식 투자로 전 재산을 날린 후 자기 앞에서 주식의 '주'자도 꺼내지 말라고 하지 않았던가. 세기적 천재도 탐욕 앞에서는 탐욕의 부름에 무릎을 꿇었던 것이다. 우리도 결코 공포와 탐욕 앞에서 자유로울 수 없는 존재다. 우리가 고작 할 수 있는 것이라고는 공포와 탐욕과 거리를 두기 위해 노력하는 일뿐이다.

경제에는 차가운 피가 흐른다. 경제는 윤리학이 아니다. 참과

선을 따지지 않는다. 어떤 정부의 정책도 사회 모든 계층을 만족시키지 못한다. 부자들이 좋아하는 정책은 서민들이 싫어하고 서민들을 위한 정책으로 부자들은 피해 의식을 느낄 수 있다. 그게 경제다. 이익을 보는 사람이 있으면 그 이익에 상응하는 만큼 손해를 보는 사람도 있다. 경제는 이렇게 돌아간다. 아무리 아름다운 말로 포장해서 상생相生을 얘기한다 하더라도 현실에서는 통하지 않는다. 차가운 곳에서는 공포와 탐욕으로부터 거리를 두고, 세상 모든 일을 자신의 자유와 책임의 원리로 바라보는 자들만 살아남을 수 있다.

자신의 아우슈비츠 생활을 인간의 정신분석학에 접목한 세계적인 정신분석학자 빅터 프랭클은 『인간이란 무엇인가』에서 삶과 책임의 원리를 분석했다. 나는 그 원리가 투자의 세계에서도 유효하다고 믿는다.

"인생에 있어서 우리는 상황마다 도전을 받고 문제를 해결해야 한다. 그러므로 인생의 의의에 관한 문제는 사실상 거꾸로 생각해야 한다. 다시 말해 궁극적으로 사람은 자기 인생의 의의가 무엇인가를 묻지 말고 오히려 질문을 받을 대상이 다름 아닌 자기 자신이란 것을 인식해야 한다. 한마디로 말하면, 사람은 각자가 인생으로부터 질문을 받는다. 그리고 인생에게 주는 유일한 해답은 자기 인생에 책임감을 느끼는 일이다. 인생에 대해서 사람은 책임감을 갖고 맞서야 한다."

'집행유예 환상'에서 벗어나라

사람은 누구나 자기 스스로를 정직하다고 믿는다. 설사 정직하지 못한 일을 했다 하더라도 불가피한 상황에서의 어쩔 수 없는 선택이었다고 생각한다. 자신이 정직하다고 믿는 것과 실체가 사뭇 다르다는 것은 문제가 아닐 수 없다. 믿고 싶어 하는 것과 현실은 다르다. 이런 감정을 잘 드러내는 정신의학적 개념 중에 '집행유예 환상 Delusion of reprieve'이라는 것이 있다.

처형 직전의 사형수가 마지막 순간에 형 집행이 유예될지도 모른다는 환상을 품게 된다는 것이다. 이런 사고방식은 인생을 살아나가는 데 큰 도움이 된다. 어려움과 곤란을 이겨 낼 수 있는 힘과 희망을 주기 때문이다. 투자에서도 나타나는 이런 심리는 긍정적일까 부정적일까. 나는 부정적이라고 생각한다. 일을 하거나 인생을 살아갈 때는 막연한 희망도 힘이 되지만 돈과 투자에 관한 한 득보다 실이 많다.

나는 주변에서 집행유예의 환상에 사로잡혀 자신을 빚의 올가미에 가두어 두고 있는 사람을 수도 없이 보아 왔다. 내가 아는 한 후배는 월급날마다 신용카드 대금과 현금서비스를 막느라 급급하다. 그렇다고 빚더미에 올라서 있는 것도 아니다. 매월 조금씩 돈이 부족하다. 이 부족한 자금을 메우기 위해 조금씩 현금서비스를 늘려가며 생활하고 있다. 그 친구는 매년 연말이면 성과급을 기다린다. 성과급이 들어오면 현금서비스를 청산할 수 있다고 믿고 있기 때문이다. 하지만 성과급이 나오더라도 일시적으로는 자금 흐름이 좋아지겠지만 내년에도 또 성과급을 기다리는 생활을 벗어날 수 없을 것이다. 집행유예의 환상에 빠져 있기 때문이다.

집행유예의 환상에 빠져 있는 사람들은 자신의 현재를 제대로 보려 하지 않는다. 매월 돌아오는 자동차 할부금, 카드 할부 대금 등 각종 청구서만 그때그때 갚아 나갈 뿐 현재 자신의 인생을 짓누르고 있는 빚의 규모가 얼마인지 이 빚을 갚기 위해 급여를 한푼도 쓰지 않고 어느 정도 모아야 하는지 알려고 하지 않는다. 두렵기 때문이다. 마치 단두대에 올라선 사람들이 느끼는 그런 두려움을 맛보고 싶지 않은 것이다. 이런 사람들은 자신이 정직하다고 말한다. 나는 그들에게 이런 말을 해 주고 싶다. "남을 속이지 않으니 정직하다는 말을 들을 것이다. 하지만 정작 가장 정직해야 할 자기 자신을 매일매일 속이고 있다는 사실을 명심해라."

나는 지금까지 살면서 보증을 서 수천만 원을 날린 경험이 있다. 보증도 여러 번 서다 보면 노하우가 생기게 되는데, 가장 큰 노하우는 역시 보증은 절대 서지 않는 것이다. 두 번째 노하우는 우정을 지켜야 하는 경우라면 자신의 여력 내에서, 자신의 경제적 삶이 침해 받지 않는 수준에서 받을 생각하지 말고 돈을 주는 것이다. 보증 부탁을 하고 난 후에는 대부분 돈을 꿔 달라는 부탁을 하게 마련이다. 처음에는 꿔 달라는 금액이 크지만, 나중에는 수백만 원 단위로 줄어든다. 나는 마음속으로 이렇게 해석한다. '드디어 마지막으로 치닫고 있구나.' 돈을 꿔 달라는 사람이나 보증을 요구하는 사람은 대부분 집행유예의 환상에 빠져 있다. 이번 보증만 잘되면 혹은 돈만 꾸면 나머지 문제가 모두 해결될 수 있을 것이라고 믿는 것이다.

고통스러워도 현실을 직시하라

사업이나 일이 안 되는 이유는 여러 가지다. 돈 문제일 수도 있고 사람 문제일 수도 있다. 하지만 집행유예의 환상에 빠진 사람들은 오로지 돈에만 초점을 맞춘다. 원인과 분석이 어디론가 도망가 있다. 원인과 분석 없는 처방이 있을 수 있는가? 바로 그때가 사람이 아닌 돈이 거짓말을 하는 단계다.

현재 무슨 일을 하고 있든 돈으로 인해 고통받지 않으려면 집행유예의 환상에서 빠져나와야 한다. 집행유예의 환상에서 벗어나려면 자신이 현재 서 있는 곳이 단두대라는 것을 직시해야 한다. 고통스럽지만 두 발을 딛고 서서 똑바로 쳐다봐야 한다. 처음에는 비참할 것이다. 두렵기도 할 것이다. 우울하기도 할 것이다. 집행유예의 환상에 빠져 이런 두려움과 우울함에 맞서지 않는 사람들은 신용카드를 더 만들어 자기 자신을 망가뜨린다. 나는 이런 사람들을 수없이 보아 왔다. 그 사람들이 지금 어떻게 사느냐고? 독자 여러분의 상상에 맡기겠다. 그럼 어떻게 벗어나야 하느냐고? 그것을 왜 남에게 묻는가? 스스로 잘 알고 있을 것이다. 문제는 당신의 결심과 행동이다. 그리고 체면을 버리면 된다. 체면이 인생을 얼마나 망치는지에 대해서는 추후 또 얘기할 것이다.

이 글을 읽고 당신이 만일 집행유예의 환상에 빠져 있다는 생각이 들면 『돈이 울고 있다』라는 만화를 꼭 읽어 보기 바란다. 일본의 해피 서포트라는 중견 대금업체(소액 급전 대출 금융기관) 지점장의 생활을 다룬 이 만화책은 돈에 얽매여 사는 인간들의 이면사를 배우는 데 큰 도움이 될 것이다.

돈에는 낭만이 없다

　　　　　　매사에 긍정적이고 낙관적인 사람이 비관적이고 부정적인 사람보다 인생에서 성공할 확률이 더 높다. 하지만 투자의 세계에서 이 말은 부분적으로만 맞다. 지나친 낙관과 자신감은 오히려 자신을 나락으로 떨어뜨릴 확률이 더 높다. 왜냐하면 잘난 척하는 게 바로 인간의 본성이기 때문이다. 조사에 의하면 운전자 중 80~90퍼센트는 자신의 운전 실력이 평균 이상이라고 생각한다. 그들은 자신의 운전 실력을 과장한다. 어떤 분야든지 뛰어난 사람은 10퍼센트에 불과하다. 운전도 마찬가지다. 그런데도 80~90퍼센트의 사람은 자신들이 뛰어난 운전 실력을 갖고 있다고 믿고 있다.

　　행태재무학으로 지난 2002년 버넌 스미스Vernon Smith 교수와 함께 노벨경제학상을 받은 대니얼 카너먼Daniel Kahneman 교수는 이런 인간의 본성을 두고 '낙관주의 편견Optimism Bias'이라고 부른다. 그는 많은 주식투자자들이 주식시장에서 돈을 잃는 이유 중 하나가 바로 이 '낙관주의 편견'이라고 설명한다. 더 나아가 그는 낙관주의 편견은 인간이 갖고 있는 하나의 본성이라고도 주장한다. 카너먼 교수는 낙관주의 편견에 의해 지배되는 사람들은 '할 수 있다can do' 정신을 갖는다고 한다.

'할 수 있다' 정신은 일을 할 때는 좋지만 투자나 도박을 할 때는 자신을 나락으로 떨어뜨릴 수 있는 위험을 안고 있다. 카너먼 교수의 말을 들어보자.

"많은 사람이 주식시장에서 돈을 벌 것이라고 낙관하고 증권투자를 한다. 시장에 대해서도 장미빛 전망을 한다. 인간 본성이 그렇다. 그들은 자신을 과신한다. 많은 식당이 이미 실패한 자리에 또 다른 식당이 생기는 이치도 마찬가지다. 자신은 남들과 다르다고 믿는다. 실제 통계상 소기업의 70퍼센트는 5년 내 망한다. 그것이 시장의 법칙이다."

재미있는 것은 '할 수 있다' 정신을 가진 사람들은 절대적 확신을 갖고 있다는 점이다. 이 확신이 투자를 망친다는 것을 그 순간에는 알지 못한다.

지나친 낙관주의를 경계하라

돈에 관한 인간의 심리를 탁월하게 그린 노부유키 후쿠모토의 『은과 금』이란 만화책을 보면 낙관주의 편견에 빠진 인간 군상들이 어떻게 망가지는가를 엿볼 수 있다. 이 만화는 1980년대 일본 경제 붕괴 후 지하세계에서 돈을 통해 일본을 지배하려는 히라이 긴지라는 인물을 내세워 일본의 부패상과 돈에 대한 인간들의 탐욕과 공포를 묘사하고 있다. 히라이의 제자인 모리타는 마작의 달인이자 부동산 재벌인 상경그룹의 구라마에와 내기 마작을 하고 있는 젊은 재벌 2세 니시조에게 이런 말을 한다. "무턱대고 살아보려는 것은 마작에서 가장 해서는 안 될 판단이야. 돌아갈 때 찔려 죽는다. 이 판은 포기해." 하지만 니시조는 자신의 패에 확신을 갖고 베팅한다. 그 결과 니시조는 거금을 잃게 된다.

주변에 주식 투자로 돈을 잃은 사람들에게 물어 보라. 그들은 모두 돈을 벌 줄 알았다고 말할 것이다. 장사에 실패한 사람들에게도 물어 보라. 한결같이 장사로 성공할 줄 알았다고 말할 것이다. 그들에게 어떤 이유로 그런 생각을 했는지 물어 보라. 제대로 답변을 못 할 것이다. 그들은 어느 순간 낙관주의 편견에 빠져 자신의 능력을 과대평가하고 있었던 것이다. 돈과 경제에 낭만이란 없다. 돈에서는 낭만을 찾지 말아야 한다.

자신을 과대평가하지 않는 방법은 무엇일까? 실패에 겸손해지는 것이다. 나도 말은 이렇게 하지만 결코 쉬운 일이 아니다. 하지만 실패에 겸손해지지 않고서는 낙관주의 편견을 이길 방법이란 없다. 사람은 존재론적으로 볼 때 완전하지 않다. 언제나 실수투성이의 삶을 산다. 역사상 위대한 투자자라 할지라도 늘 성공한 것은 아니다. 일본 만화 『은과 금』에는 이런 말이 나온다. "세상엔 백전백승의 갬블러나 승부사는 존재하지 않아… 차오른 밀물은 반드시 빠지는 법…."

위렌 버핏조차 수십 차례 투자에 실패한 경험이 있다고 말하고 있다. 그의 유머러스한 실패담을 들어보자.

"물론 여러분 중에는 남달리 명석하다고 소문난 제가 1978년부터 1990년 사이에 주당 43달러에 팔았던 캐피털 시티즈 주식을 왜 172달러 50센트에 다시 사들이는지 의아하게 생각하실 분이 계실 겁니다. 여러분이 질문하리라 예상하고 이런 모순되는 행동을 정당화할 수 있는 현명한 답을 생각해 내기 위해 많은 시간을 보냈습니다. 조금만 더 시간을 주십시오."

'손실 기피 감정'은 당신을 더욱 망친다

지나친 낙관주의와 함께 투자를 망치는 감정은 '손실 기피 감정'이다. 경제학과 심리학을 접목해 행태재무학을 정립한 프린스턴 대학 명예교수인 대니얼 카너먼은 워싱턴 국제전략연구센터CSIS에서 열린 특별 강연에서 손실 기피 감정에 대해 이렇게 말하고 있다.

"주식을 팔 때 산 가격을 잊어 버리는 것이 전통적인 투자 이론이다. 그러나 실제 그렇게 하는 사람은 드물다. 누구든 주식을 팔 때는 자신이 산 가격과 비교해 얼마의 손해를 봤는지 생각한다. 이때 심리적으로 '나의 결정은 잘못된 것이 아니다'라는 변명을 찾는다. 의사결정의 실패에 따른 고통을 원하지 않는다. 그 결과 지나치게 빨리 판다. 기다리지 못하는 것이다. 이와 관련된

통계가 있다. 투자자들이 주식을 팔고 나서 곧바로 다른 주식을 샀을 때 그 주식은 1년 뒤 평균 3.4퍼센트 높은 가격에 팔 수 있었다."

사람들은 왜 이렇게 그릇된 결정을 내리는 걸까? 사람은 만족은 추구하고 후회는 피하고 싶어 하는 존재이기 때문이다. 만일 당신이 A와 B 두 종류의 주식에 투자하고 있다고 가정해 보자. A주식은 30퍼센트 오르고, B주식은 반대로 30퍼센트 하락했다. 사람들은 A와 B 중 어떤 주식부터 팔까? 대부분의 투자자들은 오른 주식을 판다. 만족은 추구하고 손실은 피하고 싶기 때문이다. 행태재무학의 권위자인 존 노프싱어John Nofsinger 교수는 『미친 투자』에서 이런 인간의 투자 행태를 두고 "손해를 감수하면서까지 B주식을 매도하는 것은 자신의 매수 결정이 틀렸다는 것을 인정하는 것이므로 후회의 고통을 맛보기 싫은 탓"이라고 말한다.

오히려 합리적인 의사결정은 하락주를 팔고 상승주를 보유하는 것이다. 하지만 사람들은 손실 회피 감정 때문에 성급하게 오른 것을 먼저 팔아 버린다. 또한 손실에 과민해진 사람은 높은 이익을 올릴 수 있는 큰 가능성을 버리는 한이 있더라도 확실한 이익을 선택한다.

실질금리가 물가상승률도 따라가지 못하는 상황임에도 주식형 펀드 등을 활용해 포트폴리오를 구성하지 않고 오로지 안정적인 은행 예금을 선호하는 현상이 전형적인 예가 될 것이다.

이제 자신이 손실 회피 감정에 빠져 있는지를 알아보자. 노프싱어 교수는 다음 세 가지 중 하나라도 해당된다면 손실 기피 감정에 휩싸여 있는 것이라고 지적한다.

첫째, 주식이 매수 당시의 가격을 회복하면 매도하겠다.
둘째, 주가가 너무 하락해서 지금 매도할 수 없다.
셋째, 주가가 더 이상은 하락하지 않을 것이므로 계속 보유하겠다.

이 세 가지 모두 우리가 일상생활에서 자주 듣는 말이다. 이 글을 쓰고 있는 나도 손실 회피 감정에 빠져 있다. 아마도 많은 사람이 노프싱어 교수의 지적에 공감을 표시할 것이다. 그럼 손실 회피 감정을 벗어날 수 있는 길은 무엇인가?

손실 회피 감정을 피하는 3가지 방식

첫째, 당신이 산 주식이나 부동산의 가격이 하락했다면 이런 질문을 던져보자. "만일 돈이 더 있다면 계속 사고 싶은가?" 단순히 가격이 빠졌다는 이유로 혹은 너무 손해를 많이 봐서 팔 수 없다는 이유로 주식이나 부동산을 계속 들고 있어서는 안 된다. 만일 당신이 지금 이런 상황에 놓여 있다면 끊임없이 "내가 돈이 있다면 이 주식이나 부동산을 더 살까?"라는 질문을 되뇌어 보자. 만일 더 사고 싶다면 보유하고 있어라. 반대로 사고 싶지 않다면 더 이상 필요 없는 것이 된다. 팔고 나서 다음 기회를 기다리는 게 낫다. 기회란 또 오는 법이다. 다른 기회를 잡을 준비를 해야 한다.

둘째, 처음부터 자신의 투자성향에 맞게 투자 비중을 결정하는 것이다. 만일 3,000만 원을 운용한다면 2,000만 원은 확정이자가 지급되는 채권이나 예금에, 나머지 1,000만 원은 주식형 펀드나 주식에 투자하는 식으로 처음부터 가이드라인을 정해 놓는 것이다. 가이드라인을 두는 것은 자신을 믿지 않는 것이다. 자신이 차가운 이성을 가진 존재라는 착각에서 벗어나는 길은 정해 놓은 가이드라인에서 투자하는 것이다. 투자에 있어서는 끊임없이 자기 자신을 의심해야 한다.

셋째, 과거는 잊어라. 과거는 과거일 뿐이다. 과거가 미래에 끼어들지 않도록 해야 한다. 미국의 재무 칼럼니스트인 개리 벨스키는 "일단 써버린(잃은) 돈은 되돌아오지 않는다. 그 돈은 현재와 아무런 관계도 없다"고 말한다. 처음에 얼마에 샀는지는 중요하지 않다는 말이다. 이미 엎질러진 물이다. 중요한 것은 장래에 목표를 달성하기 위해서 현재 보유하고 있는 주식이나 주택에 어떤 가치가 있는가이다. 과거의 손실은 접어두고 현재 이뤄진 모든 투자가 장래에 어느 정도 이익을 가져올 것인가 하는 관점에서 자신의 투자 자산을 재분석해야 한다. 이런 사고는 손실 기피 감정의 노예로 전락하는 것을 막아 줄 것이다.

혹시 당신도
샤워실의
바보?

주식 투자로 돈을 잃은 사람들이 한결같이 하는 얘기. "왜 내가 사면 빠지고 반대로 내가 팔면 주가가 오르는지 모르겠어." 그러면서 "나는 주식과 인연이 없다"라는 말도 덧붙인다. 부동산도 마찬가지다. 내가 사면 내리고, 팔면 오른다. 왜 사람들은 이런 식의 의사결정을 하게 되는 것일까. 이런 현상에 대해 『부자들만 아는 부동산시장의 법칙』의 저자인 차학봉 씨는 '기억의 잔상 효과에 의한 착시 현상'으로 해석한다. 나는 차학봉 씨의 견해에 전적으로 동의한다.

"보통사람들은 이런 판단을 할 때 오래된 경험은 기억에서 지워 버리고 최근 경험을 중요한 판단의 기준으로 삼는다. 1998년부터 하락기에 접어든 집값이 1999~2000년 보합기를 거쳐

2001년부터 상승기에 접어들기 시작했다. 하지만 상당수 사람들은 1998년 하락에 대한 강렬한 기억 때문에 2000~2001년에 집 사기를 꺼려 했다. 이 시기에 집값이 본격적인 대세 상승기에 접어드는데도 하락에 대한 강렬한 기억 때문에 오히려 집을 판 사람들도 많다. 반대로 집값이 2002~2003년 상승기를 넘어서 2004년 조정기에 접어들기 시작하자 이 시기에 빚을 내 집을 산 사람들도 많다. 과거 집값 하락기의 쓰라린 경험을 어느새 망각하고 2002~2003년의 강력한 집값 상승에 대한 기억만이 머릿속을 온통 지배했기 때문이다. 이미 집값은 상승기를 지나 조정기에 접어들고 있는데도 집값 상승에 대한 잔상 효과 때문에 집값이 무한정 치솟을 것 같은 착각에 빠진다."

사람들이 투자의 세계에서 이런 착시 현상에 자주 빠지는 이유는 최근의 경험만을 중시하기 때문이다. 사람은 망각의 동물이다. 만일 사람이 망각하지 않는 존재라면 과거의 우울한 기억 속에서 허우적거리는 삶을 살게 될 것이다. 인생사에서 망각은 도움이 되지만 투자의 세계에서 망각은 투자 손실의 수렁에 빠지게 한다.

사람들이 빠지는 착시 현상을 설명하는 적합한 말이 '샤워실의 바보Fool in Shower'다. 이 말은 노벨경제학상 수상자로 레이건 전 미국 대통령의 경제 교사로 불리운 밀턴 프리드먼 교수가 한 말이다. 샤워를 할 때 갑자기 뜨거운 물이 나오면 사람들은 당황해 차가운 물을 틀게 된다. 그러면 또 차가움에 놀라 갑작스레 뜨거운 물을 틀게 된다. 이렇게 반복하다 보면 결국엔 샤워에 적당한 온도를 찾지 못하게 된다는 것이다.

원래 이 개념은 프리드먼 교수가 돈의 양, 즉 통화량을 통해 정책을 구사하는 것을 비판하기 위해 만들어 낸 개념이다. 정부가 경기 부양 등을 위해 인위적으로 돈을 풀고(통화량을 늘리고) 금리를 낮춰 경제를 안정적으로 유지하려는 노력 자체가 오히려 경제를 불안정하게 만든다는 것이 프리드먼 교수의 주장이다. 이런 정부를 두고 그는 '샤워실의 바보'라고 불렀다. 샤워실의 바보는 투자의 세계에서도 시사하는 바가 크다. 사람들은 최근의 경험을 중시하면서 역사성을 무시한다. 부동산 가격이 오르면 계속 오를 것으로만 생각하고, 반대로 하락하면 지속적인 하락세를 보일 것으로 믿어 버린다.

착시 현상에 빠지지 않으려면 소수의 길을 선택하라

착시 현상에 빠지지 않고, 샤워실의 바보가 되지 않기 위해서는 역사적 관점에 서서 소수의 길을 선택해야 한다. 부자가 되기 위해서는 장 자크 루소의 "성공에 이르는 길은 대중이 가는 길과 반대쪽"이라는 말을 명심해야 한다. 그리고 호황과 불황의 양극단에서 느낀 감정을 스스로 배제해야 한다. 증권업계에서는 언제 입사했느냐에 따라 직원들의 투자 스타일이 달라진다는 말을 자주 한다. 증시 호황기에 입사한 영업 직원들은 주로 시장을 좋게 보는 경향이 있고, 반대로 불황기에 입사한 직원들은 비관적으로 보는 경향이 있다. 자신의 마음속에 입력된 시장 상황이 강한 잔상 효과를 발휘하고 있기 때문이다. 하지만 현실은 조금만 생각하면 알 수 있듯이 시장은 호황과 불황을 오가며 움직인다. 호황기도 있고 불황기도 있다. 이것이 시장의 순리이고 자연의 법칙이다.

착시 현상에 빠지지 않기 위해서는 모든 자산의 가격이 싸지는 불황기에 주목해야 한다. 어느 나라나 경기가 어려워지면 중앙은행(우리나라는 한국은행)이 화폐 공급을 통해 경기를 살리고자 한다. 프리드먼 교수는 이런 노력이 경제에는 좋지 않은 것으로 바라봤지만, 경제 학자가 아닌 우리 투자자들은 정부의 화폐 공급을 투자 기회로 받아들여야 한다. 한국은행이 금리를 낮추고 통화량을 늘리면 적어도 한 개 이상의 자산 가격은 오르게 되어 있다.

실연의 아픈 추억은 가슴속 깊이 담아 두어야 하지만 투자에서는 그럴 필요가 없다. 사랑의 잔상은 오래오래 머물러도 되지만, 투자의 세계에서 오래 머무는 잔상은 투자 실패로 이끈다. 경제에는 차가운 피가 흐른다고 한다. 낭만이 없는 차가운 경제에서는 미련을 갖지 말고 살아야 한다.

비교의식과
평등의식을
버려라

나는 사람이 불행해지는 두 가지 방법을 알고 있다. 그로 인해 가끔 행복감을 잃어버릴 때가 있다. 여러분도 스스로 불행해지고 싶다면 내가 말하는 두 가지를 늘 생각하고 그 생각대로 행동해 보라. 그러면 여러분이 원하는(?) 불행을 얻을 것이다. 하나는 과거에 집착하는 것이고 다른 하나는 나와 남을 비교하는 것이다. 과거는 어차피 지나간 일. 그런데도 사람들은 과거에 집착한다. 이런 사람들은 반드시 남을 탓한다.

전문대를 졸업한 막냇동생이 직장생활을 하면서 학벌 때문에 스트레스를 받는다는 말을 나에게 한 적이 있다. 참고로 나는 학벌 사회를 찬성하지도 부정하지도 않는 사람이다. 자신의 학력을 바꿀 수 있으면 그렇게 하라. 그렇지 않다면 그냥 인정하는 것 외에 달리 무슨 길이 있겠는가. 나는 그냥 하나의 정보로 받아들일 뿐이다. 그때 내가 막냇동생에게 해준 말은 이렇다.

"누가 언제 너 보고 서울대 가지 말라고 한 적 있냐? 공부하지 말라고 말린 사람 있었냐? 그런 생각하지 말고 네가 서 있는 출발점에서 생각해. 이 세상에는 서울대 나오지 않고도 잘 먹고 잘 사는 사람이 많이 있어. 학벌 탓해 봤자 너만 피곤할 뿐이야."

자꾸 남과 자신을 비교하는 사람도 불행하다. 내가 아는 사람들 중에 비교의식이 강한 사람들의 재테크 실력은 한결같이 형편없었다. 그리고 자신은 열심히 산다고 입으로는 늘 떠들지만 그리 열심히 살지도 않는다. 특히 돈으로 비교할 때 사람은 더욱 불행해진다. 남자는 아내가 옆집에 돈 잘 버는 똘이 아빠와 자신을 비교할 때 기분이 몹시 상한다. 나도 이런 상황에 직면하면 짜증이 많이 날 것이다. 돈으로 인한 아내의 바가지가 심해지면 남자는 짜증에 더해 자괴감을 느끼게 된다. 자괴감을 느낀 남편들이 밖에 나가서 일을 잘하리라고 기대하는 것은 말도 안 되는 얘기다. 자신감을 갖고 일해도 치열한 경쟁 사회에서 먹고살기 어려운 판에 자괴감을 가진 사람이 어떻게 일을 잘하겠는가?(이 책을 읽는 여성 독자들에게 부탁 한마디. 절대 남자친구나 남편의 기를 죽이지 말라. 남자들은 어린애 같아서 칭찬해 주면 더 잘하고 야단치면 제대로 하던 일도 못한다.) 쇼펜하우어는 이를 두고 "우리들의 불행은 대부분 남을 의식하는 데서 온다"고 아프게 지적한다.

비교에 민감한 사람들의 심리를 효과적으로 활용하는 사람이 바로 사기꾼과 장사꾼이다. 사기꾼은 "다른 사람들도 다 하는 것이니 당신도 해야 한다"라는 말을 자주 한다. 부동산 사기꾼은 적은 자금을 노린다. 큰돈을 노리지 않는다. 큰돈을 노리는 사기꾼은 영화의 소재일 뿐 실제 상황에서는 적은 자금이 사기꾼들의 포획에 걸린다. 왜 부동산 사기꾼은 적은 자금을 노리는 것일까? 1억 원짜리 땅을 갖고 한 사람에게 사기 치는 것보다 1,000만 원씩 10명을 대상으로 사기 치는 것이 더 안전하기 때문이다. 이때 사기꾼은 "이렇게 많은 사람들이 땅에 투자하니 더 늦기 전에 당신도 하라"는 말로 비교심리를 자극한다.

가난해도 부자의 줄에 서라

비교심리는 돈과 만날 때 더욱 강화된다. 미국에서 조사한 바에 따르면 자신은 1년에 11만 달러를 벌고 다른 사람들은 20만 달러를 버는 세계와, 자신은 10만 달러를 벌고 다른 사람들은 8만 달러를 버는 세계 중 어떤 것을 선택하겠느냐는 질문에 대다수의 사람이 후자를 선택했다. 다른 사람과의 비교를 통한 만족감이 그만큼 중요한 것이다.

유대인들의 지혜를 담은 『탈무드』에는 비교심리의 위험성을 지적하는 말이 나와 있다. '가난해도 부자의 줄에 서라.' 바로 그

것이다. ==가난한 곳에서 심리적 위안을 느끼기보다는 맨 뒤라도 부자의 줄에 서는 것이 장기적으로 보면 부를 축적하는 빠른 길이라는 것이다.==

비교심리가 위험한 또 다른 이유는 군중심리로 연결된다는 점이다. '다른 사람들이 하면 나도 한다'는 식의 사고는 주식 투자나 부동산 투자에서 실패하는 원인이 되기도 한다. 평소 부동산과 주식에 관심 없던 사람들도 언론에 주가 상승과 부동산 가격 상승 보도가 자주 등장하면 그때부터 관심을 갖기 시작한다. 다른 사람들이 돈을 벌었다는 소리를 들으면 상대적 박탈감도 느끼게 된다. 그러면 조바심을 갖게 되고 섣부르게 투자 게임에 뛰어든다. 처음에는 대부분 돈을 번다. '초보자 행운 Beginner's Fortune'이 작동하기 때문이다. 고스톱이든 주식이든 재미를 들이라고 초보자에게 돈을 벌게 해준다. 그러면 사람들은 자신도 몰랐던 자신의 능력(?)을 발견하고 더욱 적극적으로 달려든다. 하지만 나는 이렇게 해서 돈을 벌었다는 사람을 보지 못했다. 당신이 처음 투자를 해 돈을 벌었다면, 그것은 당신 능력이 아니라 시장이 벌어 준 것일 뿐이다.

비교심리와 평등의식이 결합되면 과소비로 이어진다. 옆집은 소형 자동차를 대형 자동차로 바꾸었는데 나만 낡은 소형 자동차를 계속 타고 있다면, 자존심이 상할 것이다. 그래서 빚을 내서 자동차를 바꾸고, 몇 년간 자동차 할부금 갚느라고 전전긍긍한다. 직장 동료가 명품을 입으면 나도 명품을 입는다. 나보다

못생긴 여자가 명품을 입고 다니는 꼴을 보면 배알이 꼴린다. '인간은 평등해야 한다'는 강박관념에 사로잡혀 카드 빚을 내서라도 명품을 사들인다. 명품족 중에서 빚더미에 올라선 사람이 얼마나 많은 줄 아는가. 우리나라의 대표적인 의류 회사 오너의 아들이 같은 직장에 근무하던 예쁜 명품족과 결혼했다. 하지만 얼마 되지 않아 이들은 이혼했는데, 그 여자가 명품 때문에 진 빚이 수억 원에 달했기 때문이다.

'법 앞의 평등'과 '인권의 평등' 외에 다른 평등은 사는 데 별반 도움이 되지 않는다. 행복해지고 싶다면 남과 비교하지 말고 평등해지려고 노력하지 말라. 차이는 인정하라고 있는 것이지 비교하라고 있는 것이 아니다. 그래서 인생을 진지하게 사는 사람들은 피터 드러커의 말처럼 "자신의 강점 위에 (자신을) 설계한다." 한가하게 남과 비교하기보다 자신의 강점을 갈고 닦는 데 시간을 더 투자한다. 어느 것을 선택하느냐는 자기 판단에 달려 있다.

"자신을 다른 사람들과 비교하는 것을 그만둘 때, 우리는 진정으로 자신이 어떤 사람인지. 다른 사람이 어떤 사람인지 훨씬 쉽게 받아들일 수 있다." 미국의 저명 재무 컨설턴트인 수지 오먼 여사의 말이다.

철학자 쇼펜하우어의 말도 묵직하게 다가온다. "남이 자기를 판단해 주는 기준에 따라 사는 사람들은 결국 이웃의 노예에 불과하다."

심리 게임에
휘둘리지
말라

예전에 공정거래위원회에서 '사기 조심의 달'을 선포하고 언론 등을 통해 캠페인을 전개한 적이 있었다. 공정거래위원회가 자체 홈페이지를 통해 발표한 보도자료에는 몇 가지 사기 수법이 나와 있는데, 그중 몇 가지를 정리해 보면 다음과 같다.

"딴 사람들은 다 그렇게 한다는데요."
"워낙 호감 가는 사람이길래 그 말을 믿었죠."
"전문가가 그렇다 하니 믿은 거죠."

사기는 본래 심리 게임이다. 지난 2004년 큰 흥행을 거둔 영화 〈범죄의 재구성〉 말미에 사람들의 욕망만 이용할 수 있으면 언제든지 사기 칠 수 있다는 얘기가 나온다. 전적으로 맞는 말이다.

사기의 특징은 폭력을 행사하지 않고 인간의 심리와 욕망을 교묘히 이용해 남의 돈을 빼앗는다는 데 있다. 심리 게임이라는 점에서 사기와 투자는 닮은 구석이 많다. 두 가지 행위 뒤에는 모두 인간의 탐욕과 욕망이 자리 잡고 있기 때문이다. 대부분 말로는 차가운 이성을 얘기하지만, 실제 현장에서 차가운 이성을 발휘하기란 결코 쉬운 일이 아니다. 사기꾼과 훌륭한 투자자는 모두 인간의 이런 감정적 약점을 적극 활용한다.

사람들은 곤경에 처하면 감정적 약점을 드러낸다. 사기꾼 중에는 부자를 대상으로 하는 이들도 있지만 대부분의 사기꾼은 없는 사람을 등쳐 먹는다. 재미있는 점은 자수성가형 부자일수록 사기에 잘 당하지 않는다는 것이다. 그들은 거친 파도를 헤치면서 재산을 축적했기 때문에 남의 판단보다 자신의 판단을 신뢰한다. 그리고 의심도 많다. 일례로 "여기에 투자하면 2배를 벌 수 있습니다"라는 말보다 "은행 금리의 2배 정도의 수익률이 가능합니다" 혹은 "연 20~30퍼센트 정도의 투자수익률이 가능할 것 같습니다"라는 말을 더 신뢰한다. 왜냐하면 2배를 벌 수 있는 정보라면 자신에게 권유할(사실은 유혹이지만) 이유가 없다는 것을 누구보다 잘 알고 있기 때문이다.

실패를 피하기 위해 의심해야 할 것

실패를 자초하는 잘못된 투자 심리 중 하나가 자세한 탐색 없이 어떤 것을 그대로 받아들이는 것이다. 내 돈을 투자하는 데 탐색 없이 그대로 받아들일 사람이 어디 있겠느냐고 반문하는 사람이 있을 것이다. 하지만 대다수 사람들이 아무 생각 없이 쉽게 의사결정을 내리곤 한다. 간단한 예로 은행에 가서 은행 직원에게 이렇게 묻는 사람들이 있다. "어떤 상품이 좋아요? 알아서 추천해 주세요." 이 사람은 은행 직원이 자기보다 상품을 더 많이 안다는 착각을 하고 있다. 은행 직원 중에도 똑똑한 사람이 있고 그렇지 않은 사람이 있다. 그리고 은행들은 신상품이 나오거나 혹은 은행 입장에서 수익성이 높은 상품이 나오면 캠페인을 한다. 문제는 이런 상품이 항상 고객에게 유리한 상품은 아니라는 점이다.

보험도 마찬가지다. 여러분은 보험설계사의 수당을 누가 준다고 생각하는가? 보험회사가 준다고 생각하는가? 이렇게 생각한다면 당신은 바보 같은 사람이다. 당신이 내는 보험료에 설계사 수당이 포함 되어 있다. 전문 용어로 이를 '신계약비'라고 하는데, 이 말은 보험회사 입장에서 볼 때 설계사 수당도 비용이라는 걸 암시한다. 여러분이 보험설계사라고 가정해 보자. 수당이 높은 상품을 팔겠는가 아니면 수당이 낮은 상품을 팔겠는가? 100퍼센트는 아니라고 하더라도 대다수의 보험설계사는 고객보다 자신에게 유리한 상품, 그러니까 수당이 높은 상품을 팔려고 할 것이다. 가장 좋은 경우란 고객에게도 좋고 보험설계사에게도 좋은 것이지만, 어찌 세상일이 내 바람대로만 되겠는가?

사람들의 이런 어리석음을 드러내는 심리학 개념이 '바넘 효과Barnum effect'다. 19세기 말 서커스 사업가로 유명했던 바넘P.T.Barnum은 "매 순간마다 바보 혹은 멍청이가 생긴다There is a sucker born every minute."라는 유명한 말을 남겼다. 바넘은 서커스단에서 사람들의 성격이나 특징을 알아내는 일을 했었다.

멍청이가 되는 주요한 특징은 자세한 탐색이나 분석 없이 어떤 것을 받아들이는 것이다. 바넘 효과를 처음으로 증명한 사람은 심리학자 포러Bertram Forer 교수였다. 포러 교수는 먼저 자신이 가르치는 학생들을 대상으로 성격 테스트를 실시했다. 그리고 테스트 결과와 상관없이 신문 점성술 난의 내용 중 일부를 고쳐서 학생들에게 나누어 주었다. 학생들에게는 그 내용을 성격 테스트 결과라고 통보했다. 그는 테스트 결과가 자신의 성격과 부합되는지 학생들에게 물었다. 대부분이 자신의 성격과 잘 맞는다고 대답했다.

사실 성격 진단 결과라고 나눠 준 점성술 내용은 대부분의 사람들이 가지고 있는 일반적인 특성을 나열한 것에 불과했다. 그런데도 학생들은 이 일반적 진술을 앞뒤 구분 없이 자신만의 독특한 성격으로 받아들인 것이다. 특히 이런 경향은 자신에게 유리한 것이나 좋은 것 일수록 강해진다는 게 포러 교수의 분석이다. 사람들은 바넘의 말처럼 순간적으로 바보나 멍청이가 돼 상황에 대한 객관적인 분석 없이 자신에게 유리한 쪽으로 해석하고 정당화한다.

교육심리에 나오는 '낙차의 차이'라는 개념도 바넘 효과와 비슷하다. 나는 보험회사에서 4년간 영업교육부에 근무했었다. 영업교육부에서 하는 일은 보험설계사 교육 진행과 강의가 주된 업무였다. '낙차落差'란 강의 현장에서 사람들이 느끼는 권위를 상징하는 말이다. 통상 성인들은 자기가 잘 아는 사람일수록 권위를 쉽게 인정하지 않는다. 아내가 아무리 입바른 소리를 해도 한 귀로 흘려듣는 남편들의 심리가 여기에 해당된다. 사실 여자들의 말은 틀린 게 별로 없다. 그런데 박사라는 사람이 텔레비전에 나와 아내가 한 말과 똑같은 얘기를 하면 그 말은 진지하게 받아들이고 중요한 정보로 여긴다. 남편이 아내와 박사라는 사람에게 부여하는 권위가 다르기 때문이다.

샐러리맨이 상사를 대하는 방식도 낙차의 차이로 해석할 수 있다. 똑같은 말이라도 사장이 하는 말과 대리가 하는 말을 다르게 느낀다. 이렇듯 낙차는 학력이 높을수록, 직위가 높을수록, 유명도가 높을수록 커진다. 강사가 진정으로 그 분야에 대해 뛰어난 식견을 가졌는지는 중요하지 않다. 오로지 겉으로 드러나는 '포장'이 중요하다. 낙차의 차이를 잘 이용하는 사람들은 여자를 잘 '꼬신다'. 이 시점에서 여성 독자들에게 잠시 양해를 구한다. 지난 2005년 1월 26일 한 신문의 사회면에 실린 기사를 읽어 보자. 바넘효과와 낙차의 차이를 드러내는 전형적인 사건이다.

서울 관악 경찰서는 26일 공군 조종사와 의사 행세를 하며 결혼을 미끼로 여성 22명을 농락한 혐의(혼인빙자간음 등)로 이모(27·무직) 씨를 구속하고 달아난 김모(48·무직) 씨를 같은 혐의로 추적하고 있다.

경찰에 따르면 이 씨는 지난해 7월 서울 관악구 A(28·여) 씨의 집에서 결혼을 전제로 김 씨와 성관계를 갖고 400여만 원의 금품을 뜯어내는 등 여성 8명에게 비슷한 수법으로 1,300만 원을 받아 챙긴 혐의를 받고 있다. 달아난 김 씨도 모 대학 인턴 과정의 예비의사 행세를 하며 2003년 9월부터 14명의 여성을 꾀어 성관계를 갖고 이들로부터 6,800만 원을 뜯어낸 혐의를 받고 있다.

조사 결과 이들은 인터넷 채팅을 통해 여성을 꾀어 만난 뒤 공군 조종사 복장과 의사 가운을 입고 찍은 사진을 보여 주는 방법으로 자신들을 믿게 했고, 김 씨는 위조한 의대 졸업장과 의사 자격증까지 활용했던 것으로 드러났다.

고향 선후배 사이인 이들은 젊은층 여성들이 전문직 남성을 배우자로 선호하는 점을 노려 사기행각을 벌였으며 피해자들은 주로 27~35세의 회사원이나 중학교 교사 등인 것으로 조사됐다.

피해자 A씨는 지난해 9월 병원 치료를 받고 신용카드로 대금

결제를 하려다 당시 사귀던 김 씨가 자신 몰래 카드를 사용한 사실을 알고 경찰에 고소했다.

이 기사를 읽은 사람들은 '얼마나 멍청하면 그렇게 당했느냐'며 혀를 끌끌 찰 것이다. 기사에 의하면 피해 여성들은 '주로 27~35세의 회사원이나 중학교 교사 등'이었다. 정상적인 사회생활을 하는 사람들이다. 그중에는 평소 똑똑하다는 소리를 듣는 여성들도 있을 것이다. 독자 여러분은 마음속으로 '나는 절대 저렇게 당하지 않을 거야'라고 생각하겠지만, 피해 여성들도 사기를 당하기 전까지는 이런 기사를 읽으며 당신과 같은 생각을 했을 것이다. 그런데 그들은 왜 쉽게 백수 2명에게 농락당했을까? 바넘의 지적처럼 '매 순간 멍청이나 바보가 됐던 것'이다. 그리고 전문직이라는 겉포장에 현혹됐던 것이다.

돈에 있어 진정한 전문가는 오직 부자뿐이다

투자에 있어서도 바보 혹은 멍청이가 되는 사람들이 많다. 바보 혹은 멍청이가 되는 사람들의 특징은 상대방의 말을 자신에게 유리하게 해석하고, 전문가라는 사람의 말을 여과 없이 받아들이며, 텔레비전에 자주 나오는 사람이 한마디 하면 그것에 커다란 권위를 부여하는 사람들이다. 돈에 있어서 진정한 전문가는 오로지 부자뿐이다. 나는 재테크 담당 기자 생활을 하면서 이 사실을 뼈저리게 배웠다. 1970년대 중반 미국 최고의 부자였던 석유 재벌 폴 게티Paul Getty의 말은 절대적으로 옳다.

"당신이 부자가 되기를 원한다면 돈을 많이 버는 사람을 찾아서 그 사람이 하는 대로 따라서 해라."

매 순간 바보나 멍청이가 되지 않는 방법은 의외로 간단하다. 첫째, 비교하는 습관을 갖는 것이다. 금융상품을 선택할 때도 한 곳만 가지 말고 여러 곳에 가라. 인터넷을 통해 비교하는 것은 필수다. 많이 다니면 다닐수록 좋다. 손품도 팔고 발품도 팔아라. 이런 단순한 노력이 있을 때 당신은 바보나 멍청이가 되는 것을 피할 수 있다.

둘째, 연애 감정을 갖지 말라. 콩깍지는 연애할 때만 필요한 것이지 투자할 때는 필요 없다. 어느 하나를 지나치게 사랑하는 순간 그 함정에 빠지게 된다. 마음으로 세 번씩 의심하는 습관을 들여라. 세 번을 의심해도 좋다면 그때 투자에 나서라.

셋째, 건전한 상식이라는 잣대를 신뢰하라. 은행 금리가 연 3퍼센트 초반인데, 수백의 수익률을 제시한다면 사기라고 생각하라. 투자는 로또가 아니다. 옷을 잘 입는다고 그 사람이 부자라고 생각하는 것과 별반 다르지 않은 생각이다. 외제 차를 탄다고 그가 부잣집 아들이라고 생각하지 말라. 명품을 둘렀다고 그녀가 돈이 많다고도 생각하지 말라. 오히려 우리가 물어야 할 것은 '한 달에 적금은 얼마나 불입하는가', '집이 있더라도 투자를 위해 청약통장을 준비해 놓고 있는가', '평소에 책은 얼마나 읽는가', '자신의 경쟁력을 높이기 위해 무엇을 하고 있는가' 등이다. 구체적으로 들어가면 실체는 금방 드러나는 법이다. 구체는 상식이지만 겉포장은 비상식인 경우가 많다. 투자와 사람 판단에는 이처럼 큰 차이가 없다.

고독한 입장이
되는 것을
두려워하지 말라

사람들은 군중 혹은 집단에 속해 있을 때 안도감을 얻는다. '나 홀로'의 삶은 웬만한 인생관과 철학을 갖고 있어서는 지키기 어렵다. 그래서 우리는 법정 스님의 '무소유'의 삶을 칭송하고 그로부터 깊은 가르침을 받는다. 하지만 그런 삶을 세상살이에서 적용하기란 결코 쉬운 일이 아니다. 그와 같은 깊은 상념의 터널을 걸어가려면 '나 홀로'의 외로운 삶을 걸어가야 한다. 외로움 속에서 내면의 풍부함을 얻을 수 있는 사람은 소수다. 사람들이 무리를 지어 움직이는 것은 이 외로움에서 벗어나기 위해서 일지도 모른다.

==세상을 사는 데 있어서는 다수가 가는 길을 따라가는 게 좋을지 모르지만 투자 세계에서 군중심리는 가장 큰 적이다.== 리스

크를 역사적으로 분석한 탁월한 투자자인 피터 번스타인Peter Bernstein은 "모든 사람이 똑같이 생각하게 될 때, 모두가 틀릴 가능성이 높아진다"고 지적한다. 미국 월스트리트의 분석가로 역발상 투자 전략을 옹호하는 앤터니 M. 갤리어, 윌리엄 패털론의 『역발상 투자 불변의 법칙』에도 이와 비슷한 말이 있다.

"언제 대중과 함께 행동할 것인지 혹은 함께 행동하지 않을 것인지를 결정하는 데 있어서 사람들은 힘든 시간들을 보낸다. 특히 투자에 있어서는 더욱 그러하다. 대부분의 투자자들은 고독한 입장이 되는 것을 두려워한다. 고독한 입장이 되어야 한다는 것을 알고 있을 때조차 그러하다. 그러고는 마음의 평정을 위하여 대다수의 의견을 따라 행동한다."

군중 속에서 우리가 얻는 안도감이 결국은 우리의 돈을 빼앗아 가고 우리를 공포에 떨게 하는 이유가 무엇일까? 그리고 군중과 함께한 결과가 늘 어두운 먹구름을 드리우는 이유는 무엇일까? 이에 대한 해답은 지금으로부터 100여 년 전에 귀스타브 르 봉Gustave Le Bon이라는 탁월한 학자가 내놓았다. 사회심리학의 고전으로 꼽히는 그의 『군중심리학』은 현대 역발상 투자자들의 텍스트로 여전히 그 힘을 발휘하고 있다.

증권 투자의 역사를 살펴볼 때 자주 등장하는 네덜란드 튤립 투기 열풍, 영국의 남해 주식 투자 열풍, 기술주 열풍 등의 원인을 설명하는 가장 강력한 이론적 틀을 제공한 사람이 바로 귀스타브 르 봉이다. 우리는 르 봉이 말하는 군중의 특성을 이해해야 한다. 그래야 투자 결정에서 다수의 길이 아닌 소수의 길을 선택해야 하는 이유를 발견할 수 있다.(사실 그의 깊이 있는 지식을 나 정도의 지적 수준을 가진 사람이 모두 이해한다는 것은 어불성설이다. 고작 내가 한 일이라고는 그의 책 중 투자에서 우리가 참고해야 할 부분을 어설프게라도 건져낸 일이다. 더 깊이 있는 지식을 원하는 이들은 르 봉의 책을 직접 읽어 보기 바란다.)

르 봉의 지적에 따르면 군중은 어떤 특정 상황에서 동일한 심리학적 특성을 갖는다. 직업이나 학력, 사회적 지위의 높고 낮음을 떠나 같은 심리학적 상황에 놓인다는 것이다.

"어떤 일정한 상황 속에서, 오직 그러한 상황 속에서만 사람들의 모임은 그것을 이루고 있는 개인들의 특성과는 아주 다른 새로운 특성을 나타낸다. 모임 안 사람들의 감정과 생각은 단일한 같은 방향을 취하며, 그들의 개성은 사라진다. 한 집합적인 정신이 형성될 때 이것은 확실히 일시적이기는 하나 아주 분명한 특성을 나타낸다. 따라서 사람들의 모임은 더 나은 표현이 없는 한 조직화된 군중이라고 부르거나, 혹은 만약 다음의 용어가 오히려 낫다면 심리학적 군중이라고 부를 것이다. 그것은 하나의 단일한 존재를 형성하며 '군중의 심리적 통일성의 법칙'에 종속된다."

이 말을 예로 1990년대 말의 코스닥과 2001~2003년의 부동산시장 열풍에 적용해 보자. 1990년대 말과 2001~2003년 상황을 돌이켜보면 대한민국 전 국민은 주식 투자 중이었거나 아니면 부동산 투자 중이었다. 이 상황에서 '사람들의 감정과 생각은 단일한 같은 방향' 즉 주식과 부동산으로 쏠렸고, '그들의 개성은 모두 사라졌다.' 주식이나 부동산으로 돈을 번 사람들의 무용담이 난무하고, 대다수 사람들은 어떻게 하면 그 대열에 들어갈까에 온통 머리를 싸매고 있었다.

이를 두고 르 봉은 '의식적인 개성의 사라짐과 감정 및 사고의 다른 방향으로의 전환은 막 조직되려 하는 군중의 아주 중요한 특징'이라고 말한다. 그렇다고 많은 사람들이 같은 장소에 모여 주식과 부동산 투자에 열을 올렸던 것은 아니다. 어떤 이들은 서울에서, 어떤 이들은 천안에서, 또 어떤 이들은 제주도에서 나름의 방식으로 투자(혹은 투기)의 열기 속으로 빠져들어 갔다. 르 봉은 군중의 심리학적 통일성이 마련되는 데 '수많은 개인들이 한 장소에 동시에 있는 것을 항상 필요로 하지는 않는다'고 지적한다.

군중심리는 일시적 현상일 뿐이다

문제는 이런 군중심리가 매우 야만적이고 일시적이라는 데 있다. '고립되었을 때는 교양 있고 품위 있는 개인이라도 군중 속에서는 야만인'이 된다. '자발성, 성급함, 그리고 원시인들의 영웅주의적 열광을 가진다.' 마치 우리가 경멸하는 국회의원처럼 행동한다. 이런 야만적인 모습을 가장 잘 발견할 수 있는 곳이 바로 국회와 예비군 훈련장이다. 르 봉은 "배심원들이 각각의 배심원이라면 동의하지 않았을 결정을 내리는 것과 국회가 각각의 의원들 본인으로서는 동의하지 않을 법률과 법안들을 채택하는 것은 다 이런 이유"라고 지적한다. 100여 년 전의 통찰이 지금도 버젓이 힘을 발휘하고 있다. 대한민국에는 이런 국회의원들이 얼마나 많은가. 하지만 그들을 경멸할 필요는 없다. 그들도 군중 속에 있어야만 안도를 느끼는 존재일 뿐이기 때문이다.

예비군 훈련장에 가본 사람들은 알 것이다. 집에서는 좋은 아빠, 직장에서는 건전한 직장인인 사람들이 아무 데서나 오줌을 누고 길 가는 여성에게 휘파람을 불고 농짓거리를 한다. 고립된 상황 즉 정상적인 생활을 할 때는 전혀 하지 않았을 야만적인 행위를 하는 것이다. 더 우스운 것은 그런 야만적인 행위를 군중들이 서로서로 즐긴다는 점이다. 아무도 죄의식을 갖지 않을 뿐더러 다른 사람의 행동이 잘못되었다고도 생각하지 않는다. 설사 잘못을 아는 사람이라고 하더라도 군중 속에서는 자기 생각을 대놓고 말하지 못한다. 속으로 비판할 뿐이다. 이를 두고 질서 자유주의 주창자로 전후 독일 경제 부흥의 이론적 토대를 제공했던 발터 오이켄은 "집단은 양심이 없다. 집단은 어떠한 경우라도 양심이 없다"라고 지적한다.

야만적일 뿐만 아니라 일시적이라는 게 군중의 특성이다. 우리가 주식시장에서 흔히 경험하듯이 거품 붕괴는 일시적이다. 계속 오를 것 같은 시장이 갑작스레 무너진다. 거품은 꺼지기 마련이기 때문인가? 아니다. 그 일시적인 특성이 바로 군중의 가장 중요한 특징 중 하나이기 때문이다.

군중이 원하는 영웅은
진정한 영웅이
아니다

군중은 영웅을 원한다. 하지만 그 영웅은 거짓 영웅이다. 부동산시장이 뜨면 수많은 부동산 영웅들이 나오고, 주식시장이 뜨면 주식 영웅들이 나온다. 이들은 개미투자자의 대변인을 자처하며 신도들을 끌어모은다. 마치 부와 구원을 약속하는 상인처럼 말이다. 그들은 군중의 감정을 말로 지배한다. 거짓 영웅들은 버젓이 경제전문 방송에 나와 주식을 사고팔라는 말을 한다. 그리고 사람들을 불러 모아 강연을 한다. 어떤 이들은 주식이나 부동산 투자보다 강연료로 더 많은 돈을 번다. 하지만 그들은 『허클베리 핀의 모험』과 『톰 소여의 모험』을 쓴 가장 미국적이며 위대한 작가인 마크 트웨인이 아니다.

마크 트웨인은 캘리포니아 금광시대에는 금을 찾아서, 그리고 평생을 사업과 주식 투자로 돈을 쫓았던 인물이다. 하지만 결국 사업과 투자로는 돈을 벌지 못했다. 그는 정규 교육을 받지 않았지만 탁월한 입담을 갖고 있었다. 미국에서 가장 비싼 강연료를 받는 재담가였던 그는 비싼 강사료를 받아 자신의 절친한 친구이자 사업가였던 인물에게 강연료를 맡겨 운용토록 했다. 그는 상당한 재산을 남기고 부자로 생을 마쳤다.

대한민국에서 영웅으로 군림하는 이들과 위대한 작가인 마크 트웨인을 비교 한다는 것은 어불성설이다. 그리고 마크 트웨인은 투자 강연을 하지 않았다. 그런데 왜 이런 일이 일어나는 것일까? 왜 많은 순진한 사람들이 부나방처럼 이들 거짓 영웅의 한 마디 한 마디에 홀려 투자 판단을 내리고 있는가. 르 봉의 결론은 다음과 같다.

"감정이 과장되면 군중은 과격한 감정에 의해서만 감동된다. 군중을 감동시키기를 원하는 연설자는 격렬한 확언을 자주 써야 한다. 과장하고 확언하고 반복적인 수단에 호소하며 어떤 것도 추리에 의해 증명하는 시도를 하지 않는 것이 공적인 모임의 연사들에게 잘 알려 진 논법이다.

더구나 군중은 영웅의 감정 속에도 비슷한 과정을 강요한다. 영웅들의 뛰어난 자질과 덕은 항상 과장되어야만 한다. 군중은 영웅들의 실제 생활에서는 결코 발견할 수 없는 어느 정도의 용기와 도덕성과 덕성을, 역할을 수행하고 있는 영웅에게 요구한다는 것은 옳은 말이다."

사이비 고수들은 감히(?) 자신의 판단에 따라 주식이나 부동산을 팔라고도 하고 사라고도 한다. 애매모호한 답을 내리지 않는다. 왜냐? 이유는 간단하다. '과장하고 확언하고 반복적인 수단에 호소하며 어떤 것도 추리에 의해 증명하는 시도를 하지 않는 것'이 공적인 모임의 연사들이 잘 활용하는 방법이기 때문이다. 사람들도 미지근한 답을 듣고 싶어 하지 않는다. 자신이 권위를 부여한 영웅의 판단에 노예처럼 끌려가길 바란다.

'군중은 그들을 잠시 동안 열광하게 하는 정치적 신조나 승리를 거둔 지도자에게 무의식적으로 신비스러운 권력을 준다.' 이는 투자의 세계에서도 마찬가지다. '정치적 신조나 승리를 거둔 지도자'라는 말을 '주식이나 부동산으로 돈을 번 사람'으로 바꾸어 보라.

거짓 영웅들의 말도 안 되는 소리가 먹히는 또 다른 이유는 '군중 심리에 영향을 미쳐온 것이 환상과 말'이기 때문이다. '특히 말은 터무니없는 것만큼이나 위력적이다.'

그럼 투자의 세계에서 거짓 영웅들은 어떤 얼굴을 하고 나타날까? '사이버 고수' '개미투자자의 대변인' '개미군단의 옹호자' 등의 이름을 달고 등장한다. 물론 그 이름을 뒷받침할 실제의 투자 수익을 갖고 있다. 물론 그 투자 수익이라는 것은 일시적 기간에 달성된 것이다. 지속적인 것이 아니다. 지속적인 투자로 부자가 된 사람이나 그럴 의지가 있는 사람은 개미투자자의 대변인과 같은 터무니없는 행색을 하지 않는다.

위대한 투자가들인 워런 버핏이나 피터 린치, 존 템플턴, 그뿐만 아니라 내가 만났던 훌륭한 투자가들은 자신이 누굴 대변한다고 생각하지도 않고, 대변한다는 이름으로 돈을 벌지도 않는다. 지식을 나눠 주더라도 그 나눔의 과정을 즐기지 그로부터 돈을 버는 것에는 그다지 큰 관심이 없다. 왜냐하면 이미 먹고 살 만큼의 경제적 부와 능력을 갖추고 있기 때문이다.

거짓 영웅들의 터무니없는 확언에서 벗어나야 한다. 역사상 부와 구원을 약속한 상인과 종교인치고 사기꾼이나 사이비가 아닌 자가 없었다. 과거의 가격 추이를 나타내는 차트를 바탕으로 기술적 분석을 하는 이들의 말을 귀담아 듣지 말라. 그들은 과거에 이랬으니 미래도 이럴 것이라는 거짓 확언을 할 뿐이다. 위대한 투자가들은 설령 차트의 움직임을 참고하더라도 투자의 기본 원리, 즉 '싸게 사서 비싸게 파는 것'을 철저히 따랐던 사람들이다. 특히 그들은 지나칠 정도로 '싸게 사는 것'에 집착하는 이들이었다. 당신이 군중 속에 있는 순간 거짓 영웅들은 호시탐탐 당신의 돈을 노리고 있다는 걸 명심하라.

군중의 비이성적 사고를 이용하라

지금까지 우리는 르 봉의 저서를 토대로 군중심리의 야만성, 일시성 그리고 군중의 속기 쉬운 피암시성을 살펴봤다. 여기서 우리는 이런 질문을 던질 수 있다. 그럼 군중 심리는 좋은 것인가, 나쁜 것인가? 군중심리를 인정할 것인가 아니면 불평하고 있을 것인가? 르 봉은 자신의 저서에서 이에 대한 대답을 예비해 놓고 있다.

"우리는 군중이 특히 무의식적인 동기에 의해서 더 지배되고 이성적 사고를 하지 않는다고 해서 너무 불평해서는 안 된다. 만약 그들이 어떤 경우에라도 이성적 사고를 하고 그들의 당면한 관심을 의논했더라면 지구상의 어떤 문명도 발달하지 못했을 것이며, 인간은 어떤 역사도 가지지 못했을 가능성이 높다."

나는 이 말을 투자 세계에서는 이렇게 바꾸어 표현하고 싶다.

"우리는 군중이 특히 무의식적인 동기에 의해서 더 지배되고 이성적 사고를 하지 않는다고 해서 너무 불평해서는 안 된다. 오히려 그들이 비이성적 사고를 하는 상황을 즐겨야 한다. 만약 그들이 어떤 경우에라도 이성적 사고를 하고 그들의 당면한 관심을 의논했더라면 지구상의 그 누구도 부자가 되지 못했을 것이다. 한 방향으로 몰려가는 군중이 있기에 돈을 버는 사람이 나타나는 것이다."

투자의 세계에서 군중심리는 주가나 부동산 가격 폭등기에 주로 나타난다. 하지만 군중심리와 비켜나 있고자 하는 우리는 군중의 관심사가 되지 못하는 시기에 더 많은 기회가 있음을 주목해야 한다. 앞서 경쟁의 원리나 역발상 투자의 원칙에서 보았듯이 대다수의 사람들이 관심을 갖고 있지 않을 때, 피터 린치의 표현대로 주식이 치아齒牙보다 세상 사람들의 관심에서 멀어져 있을 때, 템플턴 경의 지적처럼 사람들이 최악이라고 아우성칠 때, 바로 그때가 이성적 존재들이 본격적으로 투자에 나서는 시기다.

위대한 투자가들은 이성적 개인들이 점차 군중으로 돌변해 동일한 심리학적 특성을 보일 때, 오히려 두려움을 느낀다. 그들은 인간들이 느끼는 공포와 탐욕에 대해서도 반대의 경향을 보인다. 그들은 오히려 많은 사람들이 주식이나 부동산에 미칠 때, 너도 나도 돈에 눈이 어두워 달려들 때, 인간의 광기에 두려움을 느끼며 시장을 떠나는 것 이다. 그들은 이처럼 외로운 길을 선택한다.

군중과 반대로 움직이기 위해서는 '시간의 중요성'을 이해해야 한다. 왜냐하면 '군중의 의견과 신념을 준비하는 것은 특히 시간이며 혹은 적어도 그것들이 싹틀 토대를 마련하는 것도 시간'이기 때문이다.

"시간은 어떤 사상이 왜 어떤 시대에는 실현 가능성이 있으며 다른 시대에는 실현 가능성이 없는가를 설명해 주는 이유이다. 어떤 일정 시대의 사상이 싹트게 되는 신념과 사고의 거대한 부스러기들을 축적하는 것은 시간이다. 사상은 아무렇게나 우연히 커가는 것이 아니다. 각 사상의 뿌리는 오랜 과거에서부터 내려지기 시작한다. 사상들이 꽃을 피우는 것을 준비해 온 것도 시간이다. 시간은 모든 신념의 탄생, 성장과 사망을 일으킨다. 신념들이 그 힘을 얻는 것은 시간의 도움에 의해서이며 그 힘을 잃는 것도 시간의 도움에 의해서이다. 사상의 기원을 이해하기 위해서는 항상 과거를 연구하는 것이 필요하다. 그 사상은 과거의 딸이며 미래의 어머니이고 처음부터 끝까지 시간의 노예이다."

사상이나 신념처럼 주식이나 부동산도 갑자기 폭등하는 것이 아니다. 시간이 필요하다. 에너지가 모이고 사람들이 군중이 갖는 특징을 가져야 한다. 이를 어떤 전문가들은 수요와 공급이라고 표현하기도 하고 시장 에너지라고도 표현한다. 또 어떤 전문가들은 힘과 힘의 충돌이라고도 얘기한다. 어떻게 표현하든 시간의 힘이 있어야 한다. 그 시간이 흘러 군중이 광기에 휩싸일 때는 시장에 뛰어들어서는 안 된다. 위대한 투자가들처럼 시간을 내 편으로 만들어야 한다. 시간을 내 편으로 만들고 기다리지 않으면 우리는 군중심리의 노예가 된다. ==시간을 내 편으로 만들기 위해서는 경쟁자가 적을 때, 경기가 불황일 때, 사람들이 관심을 갖지 않을 때 투자해야 한다. 그리고 시간의 힘을 믿고 에너지가 분출되기를 기다려야 한다. '시간이 모든 신념의 탄생, 성장과 사망을 일으키듯이'== 투자의 세계에서도 마찬가지다. 저금리, 풍부한 시중 유동성, 정부의 경기 활성화 대책, 좋은 투자 기회, 기업들의 구조조정 등이 쌓여서 폭발적인 시세를 연출하는 것이다. 우리는 이런 작은 노력들이 쌓이는 시기에 주목해야 한다.

군중과 다른 길을 가야 하는 이유에 대해 역발상 투자의 대가 데이비드 드레먼David Dreman은 다음과 같이 말한다.

"단기적으로는 자신이 산 비인기 주보다는 시장의 인기주가 더 상승할지도 모른다. 또한 나쁜 환경의 시세 상황에서 주식 투자를 하면 다른 사람으로부터 놀림감이 될지도 모른다. 게다가 자신의 방법론을 사람들에게 얘기하면 그 단순한 방식에 놀랄지도 모른다. 그 투자 전략은 하등 흥분을 부를 리가 없다. 자신이 선택할 길과 반대의 움직임이 영원하게 계속되는 것으로 보여도 자신의 길은 건전하다고 항상 재인식하지 않으면 안 된다.

인간은 사회적 동물이다. 고독하게 살아가기에는 커다란 압력이 있다. 투자 전문가에게는 집단 사고의 압력이 더욱 가해진다. 여러분은 건강 유지를 위해 성관계를 하지 말라고 의사에게서 권고받는 환자와 같은 처지가 될지도 모른다. 이것은 곤란한 것이지만 올바르게 실행하면 장기적으로 봤을 때 시장 평균을 크게 상회하는 성과를 거둘 수 있다."

3장

남들과 거꾸로 갈 수 있는 힘을 길러라

역발상식 인생관과 투자의 원리

남들과
거꾸로 가라,
그곳에 돈이 있다

역사상 위대한 투자가로 칭송받거나 내가 주변에서 관찰한 훌륭한 투자가들은 모두 '역발상 투자자Contrarian Investors'다. 그들은 '남들과 반대로 가는 것'을 투자 철학으로 삼고 있다. 일관되게 역발상 투자를 하는 이들도 있고 일시적으로 역발상 투자를 하는 이들도 있다. 역발상 투자를 적용하는 방식도 다르다.

하지만 한 가지 확실한 것은 다수가 몰려가는 길은 피하고 소수가 가는 길을 선택한다는 점이다.

위대한 투자가들이 제시하는 역발상 사고의 일부라도 받아들여 자신의 투자와 인생에서 실현할 수 있다면 경제적 고통에 빠지는 일은 없을 것이라고 나는 생각한다. 그만큼 남들과 거꾸로 가는 역발상식 인생관과 투자관은 자본주의에서 생존과 성공을 위한 확실한 방법이다.

먼저 대표적인 역발상 투자자의 전범을 보여 주는 존 템플턴 경의 투자 철학과 원칙에 대해 살펴보자. 존 템플턴 경은 미국 월스트리트에서 가장 존경받는 인물로, 우리에게도 친숙한 뮤추얼펀드 템플턴 펀드의 창립자다. 템플턴 경의 역발상식 사고를 보여 주는 유명한 일화가 있다. 그는 1939년 9월 독일이 폴란드를 침공했다는 소식을 듣고 당시 뉴욕 증시에서 1달러 미만에 거래되고 있는 주식 104개 종목에 1만 달러를 투자해 큰 수익을 거두었다. 이 일화는 지금도 월스트리트에서 전설처럼 인구에 회자되고 있다.

전쟁이 발발하면 주가가 폭락하고 일정 시간이 경과한 후에는 주가가 다시 회복되는 게 역사의 경험이다. 지난 2001년의 9·11 테러 때도 마찬가지였다. 9·11 테러로 폭락한 주가도 다시 회복세를 보인 바 있다. 템플턴 경은 "지금까지 투자의 세계가 전쟁에 어떻게 반응하는가를 면밀하게 분석한 후, 전쟁 중에는 생산성이 가장 떨어지는 기업이라도 회생할 기회가 주어진다는 사실을 알아냈다. 일단 전쟁이 시작되면 가격과는 상관없이 수요가 엄청나게 늘어난다"(『존 템플턴: 월가의 신화에서 삶의 법칙으로』)는 사실에 주목했던 것이다.

지난 1995년 1월 6일자 미국 경제지 「포브스」지는 템플턴 그로스 펀드를 운용하는 존 템플턴 경을 표지 인물로 다루면서 특유의 낙관론적 투자관과 역발상식 사고를 소개한 바 있다. 「포브스」의 표지 인물로 등장한 것은 1978년에 이어 두 번째였다. 1978년 당시에는 템플턴그로스 펀드가 한창 유명세를 타던 시기였다. 그 유명세를 「포브스」가 기사화했던 것. 하지만 1995년 케이스는 첫 번째와는 달랐다. 그는 표지 기사에서 세상 모든 사람들의 생각과 역행하는 방식을 활용해 어떻게 최고의 투자 기회를 발견하는지 설명했다. 다음은 기사 내용의 일부다.

"우리가 지난 1978년 템플턴을 표지 인물로 다뤘을 무렵, 다우존스 평균 주가는 800선을 오르내렸고, 경제는 최저 수준으로 가라앉았으며, 각종 경기 지표를 보면 더 이상 주식시장에 희망을 가질 수 없는 상황이었다. 당시 템플턴의 충고는 아주 분명했다. '미국 주식을 매수하십시오. 미국 주식은 현재 세계에서 가장 싼 편입니다. 미국 주식의 주가수익비율PER은 그저 과거 평균치인 14 정도만 회복한다 해도 1986년에는 다우 평균 주가가 2,800선에 이를 것입니다.' 이것이 그가 말한 요지였다. 당시 그의 말은 터무니없는 소리로 들렸다. 이재에 밝은 사람들은 금이나 골동품을 사면 샀지 주식은 사지 않았다. 그때 우리는 이렇게 물었다. 정말 주식시장이 전고점前高點을 돌파할 수 있을까요? '주식시장은 항상 그래왔습니다.' 템플턴은 조용한 목소리로 이렇게 대답했다. 그리고 실제로 그렇게 됐다."

그리고 1년 후, 1979년 미국의 경제주간지 「비즈니스 위크」는 '주식의 죽음The Death of Equities'이라는 제목의 커버스토리를 내보냈다. 당시 월스트리트의 암담함을 보여 주는 기사였는데 '주식의 죽음'이란 유행어를 만들어 내기도 했다. 존 템플턴 경은 「비즈니스 위크」의 기사와 정반대로 투자를 했던 것이다. 미국 증시는 템플턴 경의 예측처럼 1982년부터 다시 상승세를 보였다. 결국 시장은 '주식의 죽음'이란 「비즈니스 위크」의 기사가 아닌 템플턴 경의 손을 들어 주었다.

템플턴 경은 1995년 「포브스」에서 자신의 투자 철학을 다음과 같이 표현했다. "잘못된 질문 : 전망이 좋은 곳은 어디인가?, 올바른 질문 : 전망이 최악인 곳은 어디인가? 주식을 사야 할 때는 비관론이 극도에 달했을 때이다."

'비관론이 최고조에 달했을 때의 원칙the principle of maximum pessimism'은 그의 투자 세계를 관통하는 중요한 원칙이자 철학이다. 그는 이 철학을 적용해 한국 증시에 투자해서 높은 수익률을 올린 적이 있다. 바로 IMF(국제통화기금) 환란 직후인 1998년 4월, 국내 언론에 존 템플턴 경이 개인 돈 1,000만 달러(당시 환율로 약 138억 원)를 한국 증시에 투자했다는 뉴스가 일제히 보도됐다.

이보다 앞서 1998년 1월 2일자 「월스트리트 저널」은 "세계적인 투자자인 존 템플턴 경이 지난해(1997년) 12월부터 한국 주식시장에 투자를 시작, 외국인의 한국 증시 투자를 선도하고 있다"라는 기사를 내보냈다.

템플턴 경이 한국 증시에 투자한 시기는 1997년 말로 종합주가지수는 376.31(폐장지수)을 기록하고 있었다. IMF 구제금융 신청으로 한국 경제의 앞날에 먹구름이 잔뜩 드리워져 있던 시기였다. 그는 '비관론이 최고조에 달했을 때의 원칙'에 따라 한국 주식시장의 우량주인 삼성전자와 한전 주식 등에 대거 투자했다.

템플턴 경은 "부동산은 너무나 개별적인 특성에 좌우된다"며 부동산 투자에 나서지 않았다. 하지만 첫 번째 부인 두들리와 사별한 후 자녀들을 위해 별장을 살 때도 자신의 투자 철학을 적용했다.

템플턴 경이 매입한 별장은 롱아일랜드의 피셔스 아일랜드에 위치하고 있었다. 그는 허리케인이 자주 불어닥쳐 섬 주민들이 가슴 졸이고 있던 여름에 별장을 1만 5,000달러에 매입했다. 나중에 그 별장을 팔았을 때 받은 금액은 63만 달러였다. 무려 60배, 6,000퍼센트가량의 투자수익률을 올린 것이다.

템플턴 경의 투자 조언 중 우리가 새겨야 할 또 한 가지가 있다. 그는 "이번에는 다르다This time is different는 말은 영어로 된 말 가운데 가장 비싼 대가를 치르는 네 개의 단어다"라고 말한다. 지난 1998년 미국 증시가 초호황세를 보이던 시절 템플턴 경은 아시아권의 금융 위기로 인해 해외 자본의 탈아시아 행렬이 줄을 잇는 모습을 보면서 아시아 국가에 투자하라고 조언했다. 그가 투자한 아시아 국가 중에는 앞서 얘기했듯이 우리나라도 포함되어 있었다.

증시나 부동산시장이 활황세를 보이면 전문가라는 사람들이 나서서 상승의 원인에 그럴듯한 이름을 갖다 붙인다. 1990년대 후반 증시가 폭등할 때 전문가라는 사람들은 과거와는 차원이 다른 '신경제'가 도래했다고 찬양했다. 신경제는 구경제와 달리 '인플레이션 없는 성장'이 가능하다는 믿음에 따라 붙여진 이름이었다. 신경제의 결과에 대해서는 굳이 이 자리에서 거론하지 않더라도 누구나 알고 있을 것이다.

비관론이 최고조에 달했을 때가 기회다

템플턴 경뿐만 아니라 다른 훌륭한 투자자들도 역발상식 사고의 옹호론자들이다. 옹호론을 넘어 역발상식 사고를 철저히 투자에 적용하는 사람들이다. 헤지펀드 업계의 큰손 조지 소로스와 함께 1969년에 퀀텀 펀드를 설립한 짐 로저스도 역발상식 투자를 강조하는 인물이다.

짐 로저스의 별칭은 '월스트리트의 인디애나 존스'. 그는 소로스와 12년 동안 퀀텀 펀드를 운용했는데, 그 기간 동안 단 한 번도 마이너스를 기록한 적이 없을 정도로 탁월한 실적을 보여주었다. 1969년부터 1980년까지 퀀텀 펀드가 기록한 누적 수익률은 무려 3,365퍼센트였다.

그는 37세가 되던 해에 자신의 몫인 1,400만 달러를 갖고 은퇴했다. 그리고 오토바이와 벤츠 자동차를 타고 다니면서 전 세계 투자 여행을 하고 있다.

그의 세계 여행기를 담은 책으로 『월가의 전설 세계를 가다』와 『짐 로저스의 어드벤처 캐피털리스트』가 있다. 그는 3년간 115개국 15만 2,000마일을 벤츠 자동차로 달린 기록을 담은 『짐 로저스의 어드벤처 캐피털리스트』에서 자신의 역발상 투자 방법을 다음과 같은 말로 설명하고 있다.

"내가 강점을 갖고 있다면 모든 사람들이 포기한 채 두 손을 들어 버린 산업이나 나라를 주시하다가 용기내서 혹은 감각적으로 혹은 어리석게도 사는 것이다. 모두들 바보 같은 짓이라고 말한다 해도 나는 감행한다. 당신이 사고자 할 때 사람들이 모두 반발한다면 당신의 판단이 옳았을 가능성이 높다. 모든 사람들이 반발한다는 것은 아주 좋은 지표가 된다. 형편없는 주식이라고 생각해 모든 사람이 그 주식을 팔았고 손해를 봤을 것이다. 그 결과 주식은 정말로 값이 싸졌다.

어려운 순간에 부딪혔을 때 내가 가장 존중하는 것은 오래된 격언이다. 가령 내가 수백 명의 투자자들과 같은 방에 있는데, 그들이 방을 나가면서 '가 보자고! 저건 정말 대단한 물건이 되겠는걸!' 하고 말한다면 나는 그런 주식을 공매도할 것인지를 고려한다. 정보와 판단에는 거리가 있게 마련이고, 그런 얘기를 듣게 되면 나는 다른 사람들이 이미 알고 있는 것을 들었다는 생각이 든다. 또한 그런 말이 나온 것을 보면 대부분의 투자자가 그 주식을 갖고 있다는 사실을 알 수 있다.

그렇다면 앞으로 더 살 사람이 누가 있겠는가?"

칵테일 파티 이론을 기억하라

템플턴 경과 짐 로저스 외에도 역발상 투자 철학을 자신의 투자 세계에 적용한 인물은 한둘이 아니다. 미국의 뮤추얼펀드인 피델리티에서 마젤란 펀드를 운용하던 시절 '월스트리트의 살아 있는 전설'로 추앙받았던 피터 린치의 생각에서도 우리는 역발상식 사고의 일단을 엿볼 수 있다.

피터 린치가 1977년부터 1990년까지 운용했던 마젤란 펀드는 1977년 2,000만 달러에서 13년 동안 660배 늘어나 그 규모가 132억 달러, 고객 수는 100만 명에 달했다. 주식 투자로 13년 동안 고객에게 28배, 연평균 30퍼센트의 전설적인 수익을 안겨주었다. 그의 역발상식 사고를 엿볼 수 있는 단초 중 하나가 바로 '칵테일 파티 이론'이다. 칵테일 파티 이론이란 피터 린치가 파티장에 모인 사람들이 주식에 대해 주고받는 이야기를 수년간 귀 기울여 듣고 발견해 낸 이론이다.

"첫 번째 단계, 주식값이 한동안 내려가 있었기에 사람들은 다시 오르리라고 기대하지 않는다. 그래서 주식에 대해 이야기하지 않는다. 내가 뮤추얼펀드를 운영해서 먹고산다는 것을 알고 나면 다들 얌전히 고개를 끄덕이며 내 곁에서 사라진다. 그리고 치과의사 곁으로 가서 충치에 대해 이야기한다.

두 번째 단계, 사람들이 내 일에 관해 듣고 난 후에도 좀 더 머물다가 치과의사에게 간다. 주식시장이 얼마나 위험한지에 대해 내게 말한 정도의 시간에 해당한다. 칵테일 파티에서 여전히 주식보다는 충치가 화제의 중심을 차지한다. 그때 장세가 1단계보다 15퍼센트 상승해 있을 때이지만 관심을 두는 이가 거의 없다.

세 번째 단계, 장세가 1단계보다 30퍼센트는 올라가 있다. 열성적인 몇 몇 사람들이 번갈아가며 내 옆을 차지하고 어떤 주식을 사야 할지 묻는다. 치과의사마저 어떤 주식을 사야 좋으냐고 묻는다. 파티에 모인 사람들 모두가 주식시장에서 벌어진 일에 대해 이야기한다.

네 번째 단계, 다시 사람들이 나를 에워싼다. 하지만 이번에는 사람들이 내게 특정 종목을 사라고 말해 주고 나 또한 그들의 충고를 받아들였더라면 하고 아쉬워한다. 그때는 장이 오를 데까지 올라 이제는 흔들리기 시작하는 시점에 와 있다는 징조로 받아들인다."

여기서 피터 린치가 말하고자 하는 요지는 간단하다. 대다수의 사람들이 주식을 거들떠보지 않을 때가 비로소 주식을 사야 할 때이고, 반대로 사람들이 주식을 최고의 화제로 올리는 순간이 주식을 팔아야 할 때라는 것이다. 다시 말해 다수의 사람들이 움직이는 방향으로 가서는 성공할 수 없다는 것이다.

거리가 피로
질퍽거릴 때
사라

지금까지는 몇몇 위대한 투자가들의 역발상식 투자 세계를 간단히 살펴보았다. 그들 외에도 많은 훌륭한 투자자들이 있다. 나머지 투자자들의 사고를 접하는 것은 여러분의 몫으로 남겨 놓고, 이번에는 남들과 반대로 가는 것이 투자 세계에서 승리할 확률이 높은 이유에 관해 살펴보자.

겉에서 보기에 역발상 투자자들은 매우 공격적인 투자자로 보인다. 1997년 말 IMF 환란 직후 한국 증시에 투자한 존 템플턴 경이나 남들이 바보짓이라고 조롱하는 상황에서도 위기에 처한 국가나 통화 혹은 주식에 투자하는 짐 로저스의 투자 스타일을 보면 모두 최악의 상황에서 투자를 했다. 하지만 그들은 그렇게 투자하는 것이 위험하다고 생각하지 않는다. 오히려 안전하다고 생각한다. 왜 그들은 일반적인 통념과 다른 생각을 하는 것일까?

첫째, '싸게 사서 비싸게 팔아라'라는 투자의 본질을 정확히 이해하고 있기 때문이다. 과정을 생략하고 결과만 얘기하자면 투자는 '싸게 사서 비싸게 파는 것'이다. 역사상 위대한 투자자들은 모두 이 원칙을 금과옥조로 여겼다. 재테크 담당 기자 생활 8년 동안 내가 만났던 소위 재테크 선수들도 이 말을 철저히 따랐다. 물론 이 원칙을 따른다고 해서 모든 투자에서 성공하는 것은 아니다. 하지만 확실한 것은 훌륭한 투자자들은 이 원칙을 지키기 위해 최대한 노력했다는 사실이다.

그렇다면 주식이나 부동산, 채권은 언제 가격이 싸지는가? 그에 대한 답도 간단하다. 모든 사람이 팔 때 가격이 싸진다. 모든 사람이 파는 시점은 언제인가? 먼저 대형 사건이 터졌을 때다. IMF 환란 사태와 9·11 테러, 지난 2002년 SK그룹 분식회계 사건, 카드사 대란, 이런 대형 사건이 터졌을 때 주식투자자들은 대거 주식을 팔아치웠다. 사려는 세력은 없고 온통 팔려는 세력만 시장에 가득했다. 당연히 주가는 크게 빠졌다. 좋은 회사의 주식이든 나쁜 회사의 주식이든 상관없었다.

경제가 지독한 불황에 시달릴 때도 '사자'보다는 '팔자'가 많다. 이런 상황은 좋은 회사의 주식을 싸게 살 기회를 제공해 준다. 이럴 때 역발상 투자자들은 평소 눈여겨보았던 좋은 주식을 싸게 사들인다. 그것도 '마음 편히' 말이다. 설사 가격이 더 빠지더라도 크게 걱정하지 않는다. 왜냐? 싸게 샀기 때문에 손해를 보더라도 적게 보기 때문이다. 짐 로저스는 이를 두고 "내가 지금까지 투자를 통해 거둔 성공은 아주 싼 주식이나 아니면 내 생각에 주가가 매우 낮은 주식을 매수한 데서 비롯됐다. 비록 판단을 잘못했다고 하더라도 주가가 쌀 때 매수하게 되면 적어도 큰돈을 날리지 않는다"고 말한다. 이런 사고에서 우리는 공격적인 투자자의 모습보다 보수적인 투자자의 일면을 보게 된다.

둘째, 역발상 투자자들은 또한 손해 보지 않기 위해 노력하는 투자자들이다. 투자는 돈을 벌려고 하는 행위이지 잃기 위해 하는 것이 아니다. 세계 2위의 부자 워런 버핏은 돈 버는 방법을 두고 이렇게 말한다. "돈을 벌기 위한 첫 번째 원칙은 절대 돈을 잃지 말아야 한다는 것이다. 두 번째 원칙은 첫 번째 원칙을 절대 잊지 말아야 한다는 것이다."

이 원칙을 철학의 세계에 적용한 인물은 17세기 프랑스의 위대한 철학자이자 수학자였던 블레즈 파스칼이다. 파스칼은 신을 믿는 리스크와 믿지 않는 리스크를 계산했을 때 신을 믿는 것이 낫다고 주장했다. 왜냐하면 신을 믿는 것이 설사 틀렸더라도 손해 볼 것은 없기 때문이다. 만일 신을 믿지 않았는데 누구도 증명할 수 없는 신과 내세가 존재한다면, 신을 믿지 않는 사람들은 손해를 보게 된다. 반대로 신을 믿는 사람들은 설사 신과 내세가 없다 하더라도 하나도 손해 볼 게 없다. 그저 자신의 주장을 철회하고 가만히 있으면 되는 것이다.

더 나아가 역발상 투자자들은 가치투자자이고 편안한 것을 소유하고 싶어 하는 투자자들이다. 이를 두고 리스크의 역사를 탁월하게 분석한 『신을 거역한 사람들』의 저자인 피터 번스타인은 이렇게 말한다.

"사람들(가치투자자들)이 투자 대상을 선택할 때 판단 기준은 매우 단순하다. 그들은 불안한 것 대신에 편안한 것을 소유하고 싶어 한다." 그래서 번스타인은 파스칼이 현대에 생존해서 투자를 한다면 가치투자가가 됐을 것이라고 지적한다. 투자에서 편안한 마음을 유지할 수 있는 방법은 오직 하나다. 대상이 주식이나 부동산, 채권이 되었든 금이나 은 등 실물 자산이 되었든 '가격이 매우 쌀 때' 사는 방법뿐이다.

셋째, 역발상 투자자들은 시장 예측에서 인간의 유한함을 믿는 존재들이다. 그들이 남들과 반대로 행동하고 가격이 싼 시점과 투자 대상을 찾는 것은 시장은 예측할 수 없다는 믿음에 근거한다. 사람들은 흔히 예언과 예측을 구분하지 못한다. 더 나아가 예측이 틀릴 수 있음을 생각하지 않는다. 특히 혼탁한 열기에 사로잡혀 있는 순간일수록 사람들의 이성적 사고는 정지한다. 그들은 재테크에 있어서도 예언가를 기다린다. 아니, 예언가의 말을 무조건 옹호하며 설파하고 다닌다.

1999년에는 수많은 주식 예언가들이 세상에 나타났다. 그들은 아줌마 팬클럽을 거느리고 다니면서 족집게 실력을 과시하는 데 여념이 없었다. 그러다가 2001년부터 부동산 가격이 치솟기 시작했다. 이번에도 수많은 부동산 예언가들이 나타났다. 그들은 인터넷 사이트에 팬클럽을 두고 자신의 투자 철학을 설파했다. 그들이 쓴 책을 읽고 감화된 신도들이 예언가의 말 한마디 한마디를 신줏단지 모시듯이 떠받들었다. 주식 예언가와 부동산 예언가의 강연회에 가보면 흡사 '부흥회'에 온 듯했다. 좀 더 과장되게 표현하면 마치 사이비 종교집단의 분위기마저 느껴졌다.

하지만 역사가 보여 주는 사실은 당신에게 부와 구원을 약속하는 상인이나 종교인치고 사기꾼 아닌 사람이 없었다는 점이다. 위대한 투자가들은 예측하려고 예언하지 않는다. 그들은 예측마저도 꺼린다. 자신이 신이 아니라는 사실을 잘 알고 있기 때문이다. 한 마디로 위대한 투자가들은 분수를 아는 사람들이다. 분수를 알기에 신의 영역에 도전하지 않고 인간의 영역에 집중한다.

자신이 아는 범위에 집중하는 투자

인간의 영역에 집중한다는 것은 자신이 아는 범위 내에서 매입 가격에 초점을 맞춰 투자한다는 뜻이다. 한창 오른 주식이나 부동산은 더 오르지 않는 이상 돈을 벌어 주지 못한다. 더 오를 것인지 아니면 한풀 꺾일지 누구도 알 수 없다. 그것은 신의 영역이다. 그러나 매입 가격에 초점을 맞추고 자신이 생각하는 가치보다 가격이 낮은지 아닌지 판단하는 일은 신이 아니더라도 할 수 있다. 전망에 초점을 맞추지 말라. 자신이 생각하는 가치보다 가격이 낮은가 그렇지 않은가에 초점을 맞춰라. 신의 영역에 도전하지 말고 인간의 영역에 집중하는 것이 분수에 맞는 일이라는 것을 위대한 역발상 투자자들에게 배워야 한다.

"주식시장이 폭락하고 있기 때문에 우리가 여기 투자하는 것이다. 강세장에서는 주식을 싸게 살 수 없기 때문에 나는 강세장일 때 불안하다. 시장이 폭락할 때 나는 더 행복하다. 위기는 좋은 기회다. 나는 경기 침체나 재앙 또는 혁명이 일어날 때 더 많은 기회가 생긴다는 것을 알고 있다."

대표적인 역발상 투자자이자 플랭클린 템플턴 사의 간판 펀드 매니저인 마크 모비우스가 말하는 '편안한 투자의 실체'다. 참고로 마크 모비우스 박사는 신흥시장을 개척한 인물로 유명하다. 그는 연간 10만 마일을 여행하면서 기업 탐방을 했고 한국에도 여러 차례 방문한 바 있다. 그래서 '신흥시장의 인디애나 존스'라는 별명을 갖고 있다.

가격이
폭락했을 때
'1등'을 사라

독자들 중에는 지금까지 내가 한 이야기를 두고 이렇게 비판하는 사람도 있을 것이다. "당신이 말한 투자자들은 투자 관련 직업을 갖고 있고 매일 투자만 생각하는 사람들이다. 게다가 그들은 자신의 투자 의사결정을 도울 뛰어난 스태프도 거느리고 있다. 우리 같은 평범한 사람이 어떻게 그런 사람들과 같은 방식으로 투자할 수 있겠는가?"

맞는 말이다. 우리들 같은 범부들에겐 투자 결정을 도와줄 스태프도 없고, 짐 로저스나 템플턴 경처럼 전 세계를 대상으로 투자할 여력도 없다. 게다가 하루하루 생업으로 바쁜 사람들이다. 그렇다고 투자를 피할 수는 없는 일. 어떻게든 우리는 위대한 역발상 투자자들이 한 얘기를 투자와 인생에 적용하기 위해 노력해야 한다. 그렇게 하지 않고서는 자본주의 세계의 치열한 경쟁과 투자 세계에서 살아남을 수 없기 때문이다.

내가 역발상 투자의 중요성을 체감하게 된 계기는 IMF 환란 직후였다. 나는 당시 증권을 담당하고 있었다. 한번은 증권사 직원들과 술자리를 함께하면서 농담조로 이런 얘기를 나누었다.

"돈 있으면 몽땅 삼성전자 주식에 몰빵해. 그러면 팔자 고칠 수 있을 거야. 대한민국 기업들 다 망해도 삼성전자는 살아남지 않겠어?"

그 자리에 모여 있던 8명 가운데 아무도 그 말에 이의를 제기하지 않았다. 모두 고개를 끄덕였다. 술자리가 삼성전자 주식을 주제로 한창 무르익을 무렵, 한 사람이 "돈이 있어야지. 대출이자 올라서 이자 내기도 버거운데…"라며 탄식조로 말했다. 모두들 한숨을 내쉬며 그 말에도 수긍했다. 결국 나를 포함해 그 자리에 있던 8명 중 단 한 명도 삼성전자 주식을 사지 않았다. 당시 삼성전자 주가는 3만 원대였다.

그로부터 1년 후, 이번에는 다른 친목모임에서 부동산 쪽 일을 하는 선배가 "지금은 아파트를 사야 한다"고 목청을 높였다. "아무리 IMF 한파라 하더라도 서울 강남 집값이 너무 싸. 잠실이나 개포동 재건축 아파트를 사야 해. 건물은 없다고 치고 땅값만 쳐도 너무 싸. 돈 있으면 무조건 사야 돼. 이렇게 헐값에 거래된 적이 지금까지 한 번도 없었어." 그 자리에 모인 사람들은 나름대로 재테크 지능이 높은 사람들이었다. 그래서 그런지 그 얘기를 듣고 자신이 갖고 있는 돈의 규모에 맞춰 강남은 아니지만 다른 지역의 재건축 아파트를 산 사람들이 몇 명 있었다. 당연히 그들은 돈을 벌었다.

나는 이 두 가지 대화가 일반인들이 접근할 수 있는 역발상 투자의 많은 부분을 보여 준다고 생각한다. 삼성전자라는 기업 가치를 증권사 애널리스트처럼 분석할 줄 모르더라도 삼성전자 주식이 좋은 주식인 것은 누구나 다 아는 사실이다. 그리고 IMF 한파로 아파트값이 폭락해 적정 가치 이상으로 과매도된 것도 부동산에 대해 어느 정도 공부한 사람이면 대강 짐작할 수 있는 일이다.

==개인투자자들이 가장 쉽게 접근할 수 있는 역발상식 투자는 주식이든 부동산이든 채권이든 가격이 폭락하면 가장 생존력이 뛰어난 곳에 초점을 맞춰 투자하는 것이다. 소위 '1등 위주'로 투자하라는 것이다.== 흔히 주식시장에서는 1등 기업들을 '업종 대표주'라고 부른다. 증시가 경기 침체나 전쟁이나 금융시장 위기 등으로 폭락할 때 시장에서 1등인 주식을 사는 것이다. 위기 시 1등을 사야 하는 이유는 경영학의 '최초 참여자first-mover 우위 이론'으로도 뒷받침된다.

이미 특정 산업 분야에서 선도 기업으로 자리 잡은 기업은 후발주자에 비해 여러 가지 이점을 갖는다. 이미 규모의 경제를 실현해 놓은 상태이고, 특허 등의 방법을 통해 제품과 기술에 대해 진입 장벽을 만들어 놓는다. 후발주자가 살아남기 위해서는 선발주자에게서 고객을 빼앗아와야 하는데, 이는 선발주자 이상의 투자를 해서 제품의 질을 올리거나 가격을 낮추는 방법으로만 가능하다. 최초 참여자의 이런 경쟁적 우위 때문에 후발주자는 투자 규모를 늘리거나 가격을 낮춰야 하는 리스크에 노출되게 된다.

만일 후발주자가 가격을 낮추면 최초 참여자는 자신의 시장 지배력을 이용해 가격을 낮추는 전략을 쓸 수도 있다. 최초 참여자는 가격 선도 능력을 십분 활용해 후발주자가 자리 잡지 못하게 방해할 수도 있다. 특히 자동차, 조선, 유통 등 규모의 경제가 존재하는 산업 분야에서는 참여자의 수가 적고 선두 주자의 바뀜이 거의 없다. 우리나라 기업사企業史도 최초 참여자 이론의 유용성을 잘 증거하고 있다. 하이트맥주가 OB맥주를 올린 것을 제외하면 선두주자는 거의 바뀜이 없었다.

실제 IMF 환란 이후 주식시장에서 업종 대표주, 즉 해당 산업의 대표 기업들의 상승세는 괄목할 만한 것이었다. 다음은 「중앙일보」 2004년 11월 15일자 기사의 일부다.

외환위기 이후 대형 우량주 주가가 평균 8배 가까이 뛰어 종합주가지수 상승률을 크게 앞지른 것으로 나타났다. 증권거래소에 따르면 삼성전자, SK텔레콤, 한국전력, 포스코 등 시가총액 상위 20개 대형 우량주의 주가(11월 12일 현재)는 종합주가지수가 외환위기 이후 최저치였던 1998년 6월 16일 대비 평균 760퍼센트 상승했다.

주가가 가장 많이 오른 종목은 대림산업으로 1,665원이던 것이 5만 1,200원까지 뛰어 상승률이 무려 2,975퍼센트에 달했다. 신세계도 1만 500원에서 28만 6,500원으로 2,628퍼센트나 올랐다. 또 한국 증시의 간판주인 삼성전자가 3만 8,000원에서 44만 8,000원으로 1,077퍼센트나 오르는 등 1,000퍼센트 이상 상승한 종목이 6개나 됐다.

이에 비해 같은 기간 종합주가지수는 280.00에서 876.67로 313퍼센트 오르는 데 그쳐 우량주 상승폭의 절반에도 못 미쳤다. 조사 대상 20개 종목만으로 주가지수를 산출했다면 현 지수는 2,000을 넘은 수준으로 봐야 한다고 전문가들은 말한다.

이처럼 대형 우량주 수익률과 시장 평균치를 보여 주는 종합주가지수 상승률에 큰 차이가 나는 것은 대형 우량기업과 비 우량기업 간 수익성의 양극화가 뚜렷해졌기 때문이라고 풀이된다.

최초 참여자가 거두는 열매

일본 최고의 펀드매니저 중 한 명인 사와카미 투신운용사의 사와카미 아쓰토 씨의 얘기도 귀담아들을 필요가 있다. 사와카미 씨는 '개인투자자, 특히 샐러리맨 가정의 장기적인 재산 형성을 도와드리는 투신운용사'를 경영 이념으로 삼고 적립식으로 투자하는 주식형 펀드만 판매한다. 운용실적이 좋아 다른 기관에서 투자 의뢰를 받았지만 회사의 경영 이념과 맞지 않는다는 이유로 자금을 받지 않을 정도로 강직한 투자자다. 사와카미 씨는 자신의 저서 『불황에서 승리하는 사와카미 투자법』에서 이렇게 말한다.

"폭락 때 사두는 것이 더 확실하다. 5년 정도 보유하고 싶은 기업의 주식이라면 폭락 때 웃는 얼굴로 사두면 된다. 장기 투자에 투철하려면 개인투자자의 경우 자신이 좋아하는 다섯에서 열 종목을 이 패턴으로 단순 매매해도 좋다. 예컨대 세계 경제가 절대로 필요로 하는 일본 기업, 그것도 쉽게 도산할 위험이 없는, 규모 면으로도 큰 회사의 주식을 폭락할 때 묵묵히 산다. 주가가 상당히 상승하면 팔아서 차익을 챙기고 다음 폭락을 기다린다."

최초 참여자 이론은 주식에만 해당되는 것이 아니다. 가까운 예로 지난 2003년 카드사 사태 때도 역발상 투자와 최초 참여자 이론을 적용한 사람들은 꽤 짭짤한 투자 수익을 올릴 수 있었다. 당시 카드사들은 무분별한 카드 발급과 경기 침체로 인한 연체율의 증가로 유동성 위기에 몰렸다. 국민카드(KB카드)와 외환카드는 모은행으로 합병됐고, 삼성, LG카드 등은 증자와 전환사채 발행으로 연명하는 단계에 접어들었다. 전문가들은 카드사 설립 이후 최대의 위기라는 말로 당시 상황을 표현했다. 카드 업종에 짙은 먹구름이 드리워진 것이다. '거리가 피로 질펀

거릴 때 사라'는 증시 격언에 딱 맞아떨어지는 상황이었다.

이런 상황에서는 과연 어떤 투자자가 돈을 벌었을까? 대다수의 사람들이 카드사 위기에 놀라고 있을 때 발 빠른 역발상 투자자들은 이 사태를 투자의 기회로 삼았다. 카드사 중에서 상대적으로 우량하고 선도 기업이라 불릴 수 있는 삼성카드 채권에 투자한 이들은 연 10퍼센트 가까운 투자수익률을 올릴 수 있었다. 그리고 가장 심한 경영난에 빠진 LG카드를 제외하고 삼성이나 현대카드가 발행한 전환사채(일정 시기가 지나면 주식으로 전환할 수 있는 옵션이 붙어 있는 채권)에 투자한 이들도 1년 6개월 후 20퍼센트 이상의 투자 수익을 얻었다.

나도 카드사 사태가 발발하자 삼성카드와 국민카드 채권에, 그리고 삼성카드 전환사채에 투자해서 재미를 좀 봤다. 그리고 몇십만 원씩 부수입이 생길 때마다 전환사채를 사서 모았다. 마크 모비우스 박사의 말처럼 '위기는 기회다.' 단 기회를 인식하고 있는 사람에 한해서 말이다.

역발상 투자자가 되기 위해서는 항상 여유자금을 들고 있어야 한다. 기회가 언제 올지 알 수 없기 때문이다. 카드사 위기가 언제 올지, 언제 9·11 테러가 발발할지 누구도 예측할 수 없는 노릇 아닌가. 여유자금은 편안한 돈이다. 편안한 돈이라는 것은 당장 이 돈이 없더라도 생활에 지장이 없어야 한다는 걸 의미한다. 남의 돈으로 한 투자, 다시 말해서 빚을 내서 투자하면 최악의 상황을 기다릴 인내심을 발휘할 수 없다. 하루하루의 시세에 일희일비할 수밖에 없다. 설사 최악의 경우 돈을 날리더라도 평상시 생활을 유지할 수 있는 돈이 있으면 과감하게 살 수 있다. 그리고 기다릴 수도 있다. 그래서 위대한 역발상 투자자 중에 어느 누구도 빚을 내서 주식을 사라고 얘기하는 사람이 없는 것이다. 그들은 빚을 내서 투자한 사람들이 느끼는 심적 동요를 누구보다 잘 알고 있는 사람들이다.

언론이
떠드는 것과
정반대로 가라

　　　　　　전문가가 아니더라도 우리네 일상생활에서 역발상 투자의 지표를 발견할 수 있다. 지표를 발견하는 가장 좋은 방법은 신문 기사를 잘 분석하는 것이다. 언론은 유행을 쫓아가는 존재다. 언론은 절대 대중에 앞서지 않는다. 대중들의 관심이 집중되고 하나의 유행이 만들어질 때가 되어야 비로소 언론은 대서특필한다. 지금부터 약 100여 년 전에 프랑스 학자 귀스타브 르 봉은 언론의 이런 속성을 자신의 저서 『군중심리학』에서 다음과 같이 간파한 바 있다.

　　"단순히 정보 제공을 위한 기구가 되어 버린 신문은 어떤 사상이나 이념을 확고하게 주장하려는 모든 노력을 포기하였다. 신문은 독자를 잃어버리지 않으려는 경쟁의 필요성에서 어쩔 수 없이 군중 생각의 모든 변화를 추종하게 된다. 언론의 이런 속성을 잘 증거하는 대표적인 기사가 앞서 이야기한 1979년 미국 경제주간지 「비즈니스 위크」의 '주식의 죽음 The Death of Equities'이라는 커버스토리다. 이 기사가 나간 후 3년 뒤인 1982년부터 미국 증시는 호황을 누렸다. 짐 로저스는 이 기사를 두고 "많은 투자자들이 이러한 기사에 부화뇌동하여 주식을 팔아치우고 있을 때, 몇몇 투자자들은 「비즈니스 위크」 기사에 반대되는 투자 전략을 구사함으로써 수익을 올릴 수 있었다. 즉 잡지가 매수를 추천하는 종목은 팔고, 매도를 권고하는 종목을 샀던 것이다"라고 말했다. 그래서 역발상 투자자들은 잡지나 신문의 표지를 연구한다. 『역발상 투자 불변의 법칙』의 저자인 앤터니 M. 갤리어와 윌리엄 패털론은 "대중 매체가 기사화한다는 것은 시장의 활황으로 사람들의 관심사가 반영되기 때문이다. 특히 커버스토리나 신문의 1면 톱으로 올라오면 대부분 과열 신호로 받아들여야 한다"라고 말한다.

신문이 아닌 방송에서 주식이나 부동산 기사를 크게 다룰 때는 무조건 과열 신호가 왔다고 봐야 한다. 방송은 초등학생 정도의 지적 수준에 맞춰 만든다. 오락이든 뉴스든 마찬가지다. 게다가 신문처럼 기자들의 취재 분야가 세분화되어 있지 않다. 1시간 동안 그날 일어난 사건을 모두 담아내야 한다. 이런 방송이 주식이나 부동산에 시간을 할애해 보도할 정도라면 세상 모든 사람들이 주식과 부동산에 관심을 갖고 있다는 걸 방증한다. 주식과 부동산에 온 국민의 관심이 몰리고 술자리의 메뉴로 올라올 때, 그때 방송은 주식과 부동산을 다룬다.

포탄이 터질 때 사고, 나팔이 울릴 때 팔아라

주식이나 부동산 관련 사기 사건이 신문 사회면에 등장하는 것도 훌륭한 역발상 지표다. 사기꾼이 사기를 치려면 사기 칠 대상이 필요한 법이다. 사기꾼 혼자서 사기를 칠 수는 없는 노릇이기 때문이다. 사기를 당할 마음의 준비(?)가 되어 있는 상황이란 다른 사람들이 주식이나 부동산으로 돈을 벌었다는 소문이 들리면서 자신만 왠지 손해 보는 듯한 느낌이 들 때다. 이런 심리 상태에 놓이면 판단이 흐려진다. 사기꾼들은 이런 사람들의 심리를 이용한다. 대표적인 게 2003년 기획 부동산들의 토지 사기다.

기획 부동산은 개발 재료가 있는 지역의 땅을 확보한 후 자신들이 매입한 가격의 몇 배로 쪼개서 땅을 판다. 아파트는 분양가가 있기 때문에 일반인들도 어느 정도는 시세를 가늠할 수 있지만 땅은 원가가 없다. 쓸모없는 땅도 개발 재료가 등장하면 한두 달 사이에 서너 배는 오른다. 그래서 부동산 사기는 주로 땅 투자와 관련되어 있는 경우가 많은 것이다. 신문에 기획 부동산들의 땅 사기 사건이 나면 부동산시장은 끝물이라고 생각해야 한다. 주식도 마찬가지다. 주식으로 돈을 벌어 주겠다는 달콤한 유혹이 통하는 시기는 주식으로 돈을 번 사람들이 언론에 자주 등장해서 대부분의 사람들이 박탈감을 느끼는 때이다.

필자는 서점에 가서 잘 팔리는 책을 보는 것으로 역발상 지표로 해석 한다. 지난 2003년 땅 관련 서적이 베스트셀러가 되는 것을 보면서 나는 '이젠 부동산도 끝물이구나'라는 생각을 했다. 『집 없어도 땅을 사라』라는 원색적 제목의 책이 잘 팔리는 걸 보면서 혀를 끌끌 찬 기억도 있다. 집 없어도 땅을 사라니, 도대체 말이 되는 소리인가? 이는 위대한 투자가들이 한 말과는 동떨어진 것이다. 세계에서 두 번째 부자인 워런 버핏도 집을 사라고 했다. 피델리티에서 마젤란 펀드를 운용하던, 월스트리트의 살아 있는 전설로 추앙받던 금세기 최고의 펀드매니저인 피터 린치는 심지어 "집을 사기 전까지는 주식에 투자하지 말라"고까지 말했다. 생존 당시 독일 증시의 큰손으로 주식, 부동산, 선물, 환, 원자재 등 모든 투자 대상에 투자했던 앙드레 코스톨라니Andre Kostolany도 『돈, 뜨겁게 사랑하고 차갑게 다루어라』에서 다음과 같이 말했다.

"투자 자본에 의해 수익을 낳는 유일한 유가물 투자 대상은 부동산이다. 만약 사는 집이 자신의 소유라면 집세를 절약할 수 있다. 나도 파리에 아파트 두 채와 꼬뜨 다쥐르(프랑스 부자들이 별장을 소유하고 있는 아름다운 해안 지역)에 별장 하나, 부다페스트에 집 한 채를 소유하고 있는데, 파리에 있는 아파트 한 채만세를 놓고 다른 곳은 돌아가면서 살고 있다. 경험상 나는 자기가 살 집은 주택이든 아파트든 가능하다면 사라고 권한다. 이것이 첫 번째 투자다. 그렇게 되면 상승하는 집세와 집주인으로부터 자유로워질 수 있기 때문이다."

위대한 투자가의 말에 귀 기울이는 게 현명한가, 아니면 원색적인 제목을 단 족보도 없는 투자가의 책에 솔깃하는 게 현명한가. 나는 대답할 가치조차 없는 물음이라고 생각한다.

부동산뿐만 아니라 주식이 활황세를 보이면 주식 투자 관련 책이 베스트셀러에 오른다. 1998년과 1999년 사이버 고수라는 사람들이 쓴 책이 날개 돋친 듯 팔려 나갔다. 나는 우리나라에 그렇게 많은 주식 전문가들이 있는지 몰랐었다. 하지만 그때 나온 책들 중에서 과연 몇 권이나 현재까지 명맥을 이어가고 있는지 궁금하다. 역발상 투자자가 되고 싶다면 지금부터라도 적어도 한 달에 한 번은 서점에 나가라.

그렇다면 언제 투자해야 하는가. 이에 대한 대답은 일본의 유명 펀드 매니저인 사와카미 아쓰토가 잘 정리해 놓고 있다. 그는 자신의 저서 『불황에도 승리하는 사와카미 투자법』에서 "불경기, 저금리일 때 주식을 사고, 경기 과열 기미가 보이고 금리 인상이 눈앞에 오면 주식을 팔아라"라고 말한다. 주식에 대해 얘기하고 있지만 부동산시장에서도 마찬가지다.

"세상에 가난해지고 싶어 하는 사람은 없다. 불경기는 싫다, 디플레는 안 된다고 누구나 생각한다. 불경기로 수입이 줄었다면 어떻게든 원래 수입을 회복하려고 누구나 열심이다. 부동산 가격과 주가 하락으로 자산 가치가 떨어졌지만 어떻게든 회복하고자 노력한다. 이런 태도야말로 경제를 회복시키는 원동력이다. 나라 전체에서 '이대로는 안 된다. 어떻게든 움직여야 한다는 마음이 끓어올라 주면 경제는 반드시 성장 궤도로 돌아온다. 정부의 경기 대책 예산 같은 것은 애초에 경기 회복을 향한 하나의 계기로 투입되는 것일 뿐이다."

지독한 불경기 혹은 주가나 부동산 시세 폭락으로 '이대로는 안 된다. 어떻게든 움직여야 한다'는 여론이 득세할 때가 투자할 때라는 게 사와카미의 얘기다. 정부가 나서서 어떻게든 경제를 살려 보겠다고 할 때도 최악의 순간을 지나는 시점이다. 모두가 경제가 어려워 죽겠다고 할 때, 택시를 타면 택시기사가 수입이 줄어 사납금도 못 맞추고 있다고 할 때, 역발상 투자자들은 서서히 투자를 준비한다.

가치가
가격보다 크다고
느낄 때 사라

가격과 가치의 문제는 경제학의 오랜 테마이다. 어떤 경제학적 입장에 서 있느냐에 따라 가격과 가치의 문제는 다른 결론에 다다른다. 사회주의 이론의 토대를 만든 칼 마르크스의 경제 이론의 핵심 중 하나는 노동가치설이다. 상품이나 재화의 가치는 자본가들이 만든 것이 아니라 투입된 노동자들의 노동력에 따라 결정된다는 것이다. 자본가들은 이 가치보다 더 높은 가격에 상품이나 재화를 팔아서 이득을 취한다. 재화나 상품은 노동자의 노동력에 의해 만들어진 것인데, 자본가가 자본을 소유했다는 이유만으로 이득을 취하는 것은 부당한 착취라는 게 마르크스의 주장이다. 마르크스는 이런 착취를 해소하기 위해서는 사회주의 혁명을 통해 노동자가 자본 즉 생산수단을 소유해 상품이나 재화의 원래 생산자인 노동자에게 돌려줘야 한다고 목소리를 높였다.

만일 이 문제를 기업가의 시각에서 본다면 어떻게 될까? 기업가는 자신이 위험을 감수하고 자본을 조달해 노동자를 고용하여 상품을 생산했으므로 가치 이상의 가격을 책정하고 그 차이를 자신이 차지하는 것이 당연하다고 생각할 것이다. 서울대 윤석철 명예교수는 『경영·경제·인생 강좌 45편』에서 이를 두고 이렇게 말한다.

"기업 경영이란 무엇인가? 기업은 소비자가 제품을 사줘야 존속할 수 있다. 소비자는 아무 제품이나 무조건 사주지 않는다. 제품의 가치value가 가격price보다 크다고 느낄 때만 구입한다. 예컨대 가격이 2,000만 원인 어떤 자동차를 사려는 소비자는 이 차를 구석구석 살펴보고, 시승도 해본 후 2,000만 원 이상의 가치가 있다고 느껴야 구입할 것이다. 소비자가 느끼는 가치를 계량화하기는 어렵지만 그것은 분명히 존재하는 실체다."

그럼 투자의 세계에서는 가격과 가치를 어떻게 봐야 할까? 워런 버핏은 "가격은 지불하는 것이고, 가치는 얻는 것이다"라고 말한다. 주식시장에서 가치와 가격을 구분해야 하는 이유는, 워런 버핏의 스승이자 현대 증권 분석의 아버지인 벤저민 그레이엄의 '주가 아저씨Mr. Market'란 비유에 잘 담겨 있다.

주식 시세의 비합리성을 이해하기 위해 당신과 '주가 아저씨'

가 동업으로 회사를 경영한다고 가정해 보자. 매일매일 틀림없이 주가 아저씨가 당신의 지분을 사거나 반대로 그의 지분을 당신에게 파는 가격을 제시한다고 하자. 당신네 두 사람의 기업은 다행스럽게 안정적인 성장을 이루고 있는 편이지만 매일매일 주가 아저씨가 제시하는 주가는 안정적이지 못할 것이다. 왜냐하면 주가 아저씨의 감정 상태는 그리 안정적이지 않기 때문이다. 따라서 어느 날 주가 아저씨의 기분이 좋다면 그는 향후 이 회사의 전망을 낙관적으로만 볼 것이다. 그래서 그런 날에는 틀림없이 주가 아저씨는 당신의 지분을 아주 높은 가격에 사겠다고 제안할 것이다. 반대로 주가 아저씨가 기분이 나쁠 때도 있을 것이다. 그럴 때 주가 아저씨가 보는 세상은 비관으로만 가득 찰 것이고, 그 결과 그가 제시하는 가격은 말도 안 되게 낮은 가격일 것이다.

그렇지만 주가 아저씨는 한 가지 좋은 성격을 가지고 있다. 자신의 말이 무시되더라도 전혀 개의치 않는다는 것이다. 오늘 주가 아저씨가 제시한 가격이 무시되어 버리더라도 그 다음날 그는 또다시 새로운 가격을 씩씩하게 내보일 것이라는 말이다. 따라서 당신은 주가 아저씨가 말도 안 되는 가격을 제시하면 무시해 버리거나 그것을 이용하면 그만이다. 주가 아저씨의 분위기에 같이 휘말려든다면 당신은 큰 손해를 볼 것이다.

시장에서 가격은 쉼 없이 움직인다. 오르기도 하고 내리기도 한다. 매우 변덕스럽다. 그래서 벤저민 그레이엄에서 시작된 가치투자자들은 시장 흐름보다는 기업의 가치에 초점을 맞춘다. 이를 두고 '내재 가치'라고 한다. 기업 가치에 대한 평가는 투자자마다 조금씩 다르다. 한 가지 공통점은 모두 기업 가치를 평가하는 자신의 기준을 가지고 있다는 것이다. 워런 버핏도 "내재 가치를 이해할 수 있는 정해진 공식은 없다. 주식을 매입하려는 기업에 대해 자세히 연구하는 수밖에 없다"라고 말한다. 정해진 공식은 없다. 하지만 분명한 건 자신들이 생각하는 기업 가치보다 가격이 낮은 수준에 도달하지 않으면 위대한 투자가들은 투자에 나서지 않는다는 점이다. 그들은 가격과 가치가 반드시 일치하지 않는 것에서 투자의 기회를 발견한다. 일례로 벤저민 그레이엄은 주당 순유동자산이, 존 템플턴 경은 주당 순자산가치가 주가보다 높을 때만 주식을 매입했다.

이런 관점을 아파트 투자에 적용해 보자. 아파트의 가치는 곧 땅으로 결정된다. 부동산은 어디에 서 있느냐가 중요한 입지立地 상품이므로 땅의 위치가 가장 중요하다. 땅의 가치는 땅의 활용도에 의해 결정된다. 같은 땅이라도 활용도가 다르면 가치가 달라진다. 일례로 상업용지가 주거용지보다 가격이 비싼데 이는 주거용지보다 상업용지가 더 높이 건물을 올릴 수 있기 때문이다. 땅의 활용도를 결정짓는 개념이 바로 용적률이다. 용적률은 얼마나 높일 수 있는가를 나타내는 지표다. 같은 크기의 땅이라도 용적률이 높은 곳의 땅값이 비싼 법이다.

또한 같은 아파트라도 땅의 크기가 다르다. 아파트 한 채가 차지하고 있는 실제 땅의 크기를 나타내는 지표가 '대지지분'이다. 낡은 저층 재건축 아파트의 가격이 비싼 것은 고층 아파트에 비해 땅이 크기 때문이다.

사실 가치를 분석한다는 것이 쉬운 일은 아니다. 어느 정도 식견이 필요하다. 스스로 공부해서 자신만의 기준을 만드는 것 외엔 달리 길이 없다. 한 가지 확실한 것은 위대한 투자가들은 늘 가격을 지불하고 가치를 사는 것을 진정한 투자라고 여긴다는 점이다.

중요한 건 돈이야, 돈! 이 멍청아!

"It's the economy, stupid!(중요한 건 경제야, 이 멍청아!)" 1992년 미국 대통령 선거에서 빌 클린턴 대통령 후보 진영이 내건 선거 구호였다. 선거 캠페인 역사상 가장 뛰어난 구호로 평가받고 있다. 그 덕분인지 빌 클린턴은 당시의 예상을 뒤엎고 대통령에 당선되었다. 당시 공화당 진영의 조지 부시 대통령은 1차 걸프전 대승의 여세를 타고 재선을 낙관하는 분위기였다.

나는 이 구호를 떠올릴 때마다 늘 유럽의 전설적 투자자였던 앙드레 코스톨라니를 떠올리곤 한다. 투자에 관한 그의 생각을 빌 클린턴 식으로 표현하면 "It's the money, stupid!(중요한 건 돈이야, 이 멍청아!)" 정도가 될 것이다. 코스톨라니는 돈의 힘에 대해 그 누구보다 명료한 개념적 정의를 내린 투자자였다. 개인적인 얘기를 하자면, 몇 년 전 부동산 가격 폭등 초기에 나는 재건축 아파트를 산 적이 있다. 당시 투자 결정을 할 때 큰 도움이 된 사람이 바로 지금은 고인이 된 코스톨라니였다.

==주식에 투자하든 부동산에 투자하든 일차적으로 생각해야 하는 것은 '돈의 양과 흐름'이다.== 증시 격언에 =='수급이 재료에 우선한다'라는 말처럼 돈의 힘으로 밀고 올라가는 장세는 개별 재료로 움직이는 장세보다 폭발적이다.== 넋 놓고 가만히 있다 보면 '어어' 하며 당황하는 사이에 시세는 앞서서 저만큼 달아나 버린다. 멀리 달아나 버린 시세를 두고 한탄한들 아무 소용 없는 일. 주변에 재테크로 재산을 축적한 사람들을 보면 대부분 이 대세 상승장에 어떤 방식으로든 올라탄 사람들이다. 반대로 재테크에 실패한 사람들은 이 대세 상승장을 넋 놓고 바라봤거나 아니면 막차를 탔던 사람들이다. 큰 흐름은 늘 사람들의 재산의 크기를 바꿔 놓는 역할을 한다.

지금까지 우리가 경험했던 대세 상승장 뒤에는 모두 '유동성'이 자리 잡고 있다. 유동성이란 자산을 현금으로 전환할 수 있는 정도를 나타내는 경제학 용어다. 2000년 전까지 우리나라 증시를 돌이켜 보면 종합주가지수가 1,000포인트를 돌파한 적이 모두 세 번 있었다. 1989년 3월, 88 서울 올림픽 특수와 3저 호황에 힘입어 증시 역사상 처음으로 1,000포인트를 돌파했고, 1994년 9월과 단군 이래 최대의 장이었다는 1999년 7월에

1,000포인트를 넘어섰다. 이 대세 상승장의 특징 중 하나는 시중 유동성이 풍부했다는 점이다. 주식시장뿐만 아니다. 부동산시장도 마찬가지다. 2001년부터 급격하게 오른 부동산 가격을 끌어올린 힘도 시중 유동성이었다. 단순 계산으로 IMF 환란 이전 부동자금은 176조 원에 불과했지만, 환란 이후에는 400조 원가량으로 늘어났다. 돈이 2배 이상 불어난 것이다. 이 돈이 부동산시장으로 앞다투어 몰려오면서 부동산 대란이라는 말을 유행시켰고 부동산 가격 폭등을 연출했다.

하지만 사람들은 과거의 경험을 금세 망각하는 경향이 있다. 부동산 가격이 오를 때마다 전문가 중에서 대세 상승을 점치는 이는 극히 드물었다. 하지만 상승세로 돌아서자 많은 전문가가 상승장이 지속된다는 쪽에 표를 던졌다. 전문가들이 오락가락 하는 것은 과거에도 되풀이됐던 일이다. 경제의 역사는 늘 이런 식으로 반복된다.

코스톨라니는 '통화량 및 신주 발행'과 '심리적 요소(낙관주의 또는 비관주의)', 이 두 가지가 증권시장의 시세를 결정짓는다고 말한다. 그는 자신의 주장을 다음과 같은 수학적 공식으로 표현했다.

$$시세 = 돈 + 심리$$

이 두 가지 요소 중에서 가장 중요한 역할을 하는 게 '유동성'

이다. 대중들의 심리는 변덕스럽기 때문에 쉽게 예측하기 어렵다. 코스톨라니는 "중요한 건 항상 유동성이다. 유동성은 우리 투자자가 어느 정도 예측할 수 있다. 정부의 금리 정책은 (단기적으로) 모두에게 공개되어 있기 때문이다. 그에 반해 심리적 분위기는 절대 예측할 수 없다"고 지적한다.

그럼 왜 유동성이 중요한가? 코스톨라니의 말을 계속 들어보자.

"여기서 돈이라는 요소를 나는 증권시장의 뜻대로 움직일 수 있는 돈으로 이해했다. 만약 돈이 꾸준히 채권의 높은 이자율에 투자되면, 그리고 만약 은행이 정기예금에 높은 이자를 지불하게 되면 주식을 살 수 있는 돈은 아주 조금밖에 남지 않는다. 간단히 말하면, 돈이라는 요소는 장기 금리에 달려 있다."

그는 비유의 대가답게 더 나아가 이 원리를 '큰 대야'와 '작은 대야'에 비유하여 설명한다. 큰 대야에는 전체 경제의 돈이 들어 있고 작은 대야에는 증권시장의 돈이 들어 있다. 대출 증가, 외환 유입, 무역 수지 흑자 등으로 큰 대야에 물이 들어오는 반면 기업이나 개인들이 돈을 덜 필요로 하면 그 물은 넘쳐 작은 대야로 흘러들게 된다. "물이 넘치면 넘친 물이 작은 대야, 즉 증권시장으로 떨어지고 그 결과 주가는 오른다."

유동성의 흐름을 읽는 법

여기서 우리가 유동성을 어떻게 확인해야 하는가 하는 문제가 남는다. 코스톨라니는 "유동성의 변화는 장기적으로는 아니지만 최소한 단기적으로는 추적할 수 있다. 중앙은행의 결정, 큰 은행들의 대출 정책 등에서 어떻게 될지 실마리를 찾을 수 있다"고 말한다. 중앙은행의 결정과 은행들의 대출 정책에서 찾을 수 있다고? 그렇다. 부동산 가격 상승세를 살펴보자. 부동산 가격 상승세의 원인에 대해서는 여러 가지 의견이 있을 수 있다. 그러나 가장 공통적으로 나오는 얘기는 저금리, 즉 풍부한 시중 유동성이다.

부동산 쪽에 시각을 좁혀 살펴보면 금리가 낮아지면 유가증권 쪽에선 채권 가격이 오른다(채권 금리가 낮아진다). 특히 유동성이 많고 돈의 힘으로 밀고 가는 장세라면 환금성이 높은 순으로 가격이 오른다. 돈은 자신의 흐름을 방해하는 것들, 즉 세금이나 환금성 등이 떨어지는 자산으로는 늦게 가는 속성이 있다. 부동산 자산 중에서도 환금성이 높은 아파트→오피스텔→상가→토지 순으로 돈이 흘러간다. 부동산 가격이 폭등했던 1980년대에도 이런 현상이 그대로 나타났었다. 우리나라만 그렇다고? 천만의 말씀이다. 2000년대 초반 전 세계적으로 저금리를 바탕으로 한 풍부한 유동성으로 인해 미국, 영국, 호주 등의 부동산도 2배가량 올랐다. 그리고 이들 나라에서도 우리나라와 비슷한 패턴으로 시중 자금이 흘러들어갔다.

또 한 가지 살펴볼 것이 있다. 코스톨라니가 얘기한 '큰 은행들의 대출 정책'이다 코스톨라니의 주장은 주식시장에 국한된 것처럼 보인다. 하지만 위대한 투자가들의 주장은 앞서 얘기했듯이 주식시장에만 그치는 것이 아니다. 2000년대 초반 부동산시장으로 자금이 유입된 데 결정적인 역할을 한 곳은 금융기관이었다. 금융기관은 '주택담보대출'을 앞다투어 판매하면서 부동산시장에 충분한 실탄을 공급해줬다. 시중 은행도 상호저축은행도 보험사도 주택담보대출에 총력을 기울였다. 혹시 1999년과 2000년도에 주식 투자를 해본 투자자라면 '주식담보대출'이란 말을 들어봤을 것이다. 시중 은행과 상호저축은행이 투자자가 갖고 있는 주식을 담보로 주식 투자 자금을 빌려주었다. 증시가 상승세이다 보니 돈 떼일 염려가 없다고 판단했기 때문이다.

부동산담보대출과 주식담보대출의 차이점은 대출 대상이 다르다는 것일 뿐 메커니즘은 모두 동일하다. 그러면 큰 은행들의 대출 정책은 어떻게 알 수 있을까? 경제신문의 금융면을 읽어 보면 한 달이 멀다고 은행 대출정책이 나온다. 신문을 읽어 보시길….

'투자는 타이밍의 예술'이라는 말을 믿지 말라

이른바 주식 고수라는 이들이 하는 얘기 중에 '투자는 타이밍의 예술'이라는 말이 있다. 나는 이 말을 믿지 않는다. 이 말을 추종하는 사람들은 적절한 매수 시점을 찾는 데 골몰한다. 그러나 과연 누가 타이밍을 초시계처럼 정확하게 맞출 수 있단 말인가? 나는 타이밍은 투자 경험과 공부를 통해 스스로 익히는 것이라고 생각한다. 만일 타이밍을 수리적 방법론을 동원해 정확히 맞출 수 있다면 이 세상의 통계학자들은 모두 부자가 되어 있을 것이다. 하지만 통계학자들이 투자를 통해 부자가 됐다는 얘기를 들어 본 적이 거의 없다.

위대한 투자가들은 저마다 매수 원칙을 갖고 있다. 위대한 투자가는 아니더라도 좋은 투자자들은 스스로 자신만의 원칙을 갖고 매수를 한다. 내가 아는 한 주식 투자자는 오로지 삼성전자 주식 하나만 매매한다. 다른 주식은 거들떠보지도 않는다. 삼성전자 한 종목으로 그는 3억 원 이상을 벌었다.

앙드레 코스톨라니는 매입 시점을 어떻게 얘기하고 있을까? 그는 "불경기 때 주식을 사야 할까?"라는 질문에 단호하게 대답한다. "그렇다. 불경기 때 정부는 경제를 활성화시키고 금리를 낮추고 통화량을 늘린다. 그러면 첫 번째로 이득을 보는 곳이 주식시장이다. 경제보다 더 빨리 말이다. 돈은 주식시장을 돌아가게 하는 산소이기 때문이다."

불경기에 투자를 하라는 게 코스톨라니의 주장이다. 왜 불경기에 투자해야 하는 것일까? 불경기에는 비관론이 득세한다. 비관론은 비관론을 낳는다. 비관론이 많아지면 좋은 주식이나 부동산이 싼 가격에 나온다. 더 이상 정부는 어두운 경제를 좌시할 수 없게 된다. 그러면 금리를 낮추고 돈을 풀어서 경기 부양을 위해 노력한다. 아주 단순한 논리지만 정부 정책은 늘 이런 식으로 전개돼 왔다.

이 말을 국내 재테크 상황에 적용해 보자. 지난 1997년 말 IMF 환란으로 국내 경기는 급속히 위축됐다. 정부는 고금리 정책에서 방향을 선회해 저금리 정책으로 바꿨다. 금리를 낮추고 돈을 풀자 주식시장은 꿈틀거리기 시작했고, 여기에 벤처 열풍이 가세하면서 주식시장은 단군 이래 최대 호황을 누렸다. 물론 그 파국은 매우 고통스러웠지만 말이다. 그 이후 시중 자금이

다시 부동산으로 이동하자 부동산 가격이 다시 폭등하기 시작했다. IMF 환란 이후 부동산에 투자한 사람들은 최소한 2배. 주식에 투자한 사람들은 일부지만 상당한 돈을 벌었다. 그 과정에서 소리 소문 없이 돈을 번 사람들이 또 있다. 금리 폭등기에 채권을 사 놓고 느긋하게 팔짱을 끼고 앉아 있던 사람들이다.

채권 중 가장 안정성이 높은 채권은 국채인 제1종 국민주택채권이다. 1998년 초 만기 5년의 이 채권(수익률 연 17퍼센트)을 사놓고 주식이든 부동산이든 쳐다보지 않고 생업에 종사했다 하더라도 2003년경 자산이 2배로 늘어났을 것이다. 만일 나에게 안전한 채권과 부동산, 주식 모두 2배 이상 수익률이 가능하다면 어디에 투자하겠느냐고 물으면 나는 당연히 채권이라고 답할 것이다. 주식은 신경이 너무 많이 쓰이고 부동산은 환금성이 떨어지는 반면, 채권에 투자하면 뱃속이 편하기 때문이다.

부동산 가격 상승 이후 많은 사람들이 투자할 데가 없다고 난리다. 경제도 불경기라고 야단법석이다. 둘 다 사실이다. 하지만 나는 이럴 때 코스톨라니의 말을 생각한다.

"가장 큰 성공의 열쇠는 바로 추세와 반대로 행동하는 것이다."

"노련한 투자자일수록 일반적인 추세와는 반대로 행동한다."

"그러나 절대적으로 추세와 반대로 해서는 안 된다. 처음에는 추세와 반대로 시장에 들어와서 다음은 추세와 함께 가고 마지막으로 추세에 반해 행동해야 한다. 추세와 함께 가는 시간은 상대적으로 짧다. 전체 운동의 3분의 1밖에 안 된다."

작은 파도 뒤에 올 큰 파도에 올라타라

또 한 가지 귀담아들어야 할 얘기가 있다. 코스톨라니는 개별 종목의 추세보다는 일반적인 추세를 먼저 분석하는 것이 중요하다고 강조한다. "강세장에서는 최악의 종목을 선택했다 하더라도 조금은 벌어들일 수 있으나 약세장에서는 최고의 종목이라도 수익을 얻기가 어렵다. 따라서 우선 일반적 추세를 보고 그다음에 주식을 선별하라. 적어도 20년 이상 투자 경험을 가진 사람만이 일반적 추세에 관심을 갖지 않아도 된다."

나는 이 말을 '큰 파도를 타라'라는 말로 표현하고 싶다. 주식이든 부동산이든 사계절의 순환처럼 흐름이 있다. 순환 기간은 정확히 예측할 수 없는 영역이지만 분명한 건 세상 모든 것은 순환한다는 사실이다. 최근 몇 년간의 부동산 가격 상승은 큰 파도에 해당된다. 1980년대 말부터 그 이전 시기까지는 잔파도였다. 잔파도에는 일일이 대응해야 한다. 하지만 큰 파도가 일면 잔파도들을 모두 빨아들이면서 큰 흐름을 만들어 낸다. 그때는 어떤 파도에 올라탈까 고민하는 것보다 가능한 범위 내에서 큰 파도에 올라타는 게 중요하다 나는 부동산시장이 초기에 꿈틀거리는 것을 보면서(더 정확히 말하자면 저금리와 풍부한 시중 유동성 그리고 은행 대출이 느는 것을 보면서) 아무래도 심상치 않다는 말을 후배들에게 자주 했다. "지금 집 못 사면 내 집 마련하는 데 5~10년이 더 걸릴지도 모르니 대충 아무 데나 가능한 자금

범위 내에서 아파트를 사라"는 말을 자주 했다. 큰 파도는 모든 것을 끌고 올라가는 속성이 있기 때문이다.

이론적으로는 이런 장에서 대장주(강남 재건축 아파트)를 사야 한다는 걸 알고 있었지만 나는 돈이 없었다. 그렇다고 남들처럼 1억여 원을 대출받아 투자하고 싶지는 않았다. 잘되면 좋지만 잘못되면 그 빚을 갚느라 빚에 해당하는 만큼의 자유를 잃어야 하기 때문이다. 그래서 나는 강남 재건축이 되면, 그리고 이번 장이 큰 장이라면 수도권 재건축 아파트도 될 것이라는 생각에 수도권 아파트를 뒤지기 시작했다. 결과는 2배 가까운 수익률을 내게 안겨 주었다. 나는 주식에서도 이런 식으로 돈을 번 적이 있다. 정보보다 더 중요한 건 '큰 파도'다.

물론 더 훌륭한 것은 추세와 반대로 행동하는 역발상 투자라는 것은 더 말할 필요가 없다.

참고로 불경기의 속성에 대해서 얘기하고자 한다. 불경기는 추세와 반대로 투자하고자 하는 사람들에겐 또 다른 희망을 잉태하는 시기다. 불경기 이후 경기가 회복되면 불경기에 사 놓은 주식이나 부동산이 높은 투자 수익을 안겨 줄 수도 있기 때문이다. 재테크의 관점에서 불경기의 속성을 이해하기 위해서는 먼저 '불경기에 가장 고통받는 사람들이 누구일까?'라는 점을 생각해 볼 필요가 있다.

개인적으로 결코 인정하고 싶지 않은 현실이지만 불경기는 없는 사람들의 재산을 부자들에게 옮겨 놓는 속성이 있다. 불경기의 최종 피해자는 바로 서민들이다.

부동산을 놓고 생각해 보면 불경기를 나타내는 가장 큰 지표는 '경매'와 '급매물'이다. 경매와 급매물의 양이 많아지면 부동산시장의 추세가 꺾였다고 봐야 한다. 나는 경매와 급매물의 양이 많아지면서 땅으로 돈을 벌 수 있다든 말이 많이 나올 때가 마지막이라고 생각한다. 경매와 급매물도 나오는 순서가 있다. 일단 없는 사람들의 집부터 나오기 시작한다. 아파트보다는 가격이 싼 연립이나 빌라가 나오기 시작하고, 대출을 받아 임대사업 목적으로 소유한 다세대와 다가구 주택이 나온다. 아파트도 서울 강남보다는 경제력이 떨어지는 지방과 수도권부터 나오기 시작한다.

사회 전체적으로 보면 불황기는 사회의 부가 이전되는 시기다. 심지어 일부 위대한 투자가들은 불황기에 투자하는 것을 즐기기도 하는데, 이는 그들이 '가격'에 초점을 맞춰 투자하기 때문이다.

똑똑한 척하지 말고
아는 것에
투자하라

　　　　　재테크에 성공하는 사람과 실패하는 사람을 가르는 가장 큰 기준은 무엇일까? 나는 '평소의 관심'이라고 생각한다. 작은 관심이 모여 양질전화를 일으킨다. 관심이 있으면 그만큼 눈에 보이는 것이 있기 마련이다. 재테크에 관심을 갖게 된 후 내 삶은 참으로 많이 달라졌다. 그중에서도 가장 눈에 띄게 달라진 것은 두 가지다. 하나는 여자친구와 데이트하는 방식이고 또 하나는 쇼핑을 대하는 태도다.

　　늘 그런 것은 아니지만 나는 가급적 여자친구와 데이트할 때 약속 시간보다 30분이나 1시간 일찍 도착해 인근 부동산 중개업소를 방문한다. 그래도 시간이 남으면 상가를 둘러보면서 장사가 잘되는 가게가 어떤 곳인지 둘러본다.

나는 백화점 가는 것을 죽도록 싫어했던 인간이다. 어려서부터 어머니가 옷을 사러 가자고 하면 입던 옷을 벗어 주고 같은 치수로 알아서 사다 달라고 했다. 옷에 별 관심이 없기도 했지만 옷을 사기 위해 쇼핑하는 시간이 지겨웠다. 예전에 여자친구와 데이트할 때는 아예 여자친구 혼자 쇼핑하게 하고 그동안 나는 구석에 있는 의자나 커피숍에 앉아 책이나 신문을 봤다. 하지만 지금은 백화점 가는 것을 즐긴다. 쇼핑도 쇼핑이지만 나는 손님이 북적대는 곳이 어디인지 관심 있게 지켜본다. 장사가 잘 되는 곳이 눈에 띄면 매장에 가서 어떤 회사냐고 묻는다. 만일 상장이나 등록된 회사라면 집으로 돌아와 관련 기사를 검색하고 그 회사의 실적을 살펴본다. 나를 이렇게 바꾸어 놓은 인물은 피터 린치다.

피터 린치는 『전설로 떠나는 월가의 영웅』에서 상식의 힘을 강조한다. 그는 "나는 해마다 수백 개 업체 사람들을 만난다. 최고 경영자, 증권분석가, 투자신탁업계 동료들과 별로 쓸데없는 협의를 하는 데 수많은 시간을 보낸다. 그런데 성공 주식은 뜻밖의 상황에서 만나는 경우가 많았다"라고 말한다. 뜻밖의 상황에서 만난 주식 중에 대박을 안겨준 종목이 많았다는 것이다.

"나는 캘리포니아 여행을 하던 중에 타코벨이라는 회사가 만든 부리토Buritto를 먹고 그 맛에 감동한 적이 있다. 라 퀀타 모터 인즈. 라이벌 회사인 홀리데이인의 누군가가 내게 그 호텔을 칭찬한 적이 있다. 볼보는 나와 가족, 친구들이 타는 차다. 애플컴

퓨터 역시 우리 집에도 한 대 있고 회사의 시스템 관리자가 여러 대를 설치한 바 있다. 장의葬儀 업체인 서비스 코퍼레이션 인터내셔널. 우리 회사의 전자 업종 애널리스트(이 사람은 장의 분야와는 아무런 상관이 없다)가 텍사스 여행 중에 그 회사의 장의 서비스가 좋다는 것을 알게 되었다. 던킨 도너츠, 나는 그 집 커피를 즐겨 마신다. 파이어 원 임포츠는 내 아내가 추천하는 회사로 최근에 상당한 발전이 있었다. 사실 내 아내 캐롤라인은 가장 훌륭한 조언자 중 한 사람이다. 아내가 바로 여성용 팬티 스타킹 레그스를 발견해 낸 장본인이다."

어디 피터 린치만 이러한가? 워런 버핏도 마찬가지다. 그가 평생 보유 종목이라 부른 종목들 대부분은 그가 잘 알고 있는 기업들이다. 버핏은 1988년 코카콜라 주식에 10억 달러를 투자한 후 「뉴욕 타임스」의 로버트 콜 기자가 "보유 기간은 어느 정도로 생각하고 계십니까?"라고 묻자 "우리가 원하는 보유 기간은 '영원히'입니다"라고 말할 정도로 코카콜라에 뜨거운 애정을 표시했다. 그가 코카콜라를 선택하게 된 이유는 무엇일까? 여러 가지가 있지만 가장 큰 이유는 그 자신이 체리코크를 좋아했기 때문이다. 버핏은 1985년 코카콜라가 체리 맛이 나는 신제품 '체리코크'를 내놓았을 때, 평소 즐겨 마시던 펩시를 체리코크로 바꾸었다. 처음에는 체리코크를 좋아했지만 나중에는 코카콜라라는 회사를 좋아하게 된 것이다. 「월스트리트 저널」의 마이클 맥커시 기자가 "코크 주식을 산 이유는 무엇입니까?"라고 질문

했다. 그에 대한 답변에서 '생활 속의 발견'을 중시하는 그의 태도를 엿볼 수 있다. "나는 내 입이 향하는 곳으로 돈을 돌립니다."

1972년에 버핏은 초콜릿을 제조·판매하는 시스 캔디 숍스를 2,500만 달러에 인수한 바 있다. 그가 이 회사를 좋아했던 이유는 버핏이 이 회사의 캔디를 좋아했기 때문이다. 10대 시절 신문 배달 아르바이트를 했던 그는 그때의 경험을 살려 나중에 신문사인 워싱턴 포스트, 버팔로 뉴스 등에 투자하게 된다.

생활 속에서 투자 아이디어를 얻는 버핏은 자신이 이해할 수 없는 주식에는 투자하지 않는 것으로 유명하다. 그는 기술주가 폭등하는 시기에도 자신이 기술을 이해할 수 없다는 이유로 기술주 투자를 하지 않았다. 그는 자신의 절친한 친구인 빌 게이츠의 마이크로소프트 주식에도 손을 대지 않았다. 어떤 투자가보다도 마이크로소프트의 내부 정보를 얻을 수 있는 자리에 있었지만 이해하지 못한다는 이유로 투자하지 않았다.

1990년대 말 그는 자신이 회장으로 있는 버크셔 해서웨이의 주주들로부터 기술주에 투자하지 않는다는 원성을 들었을 때도 요지부동으로 자신의 원칙을 지켰다. 버핏은 "투자는 이성적이어야 한다. 이해할 수 없으면 투자하지 말아야 한다"라고 말한다. 그리고 더 나아가 그는 "무지와 빌린 돈을 합하면 재미있는 결과가 나올 것"이라고 지적한다. 그는 심지어 글로벌 투자가 대세인 상황에서도 주로 국내(미국) 주식에만 투자했다. 버핏은 좋은 비즈니스를 위해서라면 어디든지 가겠다고 말하지만 대부분 국내에서 주식을 사들였다.

"우리는 국제 시장, 특히 개발이 덜 된 시장에서 좋은 실적을 낼 수 있는 회사를 좋아한다. 사업체 주소지가 애틀랜타가 아니라 런던이나 암스테르담이었더라도 우리가 코카콜라를 매입했을까? 대답은 당연히 '그렇다'이다. 그래도 코카콜라를 그만큼 좋아했을까? 아주 약간은 덜 좋아했을 것이다. 주소지가 영국이었다면 미국이었을 때보다 기업 경영, 세금, 자본가에 대한 태도나 그 밖의 요인 등에 대해서 잘 이해할 수 없을 것이기 때문이다."

상식의 힘을 믿어라

위대한 투자가들은 이처럼 '상식의 힘'을 믿는 사람들이다. 그런데 왜 우리는 이 상식의 힘으로 투자하지 않는 것일까? 멀리서 들려오는 환상에 솔깃하기 때문이다. 한번 이런 생각을 해보자. 가족이 조언을 하면 사람들은 귀찮은 잔소리로 여긴다. 아내가 남편의 건강을 걱정해 담배 끊고 술 줄이라고 하면 바가지로 여긴다. 그런데 의사가 얘기하면 심각하게 받아들인다. 똑같은 내용인데 하나는 잔소리가 되고 다른 하나는 진지한 충고가 된다. 나를 포함해 많은 사람들이 가깝다는 이유로 가까운 사람들이 하는 말의 권위를 부정한다. 사람들이 돈을 벌 때 특별한 방법을 선호하는 것도 이와 비슷한 심리다. 누군가 자신만의 독창적(?)인 방법으로 돈을 벌었다고 하면 그것을 배우기 위해 안달한다. 하지만 독창적인 방법이라는 것은 시간이 지나면 소멸되는 경우가 많다. 누누이 얘기하지만 1990년대 말 등장했던 사이버 주식 고수 중 현재까지 살아남은 사람이 몇 명이나 되는지 생각해 보라. 그들은 자신만의 특별한 방법이라며 떠들고 다녔지만 지금까지 그 이름을 들을 수 있는 사람은 거의 없다. 하지만 상식의 힘을 믿는 위대한 투자가들은 아직도 건재하다. 진리란 진부한 얼굴을 하고 있기 때문에 우리가 경시해 왔을 뿐이다.

투자에 성공하기 위해서는 생활 속에서 발견하는 습관을 들여야 한다. 일단 자신이 사는 지역의 부동산부터 조사해야 한다. 그리고 백화점 등에서 쇼핑할 때 쇼핑 그 자체에 취하지 말고 어느 점포가 장사가 잘 되는지를 살펴라. 유통업은 소비의 거울이기 때문이다. 상식의 힘을 믿고 주위에서 투자 아이디어를 얻으려는 노력이 쌓이다 보면, 그 어떤 전문가보다 좋은 결과를 얻을 수 있다. 그것이 바로 위대한 투자가들이 우리에게 주는 교훈이다.

시간을
내 편으로
만들라

위대한 투자가들과 나와 같은 범부에게서 나타나는 뚜렷한 차이는 '시간을 대하는 태도'이다. 우리네 같은 범부는 주식이나 부동산에 투자할 때 빨리 승부를 보기 원한다. 그리고 단기간에 많은 돈을 번 사람의 얘기에만 귀를 기울인다. 심지어 숭배하기조차 한다. 재테크 담당 기자를 하면서 가장 많이 듣는 질문 중 하나가 "지금 어디에 투자하면 돈을 벌 수 있을까요?"라는 것이다. 그걸 내가 어떻게 안단 말인가? 처음에는 그 질문에 어떻게 대답해야 할지 몰라 허둥거렸지만 하도 이골이 나서 대답이 절로 나왔다. "그걸 알면 제가 뭐 하러 월급 받아 가면서 기자 생활 하겠어요? 아예 돈을 왕창 벌어서 언론사를 차려 버리죠."

위대한 투자가들은 마치 자신의 인내심을 테스트라도 하듯이 돌부처처럼 가만히 앉아 있기도 하고 게으름뱅이처럼 움직이기도 한다. 심지어 워런 버핏은 자기 자신을 게으름뱅이 투자가라고 말하고 있다. 나도 처음에는 위대한 투자가다 보니 이렇게 여유 있게 기다릴 수 있나 보다 하는 착각(?)을 했었다. 하지만 그게 다가 아니었다. 그들은 시간을 자기 편으로 만들고 있었던 것이다. 위대한 투자가들이 시간을 자기 편으로 만드는 이유는 수치로도 증명할 수 있다.

지난 2001년부터 2003년 사이 부동산 가격이 급등하면서 소위 부동산으로 돈을 벌었다는 사람들이 줄지어 나타났다. 집 한 칸 없는 사람들이 느끼는 박탈감이 그 어느 때보다 심한 시기였다. '누구는 어디 아파트를 사서 얼마를 벌었네', '누구는 지방 어디에 땅을 사서 몇 배를 남겼네' 하는 얘기가 끝도 없이 나돌았다. 사람들은 과거의 일은 대부분 망각한 채 최근의 일만 얘기하는 경향이 있다. 부동산 가격 상승세를 둘러싼 논의도 마찬가지다.

지난 1989년 말 부동산 가격 폭등 이후 부동산시장은 10년간 조용한 상태였다. 일부 재료가 있는 곳이라도 2001~2003년과 같은 폭등세는 없었다. 심지어 IMF 환란 이후인 지난 1997년 말부터 1999년까지는 그 이전 시기보다 가격이 하락한 곳도 많았다. 10년 동안 큰 시세를 내 준 시기는 단 2년 남짓이었다. 부동산이 늘 돈을 벌어 준 것이 아니라 단 2년 동안에 돈을 벌어 준 것이다. 문제는 그 2년의 시기를 누구도 알 수 없다는 것이다. 그것은 앞서 얘기했듯이 신의 영역이다. 그래서 훌륭한 투자가들은 좋은 부동산을 쌀 때 사 놓고 하염없이 기다리는 것이다. 주식도 마찬가지다.

미국에서 이루어진 한 조사에 따르면 '투자 수익의 80~90퍼센트는 전체 보유 기간 중 2~7퍼센트 사이의 기간 동안 발생한다'라고 한다. 그런 이유 때문에 우리는 근래에 돈을 번 사람들의 얘기는 들을지언정 제대로(?) 투자해서 돈을 번 사람들의 얘기는 들을 수 없는 것이다. 인내심을 발휘해 돈을 번 사람들은 한 번 시점을 맞춘 것을 가지고 떠벌리고 다니지 않기 때문이다. 그들은 투자 수익은 인내심의 결과라는 사실을 누구보다 잘 알고 있다.

시간에 대해서는 앞서 소개한 일본의 유명 펀드매니저 사와카미가 쉽고 명료하게 정리해 놓고 있다. 사와카미 씨는 장기 투자의 핵심을 "시간의 무게를 내 편으로 삼는 것"이라고 말한다.

"투자 수익은 힘과 힘이 서로 부딪친 결과 더 힘이 강한 쪽으로 굴러가면서 생긴다. 시장에서의 힘과 힘의 충돌이 어떤 결과를 낳을지 예측하는 것은 쉽지 않다. 힘의 관계는 인간의 이해와 심리가 복잡 다양하게 얽혀 있어 변하기 쉽기 때문이다.

단기투자자는 인간의 이해타산과 심리 때문에 시시각각 변하는 힘의 관계만을 뒤쫓아 순간순간 승부한다. 장기 투자에서는 시장에서의 힘의 관계 변화는 제쳐두고 상관하지 않는다. 그보다 시간의 경과가 가져오는 힘을 내 편으로 만드는 것을 우선으로 한다. 아무리 투자가 힘과 힘의 충돌이라고는 해도 시간의 경과에 의한 에너지를 축적하여 내 편으로 삼을 수 있다면 이것이 더 유리하다. 농사와 마찬가지로 시간의 은혜는 열매라는 힘이 되어 쌓인다. 그것을 투자에 이용해야만 한다. 축적된 시간이 엄청난 힘을 낳는다는 것을 믿는다면 과감하게 장기 투자를 할 수 있다."

안전 마진을 챙겨라

시간의 경과가 가져오는 힘을 내 편으로 만들기 위해서는 어떻게 해야 할까. 이에 대해 존 템플턴은 이렇게 얘기하고 있다. "주식을 사야 할 때는 비관론이 극도에 달했을 때이다." 그는 "대부분의 문제들이 결국은 (시간이 경과되면) 치유되게 마련"이라고 덧붙였다.

시간의 경과를 내 편으로 만들기 위해 필요한 조치는 '안전장치'를 스스로 만들어 두는 것이다. 최악의 상황을 가정한 시나리오 위에서 투자하면 장기간 기다릴 수 있고 결국은 시간을 내 편으로 만들 수 있다. 증권 분석의 아버지이자 워런 버핏의 인생 멘토이자 스승이었던 벤저민 그레이엄은 '안전 마진 margin of safety'이라는 개념을 고안해 냈다.(참고로 안전 마진이라는 개념은 번역자에 따라 '안정성', '원금 보전'으로도 번역되어 있다.)

　이 개념은 이후 워런 버핏을 포함한 위대한 투자가들에게 지대한 영향을 미쳤다. 안전 마진 원칙이란 어떤 유가증권에 지불하는 가격이 앞으로 지급받을 가치보다 현저히 낮다고 믿을 만한 충분한 근거가 없다면 절대 투자하지 않는다는 것이다. 버핏은 건전한 투자 비결을 한 마디로 압축한다면 '안전 마진'이라고 말할 정도로 이 개념에 충실한 투자자였다. 이 개념은 바꿔 말하면 최악의 상황을 가정한 시나리오 위에서 투자하는 것을 말한다. 때문에 위대한 투자가들이 가격에 그토록 집착하는 것이다. 그들은 자신이 생각하는 가치보다 가격이 낮지 않으면 투자하지 않으려는 태도를 견지한다.

　나와 절친한 선배 중에 월급쟁이 생활을 하면서 10억 원 이상의 돈을 모은 사람이 있다. 그 선배의 투자관은 의외로 간단하다. 그는 절대 배당을 주지 않는 주식은 사지 않는다. 은행 금리 이상의 배당 수익률이 나오지 않는 주식은 삼성전자라도 제쳐 놓는다. 그래서 그가 가지고 있는 종목은 대부분 중소형 우량주인 경우가 많다. 그는 자신의 관심 종목 리스트를 만들어 놓고 과거 최저가에 근접하면 그때부터 매수에 들어간다. 특별히 회사 경영상의 변화가 없으면 1년이고 2년이고 무작정 기다린다.

　주가가 오르지 않을 때는 그냥 배당금만 받는다. 마치 정기예금의 이자 받듯이 말이다. "팔지 않으면 손해를 본 것이 아니니 배당금 받으면서 그냥 기다리는 게 내가 하는 일의 전부"라고 선배는 말한다. 게다가 당시에는 정부가 장기 투자를 유도할 목적으로 1년 이상 보유한 주식에 대해서는 배당금에 대해 비과세를 하기 때문에 이런 식의 배당 투자는 은행 금리 이상의 안정적인 수익률을 올리는 길이라는 게 그 선배의 주장이었다. "이런 식으로 접근하면 주식 투자는 결코 위험한 게 아니야. 주가가 언제 오를지 알 수 없기 때문에 최소한의 안전장치(배당금)를 갖고 최악의 상황에 대비한 후 주가가 오르기를 기다리는 게 최선이지."

부동산 투자도 마찬가지다. 주식 투자와 마찬가지로 사람들은 부동산 가격이 올라야 비로소 부동산에 관심을 갖기 시작한다. 이런 태도는 시장을 내 편으로 만드는 것이 아니다. 앞서 지적했듯이 불황기에 좋은 물건을 싸게 사서 기다리는 게 더욱 효과적이다. 우리나라 부동산시장에서 큰 시세는 늘 10년 기간 중 2~3년 동안 만들어졌다는 사실을 명심해야 한다.

우리는 여기서 훌륭한 투자가들이 언제나 안전 마진 개념을 자신의 상황과 투자 스타일에 맞게 활용하고 있음을 알 수 있다. 그래서 앞서 얘기했듯이 위대한 투자가들은 대부분 매우 보수적인 투자자들이다. 보수적 투자 태도의 극단을 보여 주는 워런 버핏은 안전 마진과 돈을 버는 방법에 대해 다음과 같이 말한다.

"지성의 틀에 분쇄해 넣기만 하면 주식 투자를 합리적으로 잘할 수밖에 없는 세 가지 원칙이 있다. 이 원칙들은 결코 복잡한 것들이 아니다. 수학적 재능 같은 건 필요하지도 않다. 그레이엄은 주식을 기업의 작은 파편으로 봐야 한다고 말했다. 시장 파동을 적이 아니라 동지로 봐야 하며, 어리석은 행위에 같이 빠져들지 말고 그것에서 교훈을 얻어야 한다고 말했다. 그레이엄은 『현명한 투자자』의 마지막 장에서, 투자자에게 가장 중요한 단어는 '안전 마진'이라고 말했다. 100년이 지난 뒤에도 이 세 가지 원칙은 건전한 투자의 초석으로 간주될 것이다."

미래는 '인구 변수'로 예측한다

"만일 1년 동안 격리된 채 아무것도 읽지 못하도록 통제된 상태에서 오직 한 가지만을 알고 싶어 한다면, 아마 나는 인구통계에 대해 알고자 할 것입니다. 다음 1~2년 사이에 얼마나 많은 가구가 새로 형성될 것이며, 주택 수요는 어떻게 변할 것이고, 신규 노동자로 인한 노동 시장 압력은 어떻게 될 것인지 알고 싶을 거예요. 이런 것들은 모두 인플레이션에 영향을 미치고, 재정·금융 정책과 총수요·총공급에 영향을 미치며, 또한 채권시장에 영향을 미치게 되지요."

미국 채권시장의 큰손이자 세계 최대의 채권 펀드인 퍼시픽 인베스트먼트 매니지먼트 PIMCO, Pacific Investment Management Company(이하 핌코)를 운용하는 빌 그로스 Bill Gross가 언론과의 인터뷰에서 한 얘기다. 빌 그로스가 운용하는 이 펀드의 규모는 11조억 달러에 달하고 하루 거래액만도 30억 달러가 넘는다. 이는 미국 채권시장의 1퍼센트에 해당하는 자금이다.

세계 최고의 이머징 마켓 투자자인 마크 모비우스 박사도 인구 변수를 중시하는 투자자다. 모비우스 박사는 "성장은 결국 인구에 기초를 둔다. 왜냐하면 인구 수가 잠재적 수요자의 수이기 때문이다. 인구가 많은 나라에 투자하는 것이 유리하다"고 말한다.

조지 소로스와 함께 퀀텀 펀드를 설립했던 짐 로저스는 『짐 로저스의 어드벤처 캐피털리스트』에서 자신이 어떻게 인구를 투자에 적용하고 있는지를 소개하고 있다. 로저스는 젊은 나라에 투자하는 것이 효과적이라고 주장한다.

"한 나라의 평균 연령이 낮을수록 그 나라는 변화에 대해 더욱 개방적이다. 나이 든 연령층이 과거로 회귀하려고 하듯이 젊은 연령층은 기꺼이 변화를 받아들인다. 물론 어느 것이 더 좋다고 말할 수는 없다. 두 가지 가운데 어느 것이 특별한 의미를 갖는 것도 아니다. 하지만 미래를 예상하고자 한다면, 또 투자를 하고자 한다면 문제는 달라진다."

그는 한국 주식에 투자할 때도 한국의 인구구조에 대한 통찰을 바탕으로 제약주를 골랐다. 좀 긴 내용이지만 아주 흥미로운 그의 얘기를 직접 들어 보자.

"현재 한국이 직면하고 있는 보다 중요한 인구통계학적 문제는 단순히 과밀한가의 여부가 아니라 인구 구성이 어떤가 하는 점이다. 우리는 한국을 여행하면서 수많은 어린이들을 봤다. 가는 곳마다 어린 아이들이 떼 지어 모여 있었다. 그런데 여자아이들 숫자가 모자랐다. 내가 한국에 머무를 당시 한국에는 열두 살짜리 여자 어린이 100명당 같은 나이의 남자 어린이는 120명에 이른다는 것을 알게 됐다. 남자 어린이가 20퍼센트 더 많다는 것은 상궤常軌를 벗어난 것이다. 실제로 이 수치는 정상적인 출생 성비 차이의 10배에 해당되는 것이다. 내가 생각하기에는 앞으로 10년 정도가 지나면 지금 열두 살 된 한국의 여자아이들은 원하는 것을 다 얻을 수 있지 않을까 싶다.

남성호르몬으로 괴로워하는 젊은 친구들이 도처에 넘치게 될 것이다. 젊은 여성은 자신의 구혼자 심지어는 남편이 제대로 대접해 주지 않을 경우 얼마든지 다른 남성을 고를 수 있게 될 것이다. 출생 성비에서 20퍼센트의 차이는 남성의 사망률이 더 높다는 점을 감안해도 상당히 큰 것이다. 현재 한국 여성은 전체 노동력의 40퍼센트가량을 차지하고 있고, 이 가운데 3분의 1은 가족 농사일을 하고 있는 상황이지만 앞으로 여성 자립도는 매우 높아질 것이다. 여성에게도 전문 직업의 길이 열릴 것이며 여성들도 높은 교육을 받게 될 것이다. 여러 분야에서 엄청난 사회적 변화가 잇따를 것이다.

결국 나는 마음을 바꿔 한국에 투자하기로 했다. 나는 어떻게 하면 기저에서 일어나고 있는 큰 변화로부터 이익을 얻을 수 있을지 파악해 왔다. 나는 페이지(로저스의 부인)와 함께 여성들의 삶이 어떻게 변할 것인지에 대해 궁리해 보았다. 나는 한국 주식시장에 상장된 기업 가운데 헬스클럽이나 교육기관은 찾을 수 없었지만 경구 피임약을 만드는 회사를 발견했다. 문화적인 이유로 인해 아시아에서는 피임약을 먹는 경우가 그리 많지 않다. 서구에서도 예전에 그런 적이 있었다.(실제로 일본에서는 2000년까지 경구 피임약은 법으로 규제됐다. 일본인들은 비아그라 판매가 6개월 만에 허용된 데 대해 분노했지만 경구 피임약은 수십 년 만에 판매가 허용됐다.) 피임약 시장은 매우 제한적이어서 관련 회사들은 아시아 경제 위기를 겪으며 부도를 냈다. 하지만 나는 저변에서 일어나고 있는 긍정적이며 극적인 변화를 읽을 수 있을 것 같았다. 더구나 부도를 낸 회사의 주가는 매우 낮았다. 과거 미국에서도 여성들이 마침내 경구 피임약을 복용하기 시작하면서 이런 회사들의 주가가 얼마나 치솟았는지를 나는 기억하고 있다. 나는 계좌를 개설하고 부도를 냈던 한국기업 세 곳의 주식을 모두 매수했다."

이처럼 위대한 투자가들이 인구 변수를 중요한 의사 판단 기준으로 삼는 이유가 무엇일까? 이에 대한 답변은 현대 경영학의 아버지 피터 드러커Peter Drucker가 예비해 놓고 있다. 드러커가 미래를 전망할 때 자주 사용하는 방법은 '인구통계학적 접근demographic approach'이다. 드러커는 "인구통계는 미래와 관련된 것

가운데 정확히 예측할 수 있는 유일한 사실"이라고 말한다. 인구 움직임을 살펴보면 그에 따라 영향을 받는 시장이나 노동력 규모 등을 추정할 수 있다는 것이다.

먼저 아파트 투자를 예로 들어 보자. 유망한 아파트를 고를 때의 원칙 중 하나가 대단지 여부다. 왜 대단지 아파트를 골라야 할까? 사는 사람들이 많아야 장사하는 사람들이 모여든다. 쇼핑 시설도 생기고 찜질방도 생긴다. 도로망이 부족하면 단지 부녀회를 중심으로 데모를 한다. 항상 주민들의 투표를 의식해야 하는 구청장 등 지방자치 단체장들은 많은 숫자가 모여 도로를 건설해 달라고 요구하면 이를 거절하기 어렵다. 10명이 모여서 청원하는 경우와 1,000명이 함께 청원하는 경우는 다를 수밖에 없지 않겠는가?

만일 여러분이 이마트나 홈플러스 등 대형 유통업체 사장이라고 생각해 보자. 여러분은 점포를 어디에 입주시킬 것인가? 나 홀로 아파트가 뚝뚝 점처럼 박혀 있는 동네에 할인점을 건설하겠는가 아니면 대단지가 있거나 앞으로 대단지가 들어서 인구 유입이 많아질 동네에 건설하겠는가? 예전에 강의 때문에 천안에 갔다가 재미있는 플래카드를 본 적이 있다.

'경축! 천안 인구 50만 진입'

천안의 인구가 늘어난 것을 축하한다는 내용이었다. 인구가 늘면 자연스레 집값이 오른다. 인구가 줄면 그만큼 집에 대한 수요가 줄어들게 된다. 1960~1970년대 서울을 한번 생각해 보

자. 지방의 젊은이들이 이불 한 장과 차표만 들고 청운의 꿈을 안고 서울로 서울로 향했던 시기다. 소위 말하는 경제개발 시대의 이농離農이 줄을 이었다. 정부는 지방에서 올라오는 이들의 저임 노동력을 바탕으로 중화학 육성 정책을 펼쳤다. 허허벌판이던 서울 강남의 잠실이나 한강변의 동부이촌동이 개발된 시기가 그때다. 자꾸 인구가 모여들고 사람들이 살 집을 필요로 하다 보니 그 과정에서 부동산 불패신화가 생겨난 것이다.

인구통계를 볼 때 점검해야 할 몇 가지

　장사를 하든 아니면 재테크를 하든 한국 사회의 인구를 위대한 투자가들처럼 주요 변수로 한번쯤은 고려해 볼 필요가 있다. 우리가 점검해야 할 포인트에 대해 알아보자. 물론 이 부분은 매우 전문적인 내용이고, 필자의 능력이 부족해 제대로 된 검토를 하지 못한 감이 있다. 이 책을 준비하면서 인구통계학적 관점에서 투자를 다룬 책들을 여기저기 뒤졌지만 국내 자료를 별로 구할 수 없었다. 그래서 미국이나 일본 등 우리나라보다 앞선 나라들을 통해 우리나라의 인구 구성과 변화가 보여 줄 부의 지도가 어떻게 바뀔지 살펴보았다. 우리에게 시사하는 바가 클 것이다.
　독일 학자 페터 오르토퍼의 인구와 경제에 대한 재미있는 독설을 먼저 들어 보자. 이 얘기를 거꾸로 읽으면 우리가 경제적으로 인구통계를 살펴야 하는 이유를 알 수 있을 것이다.

"오늘날 사람이라고 하면 18~49세까지의 지불 능력을 갖춘 그룹만을 일컫는다. 이들이야말로 즉석요리와 검은 슬립 그리고 고상한 향기를 풍기는 아로마 테라피에 열광할 수 있는 사람들이기 때문이다. 19세 이하의 생명체를 청소년이라 부른다. 그런데 그들이 무시당하는 건 다 자기들 탓이다. 날이 갈수록 그 숫자가 줄어들고 있기 때문이다."

50세가 넘은 생명체는 이따금씩 '어른'이라는 호칭으로 불리지만 실상은 전혀 그렇지가 않다. 현대 사회가 아직 이 늙은 짐꾸러미를 철저히 내던져 버리지 않는 이유는 그나마 가끔씩 국민 경제 차원에서 쓸 데가 있기 때문이다. 늙어서 쉰 목소리도 수상首相(정치인을 빗대어 하는 말)이나 교회, 치과에선 필요하다. 하지만 이런 긍정적 효과에 노화의 기본적인 비사회적 경향을 무시하고 넘어가선 안 된다. 노인들은(아마 마늘 환약이나 비타민을 자제 못하고 마구 먹어대서 그런 것 같은데) 자꾸만 늙는 아주 안 좋은 특성을 갖고 있다. 덕분에 그 사이 선진국들은 계속 높아지는 노인들의 산 위에 자리를 틀고 앉아 있는 꼴이 됐다."

페터 오르토퍼 교수의 얘기를 독설이 아닌 경제적 용어로 풀어 보자.

첫째, 중요한 것은 머릿수도 머릿수지만 경제활동을 적극적으로 하는 이들의 숫자이다. 오르토퍼 교수는 지불 능력을 갖춘

18~49세의 인구는 지불 능력이 있기 때문에 기업들에게 환영받고 있다고 지적한다. 돈이 없는 사람들을 대상으로 해야 할 것은 비즈니스가 아니라 자선과 사회복지 그리고 경제적 자립을 위한 교육뿐이다.

둘째, 50이 넘은 '어른'들은 경제적 능력은 떨어지지만 숫자가 많으면 정치인에 대한 영향력이 크기 때문에 그들을 무시하는 정치인은 없다. 우리나라도 마찬가지 아닌가? 늙으면 잠이 없고 잠이 없다 보니 꼭두새벽부터 투표를 하러 간다. 당연히 투표율이 높으니 정치인들은 노인들의 마음을 잡기 위해 노인을 위한 공약을 내건다. 그런데 노인들을 위한 돈은, 오르토퍼 교수의 표현을 빌자면 '오늘날의 사람이라고 하는 18~49세의 사람들'이 번 돈으로 충당한다.

셋째, 오르토퍼 교수가 얘기하고 있지는 않지만 18~49세의 사람들보다 60세 이상의 노인들이 더 돈을 많이 가진 경우도 있을 수 있다. 대표적인 나라가 바로 일본이다. 이미 초고령 사회로 접어든 일본에서는 90대 노부모가 60대에 이른 노인에게 상속하는 노노상속老老相續이란 말이 나올 정도로 노년층 비중이 높다.

짐 로저스는 지난 1990년대 10년간 장기 불황에 빠진 일본 경제를 두고 "일본의 문제는 인구통계학적인 데서 출발한다"라고 단언한다. 짐 로저스의 얘기를 좀 더 들어 보자.

"일본은 현재 세계에서 출생률이 가장 낮은 나라 가운데 하나고, 전체 인구의 평균연령은 세계에서 가장 높다. 이런 추세가 계속 이어진다면 21세기 말이 되기 전에 일본의 인구는 절반으로 줄어들 것이다. 역시 세계 최고 수준인 정부의 과도한 부채 또한 계속 늘어나고 있는데, 이를 갚아야 할 인구 숫자는 지속적으로 감소하고 있다."

넷째, 경제력을 가지고 있는 계층이 어떤 투자 성향을 가지고 있는가가 중요하다. 만일 일본처럼 노년층이 많다면 투자 성향이 보수적일 수밖에 없다. 일본 국민들에게 가장 인기 있는 금융기관은 우체국이다. 1990년대 '잃어버린 10년' 동안 금융기관들이 부실화되면서 일본 국민들은 그래도 믿을 건 정부 소유의 우체국 예금밖에 없다는 생각을 많이 하고 있다. 우체국 예금 이율이 연 0.1퍼센트에 불과한데도 말이다.

일본 국민들의 보수적인 성향을 보여 주는 에피소드가 있다. 지난 1999년 일본 정부는 국민들이 소비를 늘리지 않자 자본주의 국가에서는 매우 보기 드문 조치를 내놓았다. 국민들에게 2만 엔(우리 돈으로 약 20만 원)짜리 상품권을 나누어 준 것이다. 하지만 일본 국민들의 소비는 늘지 않았다. 특히 노년층은 그 정도가 심했다. 노년층은 상품권을 '깡(할인)'해서 돈을 다시 우체국에 예금했다. 시장과 국민들의 성향을 고려하지 못한 소비 진작책은 실패하고 만다.

인구통계학이 경제에 영향을 미치는 4가지 방식

인구통계학적 패러다임을 투자에 적용한 밥 프뢰리히Bob Froehlich 박사의 『Where is the Money 돈, 어디에 있을까』라는 책을 통해 다시 한번 정리해 보자. 프뢰리히 박사는 인구통계학적 특징과 연령별 특징이 경제에 어떤 영향을 미치는지를 네 가지로 일목요연하게 정리해 놓고 있다.

첫째, 한 사람의 소비 행태는 그 사람의 연령별 특징에 의해 결정된다. 프뢰리히 박사는 "돋보기를 사러 안경점을 찾는 열여섯 살짜리를 본 적이 있는가?"라고 반문한다. 마찬가지로 틀니를 하러 치과에 가는 열여섯 살짜리 소년도 없을 것이다. 프뢰리히 박사는 할인점의 성공에는 미국의 베이비 부머 세대와 노년층의 증가가 자리 잡고 있다고 주장한다. 베이비 부머 세대란 2차 세계대전 이후인 1940년대 후반부터 1960년대 초반까지 태어난 사람들을 말한다. 7,600만 명에 이르는 압도적인 인구 수를 자랑하는 이들이 나이 들어감에 따라 미국의 산업 지도가 바뀌었다.(참고로 베이비 부머 바로 이전 세대인 1927년에서 1945년 사이에 태어난 미국인의 숫자는 4,900만 명에 불과하다) 맞벌이를 하는 베이비 부머 세대와 경제력을 갖춘 65세 노년층이 늘어나면서 주된 쇼핑 공간이 할인점으로 바뀌었다.

2차 세계대전이 끝난 후 고향으로 돌아온 GI(미군)들은 열정적으로 섹스를 했고 아이를 양산했다. 이들의 섹스와 출산으로 가장 큰 혜택을 본 기업은 이유식 회사인 거버Gerber였다. 거버의 1950년도 매출은 1948년도에 비해 2배로 급성장하게 된다. 반대로 1960년대 들어 피임약이 보급되고 자유 연애 바람이 불자 출생률은 급락했고 이유식 매출도 동반 하락하게 된다.

둘째, 저축과 투자 패턴도 사람의 연령별 특징에 큰 영향을 받는다. 앞서 일본의 예에서 언급했듯이 젊을수록 투자 성향이 공격적이다. 나이가 들면 보수적인 투자 성향을 보일 수밖에 없다. 집을 살 때도 마찬가지다. 젊은 사람들은 앞으로 돈을 벌 확률이 높기 때문에 적극적으로 대출을 받는다. 하지만 노년층은 대출을 꺼린다. 그냥 지금 사는 곳에 눌러 앉을 생각을 하는 경우가 많다.

셋째, 연령별 특징은 한 가정의 가계 규모와 구성원 수를 결정한다. 프뢰리히 박사는 "60대에 가정을 꾸리고 아이를 갖는 일은 거의 없다"며 "대부분 20대에 결혼하고 가정을 꾸려 새로운 가족 구성을 형성한다"고 말한다. '20대 결혼'이라는 프뢰리히 박사의 주장은 이제 30대 초중반까지 확대 해석해야 할 것이다.

넷째, 한 국가의 연령별 특징은 정부 정책에도 중요한 변수로 작용한다. 이미 고령사회로 접어든 일본이나 유럽처럼 노년층이 많으면 아무래도 노인 복지나 의료 혜택 등의 예산 집행이 많아질 것이다.

프뢰리히 박사도 빌 그로스처럼 만일 어떤 투자 전문가가 성공적인 투자를 보장하는 확실한 정보를 줄 테니 무엇이든 물어 보라고 한다면 인구통계학 자료를 달라고 할 것이라고 주장한다.

"사람들이 주로 무엇을 사고, 어떤 상품에 저축하고 투자하는 지, 또 얼마나 많은 집이 시장에 나와 있고 그 집에는 얼마나 많 은 사람들이 살고 있으며, 정부 정책은 어떻게 전개될 것인지에 대해 확실한 정보를 달라고 하겠다."

인구 변화가
부의 지도를
바꾼다

　　　　　　인구통계학적 변수와 연령별 특징을 우리나라에 적용하면 어떤 그림이 나올까? 미국이나 일본이 걸어간 길 중에 우리는 어느 쪽에 가까운 길을 갈까? 이러한 질문에 해답을 찾아 나서는 것은 인구통계학이 한국사회의 재테크 지도를 어떻게 바꾸어 나갈 것인가라는 물음에 답하는 것과 같다.

　현재 우리나라 경제활동 인구(15~64세)의 비중은 약 71.8퍼센트로 추산되고 있다. 아직은 노인보다 젊은층이 더 많다는 소리다. 그중 가장 중요한 것은 적극적인 경제활동을 하는 25~49세 사람들의 비중이다. 우리나라 남성 대졸자의 경우에는 군복무를 감안할 경우 27~28세가 되어야 사회 활동을 시작하고, 고졸자는 23~24세부터 본격적인 경제활동을 한다. 여성 대졸자는 24세, 고졸자는 19~20세가 되어야 밥벌이를 한다. 때문에 25~49세의 소위 '싱싱한' 경제활동을 하는 인구 비중이 어느 정도냐에 따라 경제의 활력이 결정된다.

통계청에 따르면 현재 우리나라 25~49세의 인구 비중은 2005년 기준으로 59.6퍼센트를 차지하고 있다. 미국의 베이비 부머 세대가 제2차 세계대전 후 1945년부터 1960년대 초반까지 태어난 사람들을 지칭한다면 우리나라의 베이비 부머로 불릴 만한 사람들은 한국전쟁 이후인 1950년대 초반부터 1960년대 말까지 태어난 사람들을 지칭할 것이다. 소위 정치적 표현을 쓰자면 1970년대와 1980년대에 대학을 다닌 유신세대와 386세대가 한국에서는 베이비 부머 세대에 해당된다. 우리나라에서 가장 숫자도 많고 가장 적극적인 경제활동을 하는 사람들이 바로 이들 30~40대다. 노무현 전 대통령의 당선에 결정적 역할을 한 계층도 이들이었다. 마치 미국의 베이비 부머 세대를 상징하는 대통령이 빌 클린턴이듯 노무현 전 대통령도 386세대라는 인구 구성의 우위를 바탕으로 당선됐다고 해도 과언이 아니다.

이 책은 부에 관한 책이므로 여기서는 정치·문화적인 관점은 차치하고 경제적인 문제에 초점을 두기로 하자. 한국의 베이비 부머 세대는 어느 세대보다 차가운 경제관을 갖고 있다는 게 나의 생각이다. 이들은 앞선 세대들과는 다른 경제관을 가지고 있다. 이전 세대들은 정년까지 직장생활을 열심히 하면 대부분의 경제 문제를 해결할 수 있었다. 고도 경제 성장기에 직장생활을 했기 때문에 은행 금리도 높을 때는 연 20퍼센트 낮을 때는 연 13퍼센트였다. 월급을 아껴서 연 20퍼센트의 예금에 꼬박꼬박 불입하면 약 3.6년이면 재산이 원금의 2배로 불어났다. 청약통장 만들어서 아파트 분양을 받으면 무조건 집으로도 돈을 벌었다. IMF 환란 이전까지만 해도 분양가 규제를 했던 탓에 새 아파트 가격은 기존 아파트 가격보다 늘 낮았다. 당첨만 되면 지역에 상관없이 많고 적음의 차이는 있지만 모두 돈을 벌었다.

하지만 한국의 베이비 부머 세대의 초창기 세대까지만 그 혜택을 누릴 수 있었다. 대부분의 386세대들은 손쉽게 재산을 불릴 수 있는 기회를 IMF 직격탄을 맞으면서 잃고 말았다. 또 이들은 이전 세대들과 달리 조직(회사)에 대한 충성도가 낮다. IMF 환란 이후 '구조조정의 일상화' 시대를 살고 있는 이들에게 아무리 조직에 대한 충성을 강조한다 해도 그들이 그런 가치관을 받아들이기란 결코 쉽지 않은 일이다.

그들이 갖고 있는 정서가 투자에 있어서는 어떻게 반영될까? 이에 대한 답은 피터 런치의 뒤를 이어 마젤란 펀드 운용을 맡은 수석 펀드 매니저 로버트 스탠스키의 말에서 찾을 수 있다.

"은행 금리는 자꾸 떨어져만 가고 세상엔 늙은이들이 득실댄다. 기업들은 현금이 넘쳐 배당금을 듬뿍듬뿍 주기 시작한다. 펀드 투자를 시작하라는 신호다."

미국도 1980년대 초 연 17퍼센트를 웃돌던 미 연방기금 금리가 10퍼센트 밑으로 떨어졌다. 반면 1970년대 20퍼센트를 밑돌던 미국 기업들의 배당 성향도 1980년대 들어서며 30~40퍼센트대로 올라섰다. 그러자 투자자들이 기존의 안정적인 예금 선호 경향을 벗어나 적극적인 주식 투자에 나서기 시작한다. 그 형태는 주로 주식형 펀드 투자였다.

우리나라도 미국과 비슷한 흐름을 보였다. 우리나라의 30~40대는 이전 세대보다 노후 생활에 불안감을 느끼고 있다. 때문에 재테크에 대한 관심이 높다. 투자 성향도 일본 국민들과 달리 공격적이다. 또한 더 이상 은행 금리를 받는 것으로는 재테크가 불가능하다는 인식을 갖고 있다. 그래서 적립식 펀드 가입자 대부분이 30~40대다. 적립식 펀드를 보험 상품과 결합한 변액 유니버셜 보험의 주 고객층도 30~40대다. 인구 수도 가장 많고 경제력도 있는 이들이 지금과 같은 패턴으로 주식형 펀드에 적립식 투자를 한다면, 국내 증시의 고질병인 수급 불안은 상당히 많이 가실 것으로 보인다.

그래서 나는, 향후 그 기간이 얼마가 될지 예측할 수는 없지만, 주株테크가 일상화되는 시대에 돌입할 것이란 기대감을 갖고 있다. 적립식 펀드는 장기간에 걸쳐 주식에 투자할 수 있는 좋은 투자 대안인 것만은 분명하다. 더 능력 있는 투자자라면 인구통계학적 관점을 적용해 현재의 30~40대가 늙어 감에 따라 각광받을 분야가 어디인가를 찾아보는 것도 재미있을 것이다. 일단 선진국의 선례를 토대로 쉽게 생각할 수 있는 것은 제약 분야, 치과 관련 산업, 실버 관련 산업, 대형 할인점, 건강 관런 산업, 부자 노인들을 대상으로 한 비즈니스 등이 각광받을 것이다.

그럼 부동산은 어떻게 될까? 현재 부동산 가격이 거품이라고 주장하는 사람들이 많지만 나는 그 의견에는 전적으로 동감하지 않는다. 현재의 30~40대는 집에 대한 관념만큼은 부모 세대와 큰 차이가 없기 때문이다. 그들은 최소한 자신의 집을 소유해야 한다는 의식을 강하게 갖고 있다. 하지만 그들은 이전 부모 세대와 달리 자녀 수가 적다. 많아야 2명이고 1명인 가계도 많다. 만일 이들이 죽어 자식에게 집을 물려주는 시기가 오면 어떻게 될까.

많은 전문가들의 예측처럼 그때는 지금과 같이 주택에 대한 수요가 크지 않을 것이다. 지금과 같은 속도라면 65세 이상 노령 인구가 전체 인구에서 차지하는 비중이 현재 9.1퍼센트에서 2050년에 37.3퍼센트로 9배 늘어난다. 그때가 되면 베이비 부머 세대는 대부분 은퇴 시기에 접어들게 된다. 인구통계학적 관점에서 보면 주택시장은 그 후 어느 정도 안정세로 접어들 가능성이 높다. 반면 부자 노인들을 대상으로 한 주택시장은 활성화될 가능성이 높다. 여기에 현재 한국 사회에서 나타나고 있는 주택시장의 양극화를 감안하면, 고가 주택은 더 비싸지고 저가 주택에 대한 수요는 줄어드는 현상도 나타날 수 있다고 본다.

또한 현재 우리나라의 인구통계에서 고려해야 할 점은 독신 가구의 증가다. 일례로 2003년 6월 서울시가 조사한 주민등록 인구분석 결과를 보면, 인구는 주는데 가구 수는 느는 현상이 나타났다. 총인구는 1,028만여 명으로 2002년 6월 말(약 1,031만 명)에 비해 1년 동안 0.33퍼센트 감소했다. 반면 가구 수는 368만 가구로 2002년 6월 말(약 359만 가구)보다 9만여 가구가 늘어났다. 이유는 이혼 등으로 독신 가구 수가 증가했기 때문이다. 만일 부동산 임대업을 한다면 당연히 경제력이 있는 독신자를 대상으로 해야 한다.

경제력 있는 독신자는 직장과 출퇴근이 가깝고 교통이 편리한 곳을 선호한다. 그들은 가족이 있는 일반 가구와 달리 쾌적성보다 편의성을 더 원하기 때문이다. 장기적으로 보면 지하철역 부근에 위치하고 주요 도심으로 이동 거리가 짧은 주거용 오피스텔 시장은 밝다고 볼 수 있다. 물론 얼마나 싸게 사느냐가 관건이겠지만 말이다.

4장

돈 되는 역사 공부는
이런 것이다

부동산 투자의 원리

역사성을 이해하면 실패하지 않는다

역사란 우리에게 무엇인가? 역사학자들에게 역사는 분석의 대상이지만 우리네 범부들에게 역사는 무언가를 얻어 낼 수 있는 대상이어야 한다. 써먹을 수 있는 실용과 연관돼 있어야 한다는 얘기다. 경영사학자 모건 위첼Morgen Witzel은 『경영과 역사』에서 "역사는 무언가를 얻어 낼 수 있는 대상이다. 우리가 과거를 공부하는 유일한 목적은 개인적인 필요를 충족시키는 정보를 얻기 위해서다"라고 말한다. 나는 이 말에 전적으로 동의한다. 교양으로서의 역사 공부도 의미가 없는 것은 아니지만 우리가 역사를 공부하는 것은 이 현실에서 더 나은 삶을 살기 위해서다.

특히 부동산 투자는 역사성을 이해할 때 실패 확률을 줄일 수 있다. 크게 보면 도시의 역사, 교통의 역사, 인구 유입의 역사 등에 따라 부동산의 가치는 결정된다. 일례로 서울이라는 도시가 어떻게 건설됐고, 그 과정에서 부동산의 가치를 어떻게 바꾸었는가를 이해하면, 현재 서울 지역의 아파트 시장이 어떤 방향으로 전개될지 아이디어를 얻을 수 있을 것이다. 사실 이 장을 쓰면서 다른 장에서와 마찬가지로 텍스트로 쓰고 싶은 책들을 찾았지만 아파트 전문가 최명철의 『아파트값, 5차 파동』과 김민근의 『큰돈 되는 역세권 부동산을 노려라』를 제외하곤 마음에 드는 책을 발견하지 못했다. 그래서 다른 장보다 빈약해 보일 것이다. 그래도 독자들이 반드시 알아 두어야 하는 내용이라는 생각에 빈약함을 감수하기로 했다.

자. 이제부터 역사 여행을 시작해 보자. 이 역사 여행은 17세기 네덜란드에서부터 시작하고자 한다. 지금부터 400여 년 전의 네덜란드에서부터 여행을 시작하는 이유는 역사상 가장 극심한 투기 열풍으로 불리는 '튤립 투기 열풍'의 무대가 네덜란드였기 때문이다. 다른 나라에서도 투기가 있었지만 네덜란드의 튤립 투기 열풍은 그 규모가 전 국민적이었고, 그 후유증 또한 심각했다. 세계에서 가장 이재에 밝고 장사 수완이 뛰어나며 한편으로 소박하기로 소문난 그들이, 지금 보면 말도 안 되는 튤립 투기 열풍에 어떻게 휩싸였는지 살펴보면서, 400여 년 전이나 지금이나 사람들의 탐욕은 변함없다는 걸 얘기하고자 한다.

네덜란드 사람들이 얼마나 돈에 대해 철저한지 알려주는 대표적인 저작이 바로 『하멜표류기』다. 사실 '하멜표류기'라는 제목보다는 '하멜보고서'란 제목이 더 적합할 것이다. 표류기란 제목은 여행기나 모험담을 연상시키는데, 이 책은 일종의 보고서이기 때문이다. 조금 빗나간 얘기지만 우리나라 국사 교육은 한마디로 개판이라고 생각한다. 중·고등학교 시절 국사 수업을 들은 후 '하멜보고서'를 제대로 읽기까지 나는 이 책이 『허클베리 핀의 모험』이나 『신밧드의 모험』처럼 일종의 모험기인 줄 알았다. 외국인이 우리나라에 표류한 후 갖은 모험을 하고 우리나라의 좋은 점(?)을 서방세계에 알린 책으로 알고 있었다.

헨드릭 하멜은 네덜란드 동인도회사의 서기로 1653년 조선 효종 때 대만을 거쳐 일본 나카사키로 가던 중 제주도에 표착해 13년 동안 우리나라에 억류돼 있다가 탈출에 성공한 인물이다. 개인적인 사정 때문이 아니라 동인도회사 일을 하느라고 13년 동안 한국에 억류됐던 것이므로 그동안 밀린 월급을 받기 위해 일본에 도착해서 이 보고서를 작성하게 된다. 그래서 이 책이 1668년 처음 네덜란드에서 출간될 때는 『스뻬르베르 호의 불행한 항해 일지』라는 제목을 달고 있었다. 하멜에겐 우리나라 억류 기간이 '모험'이 아니라 '불행'이었던 것을 제목에서 엿볼 수 있다. 스뻬르베르 호는 하멜이 탔던 배 이름이다. 13년치 밀린 월급을 받기 위해 연도별로 치밀하게 상황을 정리해 놓은 것을 보면, 네덜란드 상인들이 얼마나 꼼꼼하고 계산적인가를 간

접적이나마 가늠할 수 있다.

다시 17세기 중엽의 네덜란드로 돌아가자. 네덜란드에서 튤립은 지속적인 인기를 끌고 있었는데, 1634년부터 전 국민이 튤립 투기에 참여하게 된다. 1634년부터 1637년까지 3년 동안 무려 5,900퍼센트나 올랐다. 투기 참여자들을 계층별로 살펴보면 초기에는 부유한 남성에서 시작해 계층 상승 욕구가 높은 중산층으로 번져갔다. 튤립 투기 열풍이 본격화되는 1634년부터는 지위 고하를 막론하고 하층 계급 사람들까지 전 재산을 털어 튤립 구근(뿌리)에 투자했다. 한창 투기 열풍이 불어닥칠 때는 튤립 구근 40개 값이 10만 플로런에 달했다. 당시 돼지 한 마리 3플로런, 황소 한 마리 100플로런이던 점을 감안하면 튤립 값은 말 그대로 금값이었다.

튤립 투기는 투기의 역사를 다루거나 인간의 탐욕과 공포를 주제로 한 책에서 단골로 등장하는 소재다. 그런데 정작 '왜 튤립 투기가 일어났는가?'에 대해 알려 주는 책은 발견하지 못했다. 나는 그것이 궁금했다. 분명 거품은 시장의 한 현상이고 그 후유증은 심각한 법이지만 그 뒤에는 분명히 경제적 이유가 숨어 있다고 생각하기 때문이다. 명분을 내세우는 패거리들이 등 뒤에 음흉한 경제적 이기심을 숨기고 있는 것처럼 튤립 투기에도 분명 어떤 경제적 이유가 있었을 것이다.

17세기 네덜란드에서
배우는
투자의 지혜

튤립 투기 붐 뒤에는 '네덜란드로의 막대한 자금 유입'이 숨어 있다. 17세기 중엽 네덜란드는 해상 무역의 강자 스페인을 물리치고 해상 무역에서 독점적 위치를 장악하게 된다. 역사학자들은 이 시기를 황금시대라고 하는데, 특히 1625~1628년을 두고 '황금시대의 정오正午'라고 부른다. 네덜란드의 위세가 어느 정도였는가 하면, 스페인이 자국 항구에 네덜란드 곡물선이 입항하는 것을 두고도 못 본 체할 정도였다. 당시 주요 교역 품목이던 말린 생선 무역을 장악한 네덜란드는 인도 방면으로 팽창을 시도한다. 대표적인 회사가 바로 하멜이 소속됐던 동인도회사다. 배가 가면 금융기관이 따른다. 현대에 비유하자면 도로가 개통되고 철도나 전철이 생기면 그 주변에 은행이 생기듯이 당시에는 막대한 돈을 벌 수 있는 배가 움직이는 방향을 따라 금융기관이 뒤를 따랐다. 네덜란드의 금융 산업이 세계적 경쟁력을 갖기 시작한 것도 그때부터였다.

해상 무역의 장악으로 네덜란드로 돈이 유입되자 한때 작은 어촌에 불과했던 암스테르담은 교역과 선박의 급증으로 단기간에 유럽 최대의 도시가 되었다. 도시가 커지자 사람들의 전반적인 생활수준이 높아졌다. 해상 무역의 과실을 전 국민이 나눠갖기 시작한 것이다. 돈이 많아지면 사람들은 자연스레 투자에 관심을 갖기 시작한다. 이때 네덜란드에서 인기를 끈 투자처 중 하나가 바로 '미술품'이었다. 경제가 급성장하자 신흥 부자들이 많이 나타났는데, 이들은 자신들의 업적에 대해 자부심이 대단했다.

당시 네덜란드 화가들이 자부심에 가득 찬 상인들을 소재로 한 그림을 자주 그린 것도 시대상을 반영한 것이라 할 수 있다. 그림에 대한 관심이 많아지자 미술품에 대한 수요도 높아졌다. 가난한 시민이나 농부들조차 그림을 구매하는 것이 일상화됐다. 역사학자 C.V.웨지우드는 '네덜란드 황금 공화국'이란 글에서 영국 작가 에블린이 1641년 로테르담 그림 시장에 대해 설명한 내용을 인용하고 있다.

"우리는 해마다 경탄할 만한 작품들(특히 풍경화와 회화)로 가득 찬 그림 시장이 서는 로테르담에 얼마 전 도착했다. 몇 점은 구입해서 영국으로 보냈다. 미술품 사업이 성행하고 그림 값이 비싼 이유는 자본을 투자해 사들일 만한 땅이 부족하기 때문이다. 그러므로 평범한 농부가 그림 구입에 2,000~3,000파운드를 쓰는 것은 아주 흔한 일이다. 그들의 집에는 그림이 가득하며, 그것을 시장에 내다 팔아서 큰 이익을 얻는다."

당시 튤립 투기는 튤립 투기로만 끝난 것이 아니라 집세나 토지 가격도 끌어올렸다. 여기서 우리가 알 수 있는 것은 돈의 힘으로 자산의 가격을 끌어올릴 때는 전방위적으로 나타난다는 것이다. 환금성의 순서대로 처음에는 주식이, 그다음으로 부동산과 미술품 등 실물 자산의 가격이 오른다. 부동산도 처음에는 환금성이 뛰어난 주거용 부동산에서 시작해 토지로 가격 흐름이 확장된다. 네덜란드에 튤립 투기가 일어난 이유 중 하나는 네덜란드는 땅덩어리가 좁고 해면보다 땅 높이가 낮아 일반인들이 쉽게 부동산 투자에 접근할 수 없었기 때문이다. 만일 네덜란드에 투자할 땅이 많았다면 사람들은 부동산 투자에도 열을 올렸을 것이다.

이처럼 역사상 모든 투기와 거품은 호황기에 나타났다.

"17세기 네덜란드는 (해상 무역을 바탕으로) 막강한 금융 지배력을 갖고 있었다. 1920년대 미국도 마찬가지였고, 1980년대 일본도 그랬다. 각각의 경우에 있어서 국민들의 생활수준은 상당히 개선되고 있었다. 개인 저축은 증가하고, 여가시간이 늘어났으며, 국가 경제의 주류로부터 생겨난 수익을 재투자할 더 많은 기회를 필요로 했다. 번영만으로 투기가 일어나는 것은 아니다. 번영은 주식시장의 견실한 상승세나 부동산시장과 귀금속 시장의 활기를 위한 중요한 요소이다."(『역발상 투자 불변의 법칙』 중에서)

17세기 네덜란드 튤립 투기 열풍에서 우리가 배울 수 있는 것은 크게 세 가지로 나눠 볼 수 있을 것이다.

첫째, 경제적 호황에 뒷받침된 번영은 반드시 자산 가격을 끌어올린다는 점이다. 투자에서 가장 중요한 지표가 바로 경기와 통화량 그리고 금리라는 점은 예나 지금이나 다름없다. 우리가 부동산 투자에 접근할 때도 관점이 필요하다.

둘째, 투기가 일어나기 위해서는 '다수의 군중 참여'가 절대적으로 필요하다. 만일 소수만이 움직일 수 있는 투자처라면 투기가 일어나기 어렵다. 튤립이나 미술품 시장이 활기를 띤 것은 중산층까지도 대거 이들 자산에 투자할 수 있었기 때문이다. 1980년대 일본은 온 국민이 부동산 투자를 했다고 해도 과언이 아니다. 국내에서도 IT(정보 기술) 혁명으로 코스닥 열풍이 불 때 말 그대로 '전 국민이 주식 투자 중'이었다. 최근 2001~2003년 부동산 가격 폭등기에도 온 국민은 부동산 투자중이었다. 다수의 군중이 참여하는 투기 기간에 투자에 나선 사람들 중 얼마나 돈을 벌었을까. 나는 이 질문에 대해서는 회의적인 답을 내리지 않을 수 없다. 바로 과거의 역사가 이에 대한 대답을 미리 보여 주었기 때문이다.

셋째, 투자 대상의 확장성에 대해 관심을 가져야 한다. 앞서 지적했듯이 돈의 힘으로 주식이나 부동산 가격이 오를 때는 환금성이 뛰어난 자산부터 오른다. 가격도 천정부지로 오른다. 최고가를 말하는 게 의미 없을 정도로 신고가를 끊임없이 갱신하기도 한다. 과연 이런 흐름이 투기 열풍이 불 때만 일어나는 것일까. 아니다. 정도의 차이가 있을 뿐 대개 비슷한 흐름을 보인다. 폭과 깊이에서는 차이가 나겠지만 큰 흐름은 17세기나 지금이나 큰 차이가 없다. 때문에 우리는 투자를 할 때 '시간'에 주목하는 역사적 관점을 가질 필요가 있다. 특히 부동산처럼 도시 개발의 역사에 따라 가격이 크게 달라지는 투자 자산에 있어서는 다른 그 어떤 투자보다도 역사적 관점을 갖는 게 중요하다.

사람들의
이동 경로에
돈이 있다

사람들은 끊임없이 이동하는 존재다. 식물인간을 제외하고 이동하지 않는 인간은 없다. 그래서 장기적으로 사람들의 이동 방향이 어디인지가 매우 중요하다. 그럼 사람들은 왜 이동하는가? 가장 큰 이유는 돈을 벌기 위해서다. 매일 아침 전철을 타고 회사로 이동하는 것이 대표적인 예다. 그다음으로는 돈을 쓰기 위해서다. 백화점이나 시장에 왜 가는가? 돈을 쓰기 위해서다. 일차적으로 사람들이 돈을 쓰는 데는 먹고 입는 것이다. 먹고 입는 것이 해결되면 즐기기 위해 돈을 쓴다. 겨울철이면 스키를 타러 가고, 여름이면 바닷가를 찾는 것은 즐기기 위해서다. 현대의 사람들은 이 세 가지를 위해 이동한다고 해도 과언이 아니다.

부동산의 발전 과정은 이 세 가지의 이동 경로에 따른다. 자본주의 국가 중 도시 모델을 채택하고 있는 많은 나라들의 주택과 교통 정책은 인간의 이동 경로에서 발생하는 불확실성을 해소하기 위한 것들에 다름 아니다.

우리나라 부동산 투자의 역사는 이농과 도시화의 역사와 궤를 같이 한다. 1960년대 보릿고개 말이 유행하던 시절, 농촌의 젊은이들이 더 나은 생활과 꿈을 찾아 농촌을 떠나 도시로 대거 이동해 왔다. 이들은 박정희 정권이 경제개발계획에 박차를 가할 당시 저임금 노동력을 제공하는 역할을 하기도 했다. 농촌 젊은이들이 도시로 이동해 온 이유는 간단하다. 돈을 벌기 위해서다.

우리나라 도시화의 특징 중 하나는 전체 도시 인구 중 100만 이상 대도시가 차지하는 인구 비중이 꾸준히 증가해 왔다는 점이다. 1960년에는 39퍼센트였던 것이 1970년에 들어서면서 이미 50퍼센트를 넘어섰고, 1990년에는 63.8퍼센트를 차지하고 있다. 도시 인구의 과반수가 인구 100만 이상의 대규모 행정도시에 거주하고 있음을 알 수 있다. 우리나라의 도시화율도 경제개발계획이 시작됨에 따라 계속 증가해 왔다. 1960년 28퍼센트였던 도시화율이 1980년에는 56.9퍼센트, 그리고 2000년에는 81.9퍼센트로 급격히 증가해 왔다. 전문가들은 현재 우리나라의 도시화율은 도시화의 마지막 단계인 종착 단계에 접어들었다고 분석한다.

사람들이 모이면 어떤 현상이 나타날까? 여러 가지 문제가 있지만 가장 큰 문제가 주택 문제다. 돈이 없는 사람들은 당연히 무허가 허름한 판자촌에 살 수밖에 없다. 그래서 농촌을 떠난 사람들이 모이는 도시 지역에 자연스레 빈민촌이 형성되는 것이다.

우리나라만 그런 것이 아니다. 중국도 1979년 이후 무려 1억 명이 농촌을 떠나 도시로 옮겨 왔는데, 이들 중 3분의 1 가량이 허름한 빈민가에 살고 있다고 한다. 빈민가도 형성되지만 인구 증가로 인해 주택 수요가 늘어난다. 수요가 많아지면 당연히 집값은 올라간다. 그러면 정부는 부랴부랴 주택 안정 대책을 만들게 되는데, 그 핵심은 주택 공급량을 늘리는 것이다. 1970년대 여의도, 강남 개발과 1980년대 신도시 건설은 모두 서울로 몰려드는 사람들이 살 집을 마련하기 위한 조치였다.

만일 내가 1960년대나 1970년대로 돌아간다면 나는 무조건 대도시에 집을 지을 만한 땅을 사 놓을 것이다. 인구가 급격하게 늘어나면 집을 지을 땅이 필요하다. 정부는 주택 공급량을 늘리기 위해 그런 땅을 수용할 수밖에 없다. 기왕이면 서울의 땅을 사 놓을 것이다. 왜냐하면 가장 많은 사람들이 모이는 곳이 서울이기 때문이다.

부동산 투자, 사람들의 이동 경로를 확인하라

　돈을 벌기 위해 농촌에서 도시로 이동한 사람들은 다시 도시에서도 돈을 벌기 위해 이동한다. 서울의 샐러리맨들이 가장 많이 이동해 모이는 장소는 서울 광화문·을지로권과 강남·삼성동권이다. 이 두 곳에는 우리나라 대기업들의 본사가 가장 많다. 사람들은 매일 지하철 등 대중교통을 이용해 이들 중심지로 모인다. 분당과 일산 등 신도시에 사는 사람들 대다수가 이 두 지역으로 출근한다. 경기도 수원 지역의 집값이 비싼 이유는 삼성그룹 때문이다. 수원은 삼성의 도시라고 할 만큼 지역경제에 미치는 영향이 막대하다. 삼성그룹에 다니는 사람들은 당연히 자신의 직장과 가까운 곳에 집을 마련할 것이고, 그 사람들이 집을 마련하면 그들을 대상으로 장사하려는 백화점이나 상가가 입주하게 된다. 자연스레 도시의 인프라가 구축되는 것이다.

　강남 지역의 집값이 비싼 이유 중 하나는 대단지에다 일터인 강남·삼성동권과 가깝기 때문이다. 지방도 마찬가지다. 큰 공장이 들어서면 그 지역의 집값은 오르게 되어 있다. 공장에 다니는 사람들의 주택에 대한 수요가 늘기 때문이다. 서울의 예를 들자면 광화문·을지로권과 강남·삼성동권에 빨리 진입할 수 있느냐 여부에 따라 집값이 결정된다고 봐도 무방하다. 같은 지하철 노선이라도 광화문·을지로권이나 강남·삼성동권에 한 번에 갈 수 있는 노선에 위치한 주택이, 몇 번 갈아타야 하는 노선에 위치한 주택보다 가격이 더 높게 형성된다.

최근 사람들이 이동하는 또 다른 경로는 자녀 교육을 위해서다. 교육을 위해 부모들이 이동하는 것은 어제 오늘의 일이 아니다. 초기 서울 강남 개발 시절, 강북 사람들이 이사를 가지 않자 정부가 내놓은 특단의 조치가 고등학교 강제 이주였다. 경기고, 숙명여고 등 전통적인 명문고들은 모두 강남으로 사람들을 옮기기 위한 정부의 의지에 따라 강남으로 자리를 옮겼다. 최근 2001~2003년 부동산 가격 폭등기에 서울 대치동과 도곡동의 집값이 특히 많이 올랐는데, 주지하다시피 폭등의 큰 원인 중 하나가 명문 학원과 학군 때문이었다.

이는 우리나라만의 현상이 아니다. 일례로 펜실베니아 대학이 있는 필라델피아의 대학 도시에 교육 여건이 좋은 공립학교(우리로 얘기하면 초등학교)가 설립되자 이 지역의 집값이 급등하기 시작해, 불과 5년 만에 6만 달러에서 20만 달러로 4배 가까이 올랐다. 내부 인테리어를 다시 한 것도 아니고 보기 좋게 리모델링을 하지 않았음에도 좋은 학교가 하나 생겼다는 이유만으로 5년 만에 집값이 4배 가까이 오른 것이다. 이유는 간단하다. 부모들이 자녀 교육을 위해 이동해 왔기 때문이다.

우리가 부동산 투자를 할 때 주요하게 봐야 할 이동 경로는 부자들이 어디로 움직이는가이다. 자본주의는 어차피 돈의 크기가 많은 것을 결정하는 사회이다. 돈이 많으면 그만큼 기회도 많아진다. 특히 투자의 세계에서는 자금력이 많으면 많을수록 대부분의 경우 경쟁 우위를 갖게 된다.

자본주의 사회에서 가장 큰 부자는 누구인가? 바로 기업들이다. 대기업들이 옮겨 가는 곳은 무조건 부동산 가격이 오른다. 우리나라 기업 중 가장 부동산에 밝은 기업은 삼성그룹이다. 삼성은 뿐만 아니라 기업 규모가 커서 자체의 힘만으로도 부동산 가격을 끌어올릴 능력이 있다. 충남 아산, 경기도 화성과 수원 등은 모두 삼성그룹의 공장이 입주하자 부동산 가격이 크게 오른 곳이다. 서울 중구 서소문동에는 옛 동아그룹 계열의 대한통운 사옥이 있다. 동아그룹 창립자가 부동산은 삼성을 따라하면 성공한다는 믿음을 갖고 삼성타운 근처에 사옥을 마련했다는 유명한 얘기가 있다. 유통업의 거인 롯데그룹도 부동산에 밝은 곳으로 알려져 있다. 사실 유통업은 부동산업이라고 해도 과언이 아니다. 이들 그룹은 땅을 마련할 때 단기적 관점이 아닌 최소 10년 이상의 미래를 보고 투자하기 때문에 이들 그룹을 쫓아 투자하면 손해 볼 확률이 거의 없다고 봐도 무방하다.

두 번째, 부자들은 한 마디로 돈이 많은 사람들이다. 중소기업 오너, 변호사, 의사, 고위 공무원 등 전문직이나 돈이 많은 사람들이 가는 곳을 따라가면 거의 손해 보지 않는다. 현재 이들이 가장 많이 모여 사는 곳은 어디일까? 당연히 서울 강남이다. 그들은 자식들도 근처에 두길 원하기 때문에 자식들 명의의 집도 대부분 강남권에 마련한다. 신도시 중에서도 일산보다 분당의 집값이 높은 이유는 강남부자들이 강남의 대체 주거지로 분당을 선택했기 때문이다. 강남과 전철로 30분 거리에 있는 금호·옥수 지역의 집값이 비싼 이유 중 하나도 강남 주민들이 자식들 집을 마련하기 위해 재개발 아파트에 투자를 많이 해 놓은 것과 무관하지 않다.

사람들의 이동 경로를 살펴보면 우리는 다음과 같은 결론을 얻을 수 있다. 농촌보다는 도시에, 도시 중에서도 대도시에, 대도시에서도 일터가 있는 곳과 가깝고 단지가 큰 곳에, 그리고 부자들이 선호하는 곳에 투자하는 것이 가장 바람직한 투자 전략이다.

부동산은 사람들의 이동 경로와 움직임을 이해하는 데서 출발해야 한다. 사람들이 모여들면 집이 세워지고 상권이 만들어진다. 그 움직임에 돈을 투자해야 한다.

부동산 투기의
역사가 보여 주는
교훈

지난 2001~2003년의 부동산 가격 상승으로 부동산이 온 국민의 관심사로 떠올랐다. 대형 서점의 경제·경영 베스트셀러 목록에는 부동산 투자 관련 서적들이 상위권을 차지하기도 했다. 지난 2001~2003년의 부동산 가격 상승세 이전에도 우리나라에서는 모두 4번의 부동산 붐이 일었다. 지난 2001년 출간된『아파트값, 5차 파동』은 지금까지 우리나라에서 발생한 부동산 투기 붐을 일목요연하게 정리해 놓고 있다. 미국의 저명 재정 컨설턴트인 수지 오먼 여사의 얘기처럼 좋은 투자 관련 서적은 "특정 어느 회사의 주식이나 부동산을 사라고 구체적으로 집어 주지 않는다"며 "좋은 어드바이스를 해 주는 책은 장기적 관점에서 투자자가 스스로 투자 기회를 잡도록 도와주는 것"이라고 지적한다. 『아파트값, 5차 파동』은 수지 여사의 지적에 딱 들어맞는 책이 될 것이다.

지난 2001년 부동산 투기가 본격화되기 시작한 시점에 출간된 이 책은 아파트값 폭등을 정확히 예견해 냈다. 최명철 씨는 이 책에서 우리나라 아파트의 역사를 소상히 정리한 후 집값 폭등기에 나타난 공통적인 징후를 추출해 내는 수고스런 작업을 혼자 해 냈다. 우리나라 부동산 투기와 아파트의 역사를 공부하고자 하는 독자들에게 일독을 권한다.

제1차 부동산 파동은 지난 1973년에 시작해서 1974년에 끝났다. 당시는 월남 특수가 끝나고 경기가 불황 국면에 들어서는 시점이었다. 지난 1971년 9월 주택공사가 한강을 매립해 현재의 반포 아파트인 '남서울 아파트'를 건설했지만 경기 한파로 잘 팔리지 않았다. 당시 분양가는 중간층 기준으로 17만 원이었다. 입주자 모집이 안 되자 주택공사는 아파트 명을 반포 아파트로 바꾸고 분양 가격의 절반은 입주할 때 전세금 형식으로 내도록 하고 나머지 돈은 분할 상환할 수 있도록 입주 조건을 완화했다.

경제가 불황의 늪에서 허우적거리자 정부는 '경기부양대책'을 내놓기에 이른다. 부동산투기 억제 조치를 잇달아 완화하고 특단의 조치인 '사채 동결'을 발표한다. 사채 동결이란 기업들이 제도권 금융시장이 아닌 서울 명동 등 사채시장에서 고리로 빌린 돈을 강제로 묶어 놓는 것이다. 사채 동결 조치를 내리면서 정부는 사채업자들에 대한 보상책으로 상호신용금고(현 상호저축은행)를 설립할 수 있도록 해 주었다. 정부가 강력한 경기부양책을 내놓자 주식시장이 먼저 꿈틀거렸다. 예나 지금이나 정부가 경기부양책을 내놓고 금리를 낮추면 주식시장이 먼저 움직이는 법이다.

실물경기가 살아나자 1973년부터 주택시장도 꿈틀거리기 시작했다. 촉발제가 된 것은 철근 파동이었다. 철근값이 35퍼센트나 오르자 목재, 시멘트 등 건자재값도 덩달아 올랐다. 철근 파동은 주택 가격의 상승으로 자연스레 이어졌다. 부동산 중 가장 먼저 움직이기 시작한 것은 다른 부동산에 비해 환금성이 뛰어난 아파트였다. 주택업체들도 집을 짓고 분양만 하면 금세 분양이 끝났다. 그러나 아파트값 폭등은 오일 쇼크가 일어나면서 기세가 꺾이게 된다. 이 기간 동안 서울 지역 대표 아파트의 평당 가격은 1972년 17만 원에서 1974년 40만 원까지 2배 이상 올랐다.

제2차 부동산 파동은 1977년에 시작돼 1978년에 마무리됐다. 2차 파동은 1차 파동 이후 주택 경기 침체를 겪은 후 일어났다. 2차 파동 전인 1974년부터 1976년까지 분양가는 3년간 제자리걸음을 했다. 2차 파동을 만들었던 주역은 중동 특수였다. 중동 근로자들의 송금 등으로 가계 소득이 증가하자 사람들은 주택 매입에 나서기 시작했다. 1차 파동의 계기가 철근값 인상이었다면 2차 파동의 촉발제는 1977년 7월 국세청의 부가가치세 과세 조치였다. 부가가치세 과세 조치로 인해 기존 아파트값이 한두 달 사이에 50퍼센트 가까이 폭등하자 너도 나도 아파트 매입 행진에 합류했다.

기존 아파트값이 오르자 신축 아파트도 따라 올랐다. 이 시기 각광을 받은 지역은 여의도였다. 평당 35만 원에 거래되던 아파트값이 1년 6개월 만에 평당 110만 원까지 올랐다. 아파트 가격 상승 이후 땅값도 크게 상승했다. 서울 명동 땅값이 평당 600만 원에서 1,000만 원이 되었고, 강남 지역의 택지 값은 평당 30만 원을 호가했다.

제3차 파동은 1982~1983년 동안 일어났다. 지난 1979년 중동 특수가 끝나고 율산그룹이 부도나는 등 실물 경기가 급속히 위축되기 시작했다. 이때 제2차 오일쇼크도 발생해 나라 경제는 진퇴양난에 빠지는 상황이 됐다. 정부는 경기를 살리기 위해 경기 활성화 대책 카드를 또 빼들었다. 정부는 온 나라를 떠들썩하게 만들었던 장영자 어음 사기 사건으로 금융시장이 얼어붙자 강력한 금융시장 활성화 대책도 내놓았다. 금리를 낮추고 시중에 돈을 풀었다. 연 24퍼센트에 달하던 은행 금리가 8퍼센트로 뚝 떨어졌다. 금리가 낮아지고 돈이 풀리자 부동자금이 주택시장으로 옮겨오기 시작했다. 저금리 정책으로 투자 심리가 살아나면서 먼저 소형 아파트와 전셋값이 오르기 시작했고 신규 분양 아파트도 뒤따라 올랐다. 당첨이 확실한 소위 0순위 통장에는 높은 프리미엄이 붙었다. 200만 원짜리는 2,500만 원,

500만 원짜리는 무려 4,000만 원에 거래됐다.

　정부는 아파트값이 오르자 규제책을 내놓았는데, 대표적인 것이 투기과열지구 지정과 채권입찰제였다. 채권입찰제는 분양가와는 별도로 주택채권을 많이 사는 사람에게 우선 분양하는 제도를 말한다. 채권입찰제를 통해 정부는 신규 아파트에 붙는 프리미엄을 주택채권으로 흡수해 투기꾼들이 끼어들 틈을 미연에 방지하고, 채권 판매로 조성한 자금을 서민들을 위한 임대주택 건설 자금에 활용하겠다는 의도를 갖고 있었다. 하지만 거꾸로 채권입찰제는 채권 매입 경쟁으로 오히려 아파트값을 끌어올리는 결과를 낳았다. 판교 신도시에 적용된 채권입찰제가 오히려 분양가를 끌어올리고 인근 지역의 아파트값을 올리는 결과를 낳은 것과 비슷한 현상이 일어났던 것이다. 3차 파동은 결과적으로 정부가 경기 활성화를 위해 내놓은 정책으로 인해 생겨난 것이다.

　제4차 파동은 1987년에 시작돼 1991년에 마무리됐다. 4차 파동은 소위 '3저 호황'으로 경기가 활성화되면서 일어났다. 가격 상승이 일어나기 전 대규모로 서울 목동과 상계동에서 아파트가 공급되면서 미분양 아파트도 생겨났다. 그런데 3저 호황과 88올림픽 특수로 시중에 자금이 넘쳐나자 시중 자금이 주식시장을 거쳐 부동산 쪽으로 향하기 시작했다. 돈이 풀리면 집값이 오른다는 통설을 전형적으로 보여 준 시기였다. 이 시기 집값 상승세는 서울 강남 지역에서 시작돼 전국으로 확산되는 모습을 보여 주었다. 아파트값이 평당 300만 원까지 치솟자 정부는 부랴부랴 부동산 안정 대책을 내놓았다. 신도시 건설 계획을 발표하고 채권입찰제를 강화하고 세제를 개편했다. 1988년 8월 10일 발표 된 소위 8·10 조치는 집값을 잡기 위한 정부의 강력한 의지를 반영했다. 1가구 1주택 비과세 요건을 1년 이상 거주 또는 3년 이상 보유 거주 또는 5년 이상 보유로 연장했고 1가구 2주택 양도세 면세 기간을 2년에서 6개월로 단축했다.

제5차 파동은 지난 2001~2003년 동안 발생했다. 이 시기의 특징을 간추리면 1999년 이후 경기가 어려워지자 정부는 금리를 낮추고 통화량을 늘리기 시작했다. 그리고 각종 규제를 완화했다. 분양가 자율화, 분양권 전매 허용, 소형 평수 의무 비율 폐지 등 부동산 경기를 살리기 위해 모든 카드를 내놓았다. 여기에 1997년 IMF 환란 이후 건설회사들의 잇단 부도로 2~3년간 신규 아파트 공급이 이뤄지지 못하면서 아파트시장의 수급 불균형 문제도 불거졌다. 풍부한 시중 자금, 저금리, 수급 불안 등 아파트값을 끌어올릴 수 있는 모든 여건이 만들어졌던 것이다.

여기에 정부가 경기 활성화에 지나치게 집착한 나머지 각종 규제를 완화했다. 불에 기름을 부은 격이었다. 대세 상승의 시작은 4차 파동과 마찬가지로 서울 강남에서 시작되어 신도시로 확산된 후 전국으로 그 범위를 넓혀 갔다. 환금성이 높은 아파트가 오른 후 다음으로 상가와 오피스텔이 오르고 그다음에는 땅으로 가격 인상 흐름이 이어졌다. 가격이 오르자 정부는 집값을 잡기 위해 투기과열지구를 지정하고, 양도소득세와 보유세를 강화하고, 분양권 전매를 제한하는 등 거래를 위축시키기 위한 모든 조치를 취하게 된다.

지금까지 최명철 씨의 『아파트값, 5차 파동』을 바탕으로 우리나라 부동산시장에서 일어난 투기의 역사를 간략하게 살펴보았다. 우리는 부동산 투기의 역사에서 몇 가지 투자 아이디어를 얻을 수 있다.

첫째, 경기 불황기에 정부가 경기 활성화를 위해 금리를 낮추고 돈을 풀고 부동산 규제를 풀 때가 바로 부동산 투자의 적기라는 점이다. 1차 파동, 4차 파동 그리고 5차 파동도 모두 경기 불황기 이후 경기가 살아나면서 일어났다.

둘째, 중요한 건 시중 자금의 양이다. 시중에 돈이 많아지면 자연스레 인플레이션 현상이 일어나고 이는 부동산 가격 상승으로 이어진다. 중동 특수로 오일 달러가 유입돼 국민들의 구매력이 증가해서 일어났던 3차 파동, 3저 호황과 올림픽 특수로 일어났던 4차 파동에서 우리는 이런 사실을 발견할 수 있다. 돈이 많아진다는 것은 바로 부동산을 사라는 신호다.

셋째, 정부 정책의 흐름을 이해하는 것이 중요하다. 정부가 부동산시장을 살리려고 하는지 아니면 반대로 규제를 하려고 하는지 잘 살펴야 한다. 정부가 부동산 가격이 오른 뒤 내놓는 카드는 예나 지금이나 비슷하다. 세제를 강화하고 투기과열지구 등을 통해 거래를 줄이는 방식을 주로 활용한다. 부동산 투자는 정부와의 머리싸움을 어떻게 하느냐에 따라 결정된다.

 넷째, 대세 상승 흐름의 패턴을 잘 이해해야 한다. 4차 파동과 5차 파동에서 나타났듯이 부동산 가격이 오를 때는 1등 아파트인 강남 지역부터 오른 후 신도시로 확산된다. 신도시에서도 먼저 분당이 움직이고 분당에서도 가장 집값이 비싼 서현동과 정자동이 움직인다. 신도시로 확산된 다음에는 강북과 수도권이다. 이어 상가와 오피스텔이 그 뒤를 따르고 맨 마지막에 환금성이 가장 떨어지는 토지로 불똥이 튄다. 주식시장이든 부동산시장이든 대세 상승기에는 힘 있게 끌고 가는 대장이 있어야 한다. 주식시장의 대장주가 삼성전자라면 시장의 대장주는 강남 아파트다.

교통이
부동산의 가치를
바꾼다

교통은 인간의 이동 경로를 따라 만들어진다. 또한 반대로 도로가 뚫리고 지하철이 들어서면 인간들의 이동 경로도 바뀐다. 인간은 이동하는 존재이기 때문에 교통은 부동산의 가치를 결정적으로 바꾸는 역할을 한다. 짐 로저스는 "예전이나 지금이나 똑같다. 고속도로를 만들고, 철도를 부설하고, 운하를 건설하라. 그러면 무언가 새로운 일이 생긴다"라고 지적한다.

우리나라 부동산 투기 역사의 앞자리를 차지하고 있는 말죽거리 토지 투기 열풍도 교통의 변화에 따라 일어났다. 지난 1969년 제3한강교(현 한남대교)가 개통되면서 서울에서 가장 오래된 한남 나루터는 역사의 뒤안길로 사라졌다. 제3한강교가 열리면서 새롭게 부각된 곳이 말죽거리 즉 양재동이다. 말죽거리는 조선시대에 역원驛院이 있어 여장을 풀고 쉬거나 말죽을 쑤어 먹였던 곳이다. 당시만 해도 강 너머는 전형적인 농촌지역이었다. 그랬던 지역이 한남대교 개통과 1968년 경부고속도로가 개통되면서 투자의 중심지로 부각된 것이다.

도시 국가 모델을 채택하고 있는 나라에서 가장 중요한 교통수단은 바로 지하철이다. 땅 위로 사람들이 움직이면 심각한 교통난이 일어나기 때문이다. 지하철이 생기면 상권도 형성되고 집값도 움직인다.

따라서 지하철의 역사를 이해하면 향후 우리가 부동산 투자를 할 때 어떤 관점에 서야 하는지 알 수 있다.

지하철 1호선이 개통된 것은 지난 1974년 8월 15일의 일이다. 지하철이 개통되자 그 주위에 백화점들이 들어서기 시작했다. 지하철 1호선 공사 기간 중(1971~1974년)에 미도파 백화점 본점이 1973년 문을 열었다. 1978년에는 미도파 청량리점이 제기 역세권에 자리를 잡았고, 뉴코아 백화점이 서초구 잠원동에서 문을 열었다. 뉴코아 백화점 개점 당시에는 지하철 노선이 들어가지 않았지만 나중에 3호선과 9호선 고속터미널역이 생겼다.

1980년에 지하철 2호선 1단계 구간의 개통으로 잠실역이 생겼다. 1984년에는 2호선 전 구간이 개통됐다. 2호선의 특징은 서울 순환선이라는 데 있다. 이후 생긴 3호선, 4호선 등은 모두 2호선과 연계하기 위해 만들어진 것이다.

1990년에 5호선과 7호선 강북 구간이 착공됐고, 1996년에는 5호선이 완전히 개통됐다. 5호선은 김포공항에서 목동, 여의도를 거쳐 광화문으로 연결된다. 5호선이 생기면서 새로운 지위를 획득한 지역이 바로 목동과 마포 지역이었다. 특히 마포 지역은 여의도와 광화문에 직장을 둔 사람들이 30분 안에 이동할 수 있는 교통 요지로 자리 잡았다. 3호선의 개통으로 옥수와 금호 지역이 재평가 받은 것과 같은 이치다. 옥수와 금호역은 강남과 강북 요지를 전철로 30분 안에 이동할 수 있는 곳에 위치해 있다.

반대로 7호선 지역은 부동산 가격이 싸다. 동일한 역세권인데도 왜 이런 차이가 생기는 것일까? 7호선은 사람들의 주요 이동 경로를 거치지 않는다. 서울에서 사는 사람들은 주로 광화문·을지로권과 강남·삼성동권으로 이동한다. 5호선이나 2호선, 3호선들은 모두 이들 지역을 거치지만 7호선은 이런 곳을 경유하지 않는다. 이동하는 존재인 사람들의 입장에서 보면 7호선 노선은 불편하다.

9호선은 7호선보다 경쟁력이 뛰어난 노선이다. 9호선은 김포공항에서 한강을 따라 당산·여의도·흑석동·반포·잠실을 경유해 올림픽공원까지 이어진다. 사람들이 돈을 벌러 많이 가는 지역인 여의도와 강남을 거친다. 서울 강서 지역에서 강남까지 한 번에 이동할 수 있다. 다시 말해 서울의 주요 지역인 강남, 여의도와의 인접성이 뛰어난 노선이다. 당연히 9호선 지역에 위치해 있는 대단지 아파트들이 강세를 보일 수밖에 없다.

천안·아산 지역의 부동산 가격 상승도 교통의 관점에서 해석할 수 있다.

<mark>교통의 핵심은 역이 생기는 것이 아니다. 돈이 많은 곳, 사람들이 많이 모이는 곳, 사람들이 많이 일하는 곳과 얼마나 빨리 그리고 쉽게 접근할 수 있느냐가 중요하다.</mark> 지방보다는 도시가, 도시에서도 지방 도시보다는 서울이, 서울에서도 강남이나 광화문·을지로 지역으로 쉽게 이동할 수 있는 곳이 더 투자 가치가 높다. 천안·아산 지역의 부동산 가격이 강세를 보인 것은 서울로 쉽게 이동할 수 있게 되었기 때문이다.

교통과 관련돼 투자 시점을 잡을 때는 언제가 좋을까? 일반인들은 사전에 이런 정보를 얻고자 할 것이다. 발표 전에 사 두면 땅 짚고 헤엄치는 식으로 돈을 벌 수 있기 때문이다. 하지만 이런 정보를 알기란 쉽지 않다. 그래서 우리는 '무릎에서 사서 어깨에 팔라'는 투자 격언을 기억해야 한다.

역세권을 예로 들면 모두 세 차례 부동산 가격이 오른다. 지하철 노선 발표 시점, 착공 시점 그리고 개통 시점이다. 노선 발표를 하더라도 개통까지는 오랜 시간이 걸리기 때문에 노선 발표와 개통 시점 중간에 싸게 나오는 물건을 잡으면 된다. 내가 아는 한 건설회사 사장은 지하철 개통 발표가 나면 해당 지역의 부동산을 샅샅이 뒤지고 다닌다. 그래서 경매나 급매로 나오는 땅이나 건물이 있으면 매입해 주택이나 상가를 짓고 분양하거나 리모델링하는 방식으로 부동산 사업을 해 수백억 원의 부를 축적했다. 고급 정보를 얻으려는 노력보다 확인 후 싸게 잡는 게 더 좋은 투자 방법이다.

4장 돈 되는 역사 공부는 이런 것이다 —— 부동산 투자의 원리

워런 버핏과
존 템플턴 경에게
배우는 부동산 투자

만일 주식 투자의 대가 워런 버핏과 존 템플턴 경이 부동산에 투자 했으면 어떻게 했을까? 나는 이들이 부동산시장에 뛰어들었더라도 큰돈을 벌었을 것이라고 생각한다. 투자의 세계에는 보편적인 법칙이 있기 때문이다.

템플턴 경이 롱아일랜드에 있는 별장을 사들여 엄청난 수익을 올린 일에 대해서는 독자들도 기억하고 있을 것이다. 그는 또한 지난 1941년에 뉴저지 주 잉글우드의 15년 된 주택을 매입한 적이 있다. 그 집을 왜 샀고, 어떻게 처분했는지 직접 들어보자.

"첫 아이가 태어나고 2년째 되던 1941년에 우리는 뉴저지 주 잉글우드의 괜찮은 동네에 있는 지은 지 15년 된 주택을 구입했습니다. 마당이 3분의 2에이커나 되는 데다 침실 3개와 욕실 2개가 딸려 있고, 버스를 타고 5마일만 가면 조지 워싱턴 브리지를 거쳐 맨해튼으로 연결되는 입지 조건도 좋은 주택이었는데, 그 집을 현금 5,000달러를 주고 샀습니다. 5년 뒤 우리는 잉글우드의 정말 훌륭한 동네에 있는 지은 지 50년 된 저택을 구입했는데, 방이 12개에 마당이 1.5에이커나 되는 이 집 역시 전부 현금으로 1만 7,000달러를 지불했습니다. 그리고는 앞서 5,000달러를 주고 산 집은 1만 7,000달러에 팔았지요."

템플턴 경이 두 번의 부동산 거래를 한 것을 보면서 크게 두 가지를 배울 수 있다. 하나는 비관론이 가득할 때 사야 한다는 점이고 다른 하나는 도시 중심지와의 인접성이다. 부동산도 주식과 마찬가지로 사람들이 등을 돌리는 시점에 투자해서 사람들이 부동산에 관심을 가질 때 파는 것이 가장 효과적인 투자 방법이다. IMF 환란 후 부동산 가격 폭락기가 대표적인 예가 될 것이다. 혹은 템플턴 경처럼 물난리 등 자연재해가 일어난 지역의 부동산을 사는 것이다. 자연재해로 파괴된 지역은 시간이 지나면 복구된다. 정부나 주민들이 가만히 있지 않기 때문이다.

교통은 미국이나 우리나라 부동산 투자의 일차적 기준이다. 특히 사람들이 일하는 곳이 몰려 있는 도시 중심지와의 인접성이 높으면 높을수록 투자 가치가 높다. 부동산에 투자해 돈을 벌었지만 템플턴 경은 부동산 투자에는 적극적이지 않았다. 부동산은 너무나 개별적인 특성에 의해 좌우되기 때문에 좋은 투자 상품이 아니라고 생각했기 때문이다.

워런 버핏의 투자 원칙 중에서도 우리는 몇 가지 아이디어를 얻을 수 있다. 버핏은 시장 내에서 강력한 독과점 위치를 가진 기업들을 선호했다. 그리고 그것을 쌀 때 사서 오랫동안 장기 보유하는 방식으로 큰 부를 일궜다.

독과점적 위치를 가진다는 것은 공급 제한적이어야 한다는 것을 의미한다. 계속 공급이 이뤄지면 수요·공급의 원칙에 따라 가격이 하락할 수밖에 없다. 오피스텔과 아파트를 놓고 생각해 보자. 아파트보다는 오피스텔이 공급의 여지가 많다. 오피스텔은 상업용지에 짓기 때문에 건물을 높이 올릴 수 있다. 하지만 아파트는 정부의 규제가 있어 일정 층 이상으로 지을 수 없다. 그래서 부동산 호황기에 들어서면 건설업자들이 오피스텔을 대거 분양한다. 호황기 말미에는 반드시 오피스텔 공급 과다 현상이 일어난다. 2001~2003년 대거 분양에 들어 간 오피스텔에 투자한 사람들은 공급 물량 과다로 별 재미를 보지 못했다. 때문에 오피스텔보다는 공급 제한적 성격이 강한 아파트에 투자하는 것이 바람직하다.

땅도 공급 제한적 특성을 가지고 있다. 땅은 무한정 늘릴 수 있는 자산이 아니다. 게다가 최근에는 환경단체의 영향력이 증가하면서 정부도 마음대로 그린벨트를 풀 수 없게 되었다. 상가 투자도 버핏식으로 접근한다면 이미 상권이 형성돼 추가로 경쟁자가 진입할 수 없는 곳을 선택해야 한다. 이미 검증이 되어 있고, 새로운 경쟁자가 들어오기 어려운 상권에 위치한 상가에 투자해야 한다는 것이다.

　가치와 가격의 차이를 구별하려는 노력도 필수적이다. 버핏은 "가격은 지불하는 것이고 가치는 얻는 것"이라고 말한다. 이 말을 아파트에 적용해 보자. 아파트의 가격을 결정하는 것은 땅이다. 땅의 가치는 땅의 크기와 땅 위로 올릴 수 있는 높이에 따라 결정된다. 같은 땅 이라 하더라도 더 높은 건물을 올릴 수 있으면 더 가치가 있는 법이다. 앞서 밝힌 대로 상업용지가 주거용지보다 비싼 이유가 여기에 있다.

　그래서 재건축 아파트 투자의 핵심이 바로 용적률이다. 같은 면적에 얼마나 더 높이 지을 수 있는가가 용적률에 의해 결정되기 때문이다. 같은 평형 아파트라도 등기부등본상에 나와 있는 대지지분이 넓으면 가격이 더 비싸다. 대지지분이 크고 용적률이 높은 아파트를 싸게 산다면 훌륭한 투자를 하게 되는 셈이다. 반면 오피스텔은 용적률이 높은 대신 대지지분이 적다. 그래서 용적률이 높아 오피스텔을 분양하는 사람은 돈을 벌 확률이 높지만 대지지분이 작아 소유하는 사람의 입장에서는 썩 매력적인 투자 대상이 못 된다.

　끝으로 우리가 얻을 수 있는 아이디어는 좋은 물건을 싸게 사야 한다는 것이다. 템플턴 경이나 버핏은 비싼 주식이나 부동산에는 손을 대지 않았다. 자신의 기준에 맞는 주식이 쌀 때 사 들인다. 부동산 투자에서도 우리가 견지해야 할 원칙은 좋은 물건을 싸게 사야 한다는 점이다. 급매나 경매는 위대한 투자가들의 생각과 잇닿아 있는 투자법이다. 평소 부동산 중개업소를 부지런히 돌아다니면서 싼 물건을 잡을 수 있도록 거미줄을 쳐 놓아야 한다.

5장

모든 걸 잃어도 다시 일어설 수 있는 힘

유대인과 화교의 지혜

유대인과 화교는
어떻게 전 세계의 부를
장악했는가

중학교 시절, 추운 겨울날 전교생이 모두 참석하는 월례조회에 나가는 일은 정말이지 죽고 싶을 정도로 싫었다. 그때 들었던 조회사 중에 지금도 생각나는 게 있다. 대충 기억하고 있는 조회사 내용은 이렇다.

"아랍과 이스라엘이 전쟁(중동 전쟁)을 했는데 외국에 거주하는 유대인들은 조국을 지키기 위해 앞다투어 귀국을 한 반면 아랍 사람들은 전쟁을 피해 돈을 해외로 빼돌리고 자신의 안전을 위해 외국으로 도망갔다. 바로 이런 애국심의 차이가 작은 이스라엘이 아랍 민족과의 전쟁에서 이길 수 있던 비결이었다."

머리가 굵은 지금 생각해 보니 정말 한심한 조회사라는 생각이 든다. 아랍과 이스라엘의 갈등에 대한 몇 푼어치의 지식도 없으면서 학생들에게 말도 안 되는 애국심을 고취하는 엉터리 조회사였다. 이런 교육의 결과, 나는 이스라엘과 유대인은 좋은 국가, 좋은 민족이고 아랍인은 애국심도 없는 파렴치한이라는 생각을 갖고 살았다. 물론 이런 구분법은 무지몽매하면서도 지식인인 양하는 족속들이 즐겨 쓰는 수법, 즉 편가르기식 사고의 일종이다. 나는 정치적으로 이스라엘을 그다지 좋아하지 않는다. 그렇다고 유대인 음모론을 믿는 사람도 아니다. 나는 어떤 폭력도 받아들이지 않는 쪽이다. 때문에 이스라엘이라는 나라의 폭력성에도 아랍 민족들의 테러에도 전혀 동조하지 않는다.

나는 이 책에서 유대인을 '돈'이라는 관점에 한정해서 보고자 한다. 정치적이거나 역사적인 맥락은 주변부로 밀어내고 왜 그들이 경제적으로 성공했는가. 그리고 우리가 어떤 경제적 지혜를 배울 것인가에 초점을 맞출 작정이다. 화교도 마찬가지로 돈이라는 관점에서만 해석할 요량이다.

내가 유대인과 화교에 대해 관심을 갖게 된 계기는 그들이 왜 다른 민족에 비해 경제적으로 성공했는가가 궁금했기 때문이다. 그들은 거의 현대판 유목민이다. 지난 2000년 새로운 세기가 열리면서 유수의 언론들은 칭기즈칸을 밀레니엄 시대의 인물로 꼽았다. 칭기즈칸은 유목민의 표상이다. 그는 전쟁을 통해 세계를 평정했지만 현대판 유목민인 화교와 유대인은 경제를 통해 세계를 장악했다. 말과 칼과 화살 대신 돈이 무기가 된 현대 자본주의 사회에서 유대인과 화교들이 경제 전쟁에서 어떻게 승리했는지 알고 싶었다. 칭기즈칸이 유목문화를 바탕으로 농경문화 국가들을 지배했듯이 고국을 잃고 이 나라 저 나라를 떠돌며 삶의 터전을 개척한 유대인과 화교들이 어떻게 정착한 나라의 경제를 지배했는지도 궁금했다.

이 시대는 분명 유목민의 시대다. 유목민은 터전이 없다. 늘 끊임없이 이동하면서 그 지역에서 생존해 내야 한다. 전쟁으로 얘기하면 정규전을 펼치는 존재가 아니라 게릴라전을 펼치는 존재들이다. 포병과 기병을 두루 갖춘 정규군과 달리 혈혈단신 자신의 몸과 능력에 의존해서 생존해야 하는 것이 게릴라다.

유목민의 시대에는 어느 직장에 다니는가보다 어떤 일을 하는가가 더 중요해진다. 구조조정이 일상화되어 있기 때문이다. 유목민을 강하게 만드는 것은 불확실한 미래다. "성을 쌓고 사는 자는 반드시 망할 것이며 끊임없이 이동하는 자만이 살아남을 것이다." 몽골 수도 올란바토르 근교에 위치한 돌궐제국을 부흥시킨 명장 톤유쿠크의 비문에 실린 말이다.

유목민은 어느 것 하나 안정된 것이 없기 때문에 스스로 힘을 키우는 존재다. 유목민은 21세기를 이해하는 키워드라는 주장을 펴는 김종래 씨는 유목민을 이렇게 정의하고 있다.

"유목민은 끊임없이 이동하면서 한시도 경계를 소홀히 하지 않는다. 떠돌아다니는 삶에 맞춰 소지품을 간소화하고 정보를 능란하게 수집하고 속도를 중시한다. 또한 오아시스 위치를 아는 것을 최고 가치로 여긴다. 그렇게 해서 서로 접속하고 소통

하는 공동체를 만들어 낸다."

칭기즈칸의 시대에 무기가 말과 칼이었다면 현대에는 돈과 지식이 무기다. 돈과 지식이 있으면 어느 곳에 정착하더라도 새 출발을 할 수 있기 때문이다. 불안은 영혼을 잠식하기도 하지만 영혼을 강하게 만들기도 한다. 그래서 돈을 벌려면 돈이 주는 달콤함보다 혹독함을 먼저 배우라고 하는 것 아닌가. 내가 존경하는 한 기업체 사장님은 자신을 키운 건 가난이었다고 서슴지 않고 얘기한다. 그는 다시 가난해지는 것이 두려워서 돈을 벌었다고 한다. 자, 이제 현대의 유목민인 유대인과 화교들이 얘기하는 돈의 세계로 떠나보자.

유대인과 화교가 가진 경제력의 실체

한 조사에 따르면 유대인은 전 세계를 통틀어 1,300만 명 수준이라고 한다. 2003년 6월 2일 현재 세계 인구가 62억 명인 점을 감안하면, 유대인이 차지하는 비율은 불과 0.2퍼센트도 채 되지 않는다. 하지만 숫자에 비해 이들이 차지하는 경제적 영향력은 '일당백'이란 말이 저절로 실감된다.

우리가 한번쯤 이름을 들어봤음직한 기업 중 상당수가 유대인과 관련이 있다. 세계적인 대기업인 록펠러, 모건, 듀폰, GE, IBM, 보잉, US스틸, 제록스 등의 기업은 미국의 대표적인 유대인 자본가가 이룬 초일류 기업들이다. 금융업에서 유대인의 영향력은 어제오늘의 일이 아니다. 빌 클린턴 행정부 시절 제임스 루빈 재무부 장관을 배출하는 등 경제관료의 사관학교로 불리는 투자은행 골드만삭스 등도 모두 유대인들의 손에 의해 만들어진 곳들이다. 헝가리 출신 유대인으로 자신의 재산 중 상당 부분을 헝가리에 기부하고 있는 퀀텀 펀드의 설립자 조지 소로스가 유대인이라는 것은 잘 알려진 사실이다.

영화 쪽도 마찬가지다. 가깝게는 금세기 최고의 흥행 감독으로 꼽히는 스티븐 스필버그도 유대인이다. 그는 〈쉰들러 리스트〉란 영화를 유대인들에게 바치는 헌사라고 말한 바 있다. 메이저 영화사인 20세기 폭스 사와 워너 브라더스 등도 모두 유대인들이 만든 회사들이다.

미디어 쪽에서 유대인이 미치는 영향력은 더욱 막강하다. 영향력 면에서 2대 신문이라 할 「뉴욕 타임스」와 「워싱턴 포스트」가 유대인 소유임은 잘 알려진 사실이다. 미국의 언론들이 왜 친이스라엘 성향을 갖고 있는지 단적으로 보여 주는 이유다.

미국 부동산시장은 거의 유대인 손에 들어가 있다는 게 정설이다. 세계에서 부동산 가격이 가장 비싸다는 미국 뉴욕의 대형 빌딩 주인의 80퍼센트가 유대인으로 알려져 있다. 하얏트 호텔 등 전 세계에 100개 이상의 호텔을 소유하고 있는 로버트 프리츠커, 주택 건설회사 카프만 앤 브로드의 오너 엘리 브로드, 캘리포니아 부동산 재벌 도날드 브랜 등은 모두 유대인이다. 부동산 중에서 가장 비싼 것으로 여겨지는 다이아몬드 시장은 드비어스라는 회사가 전 세계적으로 독점적 위치를 구축하고 있는데, 이 회사도 유대계이다. 드비어스는 생산, 유통, 가공까지 전 세계 다이아몬드 시장을 장악하고 있는 독점기업이다. 유대인들이 현대에 들어 건설한 이스라엘의 기간산업 중 하나가 다이아몬드 산업이라는 점을 감안하면, 다이아몬드 시장은 모두 유대인들 손에 의해 움직인다고 해도 과언이 아니다.

경제계의 유력 인사 중에서 우리에게 익숙한 이들 중에도 유대인들이 많다. 미국의 경제대통령이라 불리는 미 연방준비제도이사회 의장을 지낸 앨런 그런스펀, 골드만삭스의 투자위원회 전 위원장 에비 코엔, 씨티그룹 전 회장 샌디 웨일 등도 유대인이다. 세계 경제학계를 이끌던 인물들의 리스트는 유대인으로 빼곡하다. 경제학의 기원을 연 아담 스미스에 이어 경제학의 토대를 만든 데이비드 리카도, 사회주의의 아버지 칼 마르크스, 노벨경제학상 수상자인 폴 사무엘슨, 밀턴 프리드먼, 로버트 솔로우 등도 유대인이다. 1901년 이후 노벨경제학상 수상자 중 무려 62퍼센트가 유대인이다. 때문에 현대 경제학을 얘기할 때 유대인을 빼놓고 얘기할 수 없다고 말하는 것이다.

큰 부자들뿐만 아니라 미국이나 유럽 사회에서 유대인들은 대부분 상류층에 속한다. 미국에서 실시된 한 조사에 따르면 미국에 거주하는 유대인들의 세대당 소득은 전국 평균 소득의 2배가 넘는다. 미국 인구의 2퍼센트에 불과한 유대인들이 미국 부호 상위 400가구 중 23퍼센트를 차지하고 있으며, 상위 40가구로만 따진다면 무려 40퍼센트에 이른다.

유럽과 미국에서 유대인들의 영향력이 막강하다면 화교들은 동남아 경제권을 주무르고 있다. 지난 1994년 「포브스」지는 아시아 화교의 GNP(국민총생산)는 5,000억 달러 이상으로 중국 본토의 GNP와 비슷한 수준이며, 연평균 7~10퍼센트 정도 성장하고 있다고 보도한 바 있다.

화교들도 유대인들처럼 전방위적으로 전 동남아 지역의 전 산업에서 영향력을 발휘하고 있다. 동남아 지역 소매업의 3분의 1이 화교 소유다. 이들 지역의 주요 은행이나 보험회사들도 물론 화교 소유다. 화교들은 동남아 인구의 10퍼센트에도 못 미치는 숫자지만 역내 무역의 3분의 2를 차지하고 있다. 동남아 거부의 86퍼센트가 화교이고, 토지 이외 자본의 대부분을 장악하고 있다. 동남아 국가의 상장 기업 중 화교 기업이 차지하는 비중은 태국 81퍼센트, 싱가포르 81퍼센트, 인도네시아 73퍼센트, 말레이시아 62퍼센트, 필리핀 50퍼센트 등으로 현지인을 물리치고 사실상 동남아 경제권을 쥐락펴락하고 있는 위치까지 올라섰다.

화교들은 또한 전 세계 선박의 12퍼센트를 장악하고 있다. 홍콩 제일의 갑부 리카싱을 비롯해 2명이 소위 세계 7대 선박왕 중 두 자리를 차지하고 있다. 13세에 고아가 돼 맨주먹으로 큰 부를 일군 리카싱은 "홍콩 사람이 1달러를 쓰면 그중 5센트는 리카싱의 주머니로 들어갈 정도"라는 우스갯소리가 있을 정도로 홍콩 경제를 사실상 장악하고 있는 인물이다.

화교의 영향력은 모국인 중국의 위상을 고려할 경우, 더욱 커질 것으로 보인다. 21세기는 분명 중국의 세기다. 중국의 세기가 되는데 큰 원동력 중 하나가 바로 화교들의 막강한 경제력이다. 1970년대 말 중국이 개방경제를 본격화하자 화교들은 적극적으로 중국 투자에 나섰다. 모국을 떠나 이역만리에서 살아온 화교들의 오랜 꿈 중 하나는 금의환향이었다. 그들의 금의환향은 바로 중국에 대한 투자였다. 그 투자가 자신들의 성공을 드러내는 것이기 때문이다.

중국의 개방 정책으로 '화교 경제권'이 세계 경제의 전면에 부상하는 계기를 만들어 주었다. 화교 경제권은 경제력 규모만 놓고 보더라도 3위를 차지한다. 하지만 다른 경제통합체와 달리 화교 경제권은 강력한 혈연·지연을 기반으로 하고 있어 어떤 제도적 통합체보다 큰 힘을 발휘하고 있다. 이런 화교들의 특성을 두고 전 싱가포르 수상인 리콴유는 "앵글로색슨족도 서로 관계를 맺고, 유대인도 같은 민족끼리 깊은 관계를 맺고 있다. 하지만 우리 중국인만큼 관계를 중시하는 집단은 없다"는 말로 표현한 바 있다.

현대판 유목민을
강하게 만든 건
불확실한 미래다

    누구에게나 조국을 떠난다는 것은 고통스러운 일이다. 조국은 어머니의 자궁처럼 근원적인 것이다. 그런데 왜 유대인들과 화교들은 조국을 떠나 유랑민의 삶을 자처했을까?

    유대인들은 자의가 아닌 타의에 의해 유목민이 됐다. 유대인은 서기 70년 유대 국가가 로마에 의해 멸망된 후 전 세계로 흩어지게 된다. 이를 '디아스포라diaspora'라고 한다. 그리고 1948년 이스라엘 건국까지 2000년간 조국 없이 전 세계를 정처 없이 떠돌았다. 1990년 기준으로 1,300만 명의 유대인들 중 90퍼센트가 미국, 이스라엘, 옛 소련, 프랑스, 영국 등에 거주하고 있다. 1,300만 명 중 4분의 3이 주로 미국과 이스라엘에 살고 있다. 하지만 여전히 유대인들은 이스라엘을 제외하곤 숫자상으로 사회적 소수자다. 유대인 수가 가장 많은 미국에서도 인구의 3퍼센트에 지나지 않는다. 그들은 이스라엘 건국으로 조국이 다시 생겨났음에도 불구하고 여전히 사회적 소수자로서의 삶을 지속하고 있다.

미국은 유대인들에게 '제2의 가나안'이었다. 그전까지 유대인들은 주로 유럽에서 살고 있었는데, 제2차 세계대전 직후 유대인들은 앞다투어 미국으로 삶의 터전을 옮겼다. 대부분이 뉴욕에서 자리 잡았는데, 뉴욕은 유대인을 떠나서 얘기할 수 없는 곳이 됐다. 경제와 문화 두 분야에서 뉴욕은 유대인이 지배하고 있다고 해도 과언이 아니다.

유대인들이 처음부터 미국에서 윤택한 삶을 살았던 것은 아니다. 그들의 처음은 말 그대로 처절한 밑바닥 생활이었다. "게딱지 같은 집에 두세 가족이 빼곡하게 몰려 살았다. 한 개뿐인 화장실을 공동으로 사용할 정도였다. 하나같이 3D 업종에 종사했다. 유대인 봉급자의 3분의 2가 봉제업에 종사할 정도였다. 새벽부터 밤늦게까지 1주일간 뼈빠지게 일해 봤자 손에 쥐는 돈은 남자는 6달러, 여자는 3~5달러가 고작이었다. 장사도 저가품 위주였다. 미국 시장에 잡화, 인조보석 등 값싼 물건을 들여오기 시작한 게 유대인들이었다."(『유대인』중에서)

유대인들이 박해를 피해 조국을 떠났다면 화교들은 말 그대로 먹고살기 위해 유목민이 됐다. 화교라는 말의 본래 의미를 보더라도 화교는 처음부터 유목민이었다. 화교는 '중국인華이

임시로 거처한다僑'는 뜻이다.

  화교의 이민사는 유대인에 비해 역사가 짧다. 중국인의 동남아 이민이 문헌에 처음으로 등장한 것은 북송(960~1127년) 말에 씌어진 『평주가담』이라고 한다. 서기 70년부터 유대인이 본격적인 유목민 생활을 한 것과 비교하면 1000년 뒤의 일이라고 할 수 있다. 중국인들이 동남아 지역을 벗어나 미국·호주 등으로 이민을 가기 시작한 것은 영국과의 아편전쟁(1840~1842년) 이후의 일이다. 아편전쟁 이후 중국의 정치·경제 상황의 불안과 1849년과 1877년 전후에 발생한 대기근(200만 명 사망)은 해외 이주를 촉진시키는 계기가 됐다. 먹고살기 어려워지자 새로운 삶을 찾아 이민을 선택한 것이다. 먼저 이민 간 중국인들은 터전을 잡은 후 자신의 친척들을 불렀고, 이는 다시 마을로 확산됐다. 화교들이 혈연뿐만 아니라 지연을 강조하는 것도 이런 이유에서다.

  동남아를 비롯해 화교들은 맨주먹으로 출발, 악착같이 일해서 경제적 성공을 이루었다. 하지만 유독 우리나라에서는 화교들이 능력을 발휘하지 못했다. 한국 화교의 기원은 고종 19년(1882년 6월) 임오군란으로 거슬러 올라간다. 임오군란이 발발하자 청나라는 조선을 돕기 위해 3,000여 명의 병력을 파견하는데, 이때 청군과 함께 온 화상 약 40여 명이 한국 화교의 출발점이다. 초기 화교들은 청군을 돕기 위해 왔지만, 청군이 조선에 장기간 머물러 있게 됨에 따라 이들은 점차 조선과 교류하기 시작한다.

이렇게 정착한 국내 화교들의 영향력이 꽃을 피웠던 시기는 지난 1920년대 10년 동안이다. 당시 서울과 인천에 주로 분포해 있던 화교 무역상들은 비단, 옷감, 면화, 고추 등 각종 중국 농산물을 수입해 한국에 팔았다. 해방 이후에는 이들의 역할이 더욱 커져 1946년 전체 무역 총액의 82퍼센트, 1948년 52.2퍼센트를 차지할 정도였다.

하지만 국내 화교들은 자유당과 박정희 정권의 각종 규제로 인해 급속히 그 위세를 잃고 만다. 자유당 정권과 박정희 정권에서의 두 번의 화폐개혁은 현금을 중시하는 화상들에게 큰 타격을 입혔다. 여기에 지난 1961년 외국인 토지 소유 금지법이 시행됨에 따라 외국인들이 토지를 소유하고자 할 경우에는 정부의 승인을 받아야 했다. 이때 대부분의 화교들은 승인을 얻지 못했고, 갖고 있던 토지를 헐값에 팔아야만 했다. 지난 1970년에는 외국인 토지 취득 및 관리법이 제정되었는데, 이 역시 화교들에겐 큰 타격이었다. 이 법에 따라 국내 화교들은 1가구 1주택 1점포만 소유할 수 있었고, 주택 면적은 200평 이하, 점포는 50평 이하로 제한되었다. 또한 취득한 건물도 임대는 불가능하고 자신들이 직접 장사나 사업을 하는 경우로만 한정됐다.

지금은 중국 시대가 열리면서 화교의 취업이 쉬워졌지만 예전에는 명문대를 나오더라도 대기업에 취업하는 것이 어려웠다. 심지어 자장면 값도 통제했다. 그래서 우스갯소리로 '음식 중에서 가격이 변하지 않는 것은 자장면뿐'이라는 말마저 나왔다. 강도 높은 규제로 많은 수의 국내 화교들은 삶의 터전을 찾아 한국을 떠나게 된다.

화교들은 우리나라 정도는 아니지만 다른 국가에서도 이런 제도적 불이익을 당해 왔다. 동남아 화교들도 부동산으로 큰 부를 축적했지만 규제가 심한 농업에는 종사하지 않는다. 왜냐하면 대부분의 국가들이 토지 소유를 금하고 있기 때문이다.

돈은 잃어도 지식은 뺏기지 않는다

이 세상에서 아무리 많이 써도 사라지지 않고 쓰면 쓸수록 그 가치가 증가하는 자본은 무엇일까? 돈도 화수분을 갖고 있지 않는 이상 무작정 쓰다 보면 언젠가는 고갈되고 만다. '부자가 3대를 가지 못한다'는 말이 있다. 제대로 교육받지 못한 자산가의 자식들이 흥청망청 부를 탕진하는 것을 보면, 역시 돈은 제대로 쓰지 못하면 사라지고 만다는 것을 알 수 있다. 돈이 아니라면 도대체 어떤 자본이 화수분의 역할을 하는 것일까? 사라지지 않는 자본은 인적 자본 혹은 지적 자본이라 불리는 '지식'이다. 지식이 있으면 쓰러져도 재기할 수 있다. 자신의 몸뚱아리를 부려서 다시 일을 시작하면 되기 때문이다.

유대인과 화교들은 지식을 그 무엇보다 중시한다. 유대인은

3000여 년 동안 조국 없는 떠도는 삶을 살았고, 화교들은 더 나은 경제적 삶을 찾아 본토를 떠났다. 유대인 작가로 이런 떠돌이 삶을 그린 작품 『지붕 위의 바이올린』을 쓴 숄렘 알레이헴은 "유대인은 항상 모자를 쓰고 다니는데 그것은 그들이 언제 여행을 떠나도록 강요받을지 모르기 때문"이라고 묘사하고 있다. "한 곳에서 쫓겨나 다른 곳으로 가서 살려면 머리 안에는 남보다 뛰어난 지식이 있어야 했다."

유대인이 지식의 중요성을 그렇게 강조하는 이유는 유대인은 어느 시대나 사회의 최하층민이었기 때문이다. 유대인 거주지역을 나타내는 게토ghetto라는 말이 빈민 거주지라는 말로 쓰이는 것도 그 때문이었다. 그들은 우리나라로 얘기하면 사법고시에 합격해 관계로 나아 갈 수도 없었고, 명예로운 직업을 선택할 수도 없었다. 소위 말해 사회적 지도층으로 나갈 수 없는 유대인들이 믿을 것이라곤 오로지 자신의 능력 즉 지식과 돈밖에 없었다. 헐벗고 못살았던 1960~1970년대 우리나라를 한번 생각해 보라. 이 시대 가장 빠른 신분 상승의 길은 논 팔고 소 팔아서 똑똑한 자식 서울로 유학 보내 고시에 합격시키는 것이었다. 고시에 합격하면 돈 있는 집안에서 혼사가 들어오고, 그러면 자연스레 부와 명예를 가질 수 있었다. 유대인도 마찬가지였다. 고통과 고난 그리고 가난만큼 위대한 스승이 없다는 말은 유대인에게 그대로 적용된다.

그래서 유대인들은 그 어느 민족보다 교육열이 높다. 한국의 교육열은 결코 비할 바가 아니다. 미국에서는 제2의 장거리 전화 회사인 월드컴의 분식회계 문제가 불거진 적이 었다. 그때 시티그룹 계열의 투자은행인 살로만 스미스바니의 유명 애널리스트인 잭 그럽 맨이 월드컴에 대한 분석을 좋게 해서 문제가 됐다. 당시 그럽맨이 좋은 보고서를 써 주는 대가로 샌디 웨일 회장에게 요청한 것은 돈이 아니었다. 자기 자식을 '92스트리트 Y'라는 유대인 센터에서 운영하는 유치원에 입학시켜 달라는 것이었다. 이 유치원 등록금은 유명 사립대학보다 비싼데도 입학 희망자가 줄을 설 정도로 최고의 유치원으로 꼽히는 곳이다. 물론 샌디 웨일이나 잭 클럽맨 모두 유대인이다. 뿐만 아니라 역사상 어린이들에게 의무적으로 초등교육을 실시한 민족도 유대인이다.

『세계를 지배하는 유태인의 성공법』은 유대인들이 어린이에게 자주 들려주는 격언이나 속담을 정리해 놓고 있다.

- 책과 옷을 동시에 더럽혔으면 먼저 책부터 깨끗이 닦아라.
- 배운 내용을 복습하는 것은 외우기 위함이 아니다. 몇 번씩 복습하는 사이에 새로운 것을 발견할 수 있기 때문이다.
- 100번을 복습하는 것과 101번 복습하는 것에는 큰 차이가 있다.
- 부끄러움을 잘 타는 사람은 좋은 학생이 될 수 없다. 사람은 탐욕적으로 배움을 탐해야 한다.

- 만약 눈앞에서 갑자기 천사가 나타나 '토라(유대인의 경전)'의 모든 가르침을 순식간에 체득시켜 주겠다고 해도 이를 거절하라. 인간에게 배우는 과정은 결과보다도 중요하기 때문이다. 인간은 노력을 통해서만 보상받을 수 있다.

하지만 아무리 교육을 강조한다 하더라도 경제적으로 반드시 성공하는 것은 아니다. 명문대를 나와도 경제적으로 윤택하지 못한 사람이 있는 반면, 가방끈이 짧아도 경제적으로 성공하는 사람이 있는 법이다. 유대인 교육에서 우리가 주목해야 할 것은 지식의 중요성을 강조하는 것을 넘어서 경제적 사고 능력을 어떻게 키워 주느냐 하는 것이다.

첫째, 유대인들은 먼저 생존의 논리를 가르친다. 『세계 최강 성공 집단 유대인』의 저자 막스 디몬트는 이를 두고 "'어떻게 하면 살아남을 수 있는가'는 유대주의 사고방식의 중심 문제"라고 말한다. 유대인들은 박해받고 추방당해 언제든 삶의 터전을 잃을 수 있는 운명 속에서 살아왔다. 이런 삶은 이들에게 '어떻게 사느냐'보다 먼저 '어떻게 살아남을 것이냐'를 중시하도록 해 주었다. 흔히 우리나라 부모들은 자녀가 좋은 대학 가서 좋은 직장에 들어가거나 폼 나는 의사나 변호사가 되기를 원한다. 자녀에게 '어떻게'보다 '무엇'을 강조한다.

하지만 변호사라고 다 성공하는 것은 아니다. 이젠 의사도 남들과 다른 차이를 만들어 내지 않으면 도태되는 세상이다. 무슨 일을 하든 뭔가 달라야 한다. 강원대 사회학과 정성호 명예교수는 유대인들의 성공 비결을 '남보다 뛰어나라'고 하지 않고 '남과 다르게 되라'고 가르치는 교육법에서 찾는다. 지금도 유대인들은 "전쟁에서 살아남을 수 있는 민족은 교육된 민족"이라는 사고방식을 갖고 있다.

이런 현실적인 사고로 인해 유대인 노벨경제학상 수상자가 문학이나 다른 예술 부문에 비해 압도적으로 많다는 게 막스 디몬트의 분석이다.

"유대인은 철학에서 스피노자, 경제학에서 마르크스, 의학에서 프로이트, 물리학에서 아인슈타인을 잇따라 내었는데, 왜 문학이나 음악, 미술의 세계에서는 뛰어난 인물을 배출하지 못한 것일까? 아마도 이 물음에 대한 대답은 아웃사이더였던 대부분의 유대인은 각국의 정신생활에서 소외되었고, 자신들도 한데 섞이는 것을 거부한 데서 찾을 수 있을 것이다."

다시 이 말을 정리하자면 사회적 소수자였던 유대인들은 살아남기 위해서 주류의 것이 아닌 비주류의 삶을 선택하는 방식으로 경쟁력을 키웠고, 그 때문에 당시 주류문화·예술에서 두각을 나타내지 못했다는 것이다.

둘째, 인생의 밝은 면보다 어두운 면을 가르친다. 사람들이 돈에 대해 착각하고 있는 부분이 바로 이 대목이다. 대다수의 사람들은 돈이 주는 혹독함보다는 달콤함부터 배운다. 돈을 모으는 법보다 쓰는 것을 선호하는 것은 돈이 주는 밝은 면만 보려고 하는 데서 나오는 태도다. 돈이 힘을 발휘하는 시기는 어려움에 처했을 때다. 정성호 교수는 『유대인』에서 유대인 교육의 특징을 이렇게 설명한다. "어두운 곳을 통해 밝은 곳을 보는 인간으로 성장하라는, 그리고 어떠한 어려움을 만나든 좌절하지 않고 그 어려운 체험을 통해 미래에 대한 희망을 잃지 않고 살아갈 수 있는 인간이 되기 위해 노력을 아끼지 말라는 소망이 (유대인 교육에는) 담겨져 있다."

다음은 『탈무드』에 나오는 얘기다.

스승의 질문과 제자의 대답이다.
"사람의 입은 하나인데, 귀는 둘이다. 왜 그렇겠는가?"
"이야기하는 것보다 더 많이, 잘 들어야 한다는 뜻입니다."
"사람의 눈은 흰 부분과 검은 부분으로 이루어져 있다. 그런데 왜 검은 부분으로 세상을 보는 것일까?"
"세상을 어두운 면에서 보는 편이 좋기 때문입니다. 밝은 면에서 보면 지나치게 자신에 대해서 낙관적인 사고방식을 갖게 되기 때문에 그로 인해 교만해지지 않도록 경계하기 위함입니다."

화교의 교육관에도 유대인과 비슷한 것들이 많다. 앞서 얘기했듯이 부동산으로 큰돈을 번 동남아 화교들도 정부 규제가 심한 토지 투자는 꺼린다. 언제 제도가 바뀌어 재산을 빼앗길지 알 수 없기 때문이다. 반면 이동자산에 대한 투자는 많이 한다.

유대인들이 다이아몬드 산업을 장악했듯이 화교 기업가들 중에는 해운업에 뛰어든 이들이 많다. 지난 1949년 이후 홍콩과 타이완에 정착한 상하이 출신 중 상당수의 기업인들이 해운업에 뛰어들었다. 선박은 이동이 쉽기 때문이다.

화교들은 교육에 대한 투자도 이동 가능한 자산으로 바라본다. 화교들의 교육열이 유대인 못지않게 높은 이유가 여기에 있다. 지식이란 자산은 현재 거주하는 나라에서 전 재산을 빼앗기고 쫓겨나더라도 절대 빼앗길 수 없는 자산이다.

이들이 이렇게 이동자산에 관심을 갖고 있는 이유는 유대인처럼 사회적 소수자로 많은 고난을 겪어 왔기 때문이다. 화교 기업가들을 대상으로 한 조사에 따르면 이민 1세대 중 90퍼센트는 전쟁을 경험했고, 40퍼센트는 문화혁명과 같은 정치적 혼란기를 살아왔고, 32퍼센트는 가정을 잃었고, 28퍼센트는 경제적 재난으로 전 재산을 날릴 정도의 위기를 겪었다. 화교들은 불확실성을 삶의 조건으로 살아왔던 것이다. 불확실성을 살아가는 방법으로 그들이 터득한 것이 바로 절약과 높은 교육열이다. 이런 태도는 '지식은 결국은 남보다 앞선 생각을 할 수 있고 생존은 물론 향상된 생활을 보장한다'는 유대인의 사고방식과 일맥상통하는 것이다. 세계 3대 화상으로 꼽히며 자산이 72조 원이 넘는 타이완 포모사그룹을 이끈 왕융칭 회장은 "수중에 있는 돈은 힘으로 빼앗을 수 있지만, 사람에게 내재된 역량은 무력으로도 훔쳐가지 못 한다"고 말한다.

둘째, 어려서부터 경제에 관한 실전 교육을 시킨다. 우리나라 부모들은 아이들이 돈에 대해 얘기하면 '그런 것에 신경 쓰지 말고 공부나 하라'고 아이들을 야단친다. 그러나 화교들은 정반대다. 오히려 어려서부터 적극적으로 경제활동의 의미와 기업가적 사고방식을 가르친다. 부모들은 불확실성을 해소하기 위해 직업 선택이나 사업에 있어서 리스크 관리의 중요성을 가르친다. 때문에 화교들은 직장생활보다는 전문직에 종사하거나 창업을 하는 경우가 많다. 직장생활을 하더라도 동업으로 2~3개의 점포나 사업에 투자하는 것이 일반적이다. 샐러리맨은 직장에서 쫓겨나면 그만이기 때문에 화교들은 불확실성을 이겨내기 위해 자신의 돈과 일을 분산해 놓고 있는 것이다.

아시아 최대의 재벌인 리카싱은 회사 이사회 때 아들 둘을 참석시킨 적이 있다. 아이들이 8세(리쩌쥐), 9세(리쩌카이)일 때였다. 이사회 모습을 방청하면서 스스로 기업 경영에 대한 공부를 할 수 있도록 한 것이다. 리카싱과 이사들이 서로 의견이 달라 격론을 벌이자 두 아들은 울음을 터뜨렸다. 리카싱은 아이들을 달래기보다는 "논쟁은 회사의 이익을 위해서 하는 아주 정상적인 것"이라고 아이들을 가르쳤다. 화교들이 자식에게 살아 있는 경제 교육을 어떻게 시키는지 엿볼 수 있는 일화다.

포모사그룹의 왕융칭 회장의 교육관은 '암탉과 병아리'의 비유에서 잘 표현된다. "우리는 막 태어난 병아리가 매우 허약하다는 것을 알고 있습니다. 스스로 모이를 먹을 수 없는 병아리에게 암탉은 쌀알을 잘게 쪼개서 일일이 작은 입에 넣어 주는 정성을 보입니다. 그러나 병아리가 자라 풀을 뜯을 때쯤이면 더 이상 먹이를 먹여 주지 않습니다. 만약 홀로 서야 할 병아리가 아직도 암탉에게 먹이를 바라면 당장 쫓겨납니다."

이밖에 화교들은 유대인들과 달리 유교적 가풍을 중시한다. 유대인 교육이 개성을 중시하는 방향이라면 화교들은 경제적 토대 위에 신의나 신용 등 유교적 가치를 더한 사고를 가르친다. 이는 문화적 경험의 차이에서 나오는 것이다. 하지만 차이보다 더 중요한 것은 화교나 유대인 모두 경제적 성공을 위한 공통된 사고방식을 갖고 있다는 점이다.

유대 상술의 기초, 78 : 22의 법칙

　　　　유대인과 중국인은 아라비아 상인과 함께 세계 3대 상인으로 불린다. 세계 3대 상인답게 이들의 삶에는 돈에 관한 지혜가 많이 담겨 있다. 화교나 유대인들은 불안한 삶을 살아온 존재들이다. 경제적으로 어려움을 겪은 사람일수록 돈에 대한 집착이 강하듯이 유대인과 화교도 마찬가지다. 하지만 단순히 돈에 대한 집착만으로 그들의 경제적 성공을 말하기에는 무리가 있다. 집착을 넘어서는 그 무엇이 있었기에 그들은 지금의 부를 일굴 수 있었을 것이다. 여러 가지 이유가 있지만 우리가 투자를 하거나 비즈니스 의사결정을 할 때 참고할 만한 것들 위주로 정리해 보았다.

　　첫째, 화교나 유대인들은 지독할 정도로 현금을 선호한다. 유대인들은 상거래를 하는 상대방은 물론 상담 시간까지도 현금으로 환산하는 특성을 갖고 있다. 오랫동안 핍박과 박해를 받으면서 현금의 중요성을 뼈저리게 느꼈기 때문이다. 현금은 어려울수록 빛을 발하는 특성이 있다. 일례로 IMF 환란 사태 이후 기업들이 부채 비율을 줄이고 현금 유동성을 확보하는 것을 제1의 자금 관리 원칙으로 삼은 것은 충분한 현금이 있으면 불확실한 미래에 능동적으로 대처할 수 있다는 것을 온몸으로 배운 탓이다. 나는 서울 명동 등 사채시장을 취재하면서 성공한 사채업자들을 만날 기회가 있었다. 그들은 한결같이 빚을 싫어하고 내 손안의 현금을 선호한다는 공통점을 갖고 있었다. 현금은 불확실성을 이기는 유력한 방도다.

둘째, 이들은 어려서부터 돈과 저축의 중요성을 철저히 배운다. 중국인들은 아이들 돌잔치에 붓과 주산을 올린다. 이들이 생각하는 비즈니스의 궁극적인 목표는 돈을 버는 것이다. 이것은 유대인들도 마찬가지다. 『탈무드』에는 돈과 저축의 중요성을 가르치는 말들이 많다.

- 월급이 적을 때에는 저축하는 습관을 길러라. 그렇지 않으면 수입이 늘어도 저축할 수 없다.
- 버는 자보다 모으는 자가 이긴다.
- 자신의 장래를 걱정하지 않는 사람은 미래에 자신의 과거를 걱정하게 된다.

- 사람은 빵을 담는 바구니가 비게 되면 화를 내기 쉽다.
- 가난과 궁핍은 자랑과 공존할 수 없다.
- 가난한 자는 언제 기뻐할까? 바로 잃어버린 것을 찾고 있는데, 그것을 발견했을 때이다.

 돈과 저축의 중요성을 빨리 터득하는 길은 숫자와 친숙해지는 것이다. 유대인이나 화교는 모두 어릴 때부터 생활 속에 숫자를 끌어들이는 데 익숙하다. 그들은 추상적인 표현보다는 구체적인 수치로 표현하는 것을 선호한다. 정성호 교수는 "우리의 경우 일반적으로 '오늘 날씨가 덥군요'라던가 '날씨가 어제보다는 풀렸습니다'라고 말하지만 유대인은 이를 숫자로 표현한다. 즉, '오늘은 화씨 80도입니다' 또는 '오늘은 어제보다 화씨 15도 정도 내려갔습니다'라고 정확한 수치를 표현하기를 좋아한다"라고 지적한다. 유대인들의 숫자 감각은 아예 태생적인 것인지도 모른다. 유대인들이 성경으로 삼는 모세 5경 중 하나인 「민수기」에는 이런 대목이 나온다.

 "이스라엘의 장자 르우벤의 아들들에게 난 자를… 20세 이상으로 싸움에 나갈 만한 남자를 다 계수하니 4만 6,500명이었다.… 시므온의 아들들에게 난 자를… 계수하니 5만 9,300명이었다.… 갓의 아들들에게 난 자를… 계수하니 4만 5,650명이었다.…"

 어려서부터 이런 식의 얘기를 듣고 컸다면 숫자 감각이 생기지 않을 수 없을 것이다. 화교들도 마찬가지다. 화교 기업들의 주요 특징 중 하나가 비용 절감 능력이 탁월하다는 점이다. 화교들은 어려서부터 부모에게 사업 훈련을 받는 탓에 수리 감각이 뛰어나다고 한다.

셋째, <mark>위험 관리를 위한 분산 투자를 생활화한다.</mark> 현대적 의미의 포트폴리오 이론을 정립한 1990년 노벨경제학상 수상자 마코위츠 박사는 직업과 투자의 관련성을 분산 투자 관점에서 이렇게 해석한 적이 있다. "만일 당신이 은행원이라면 은행 관련주를 사는 것은 적절치 않다. 은행원으로서의 소득이 있기 때문에 분산 투자 차원에서 비은행 관련주에 투자해야 한다." 즉 은행원이 은행주에 투자하는 것은 일종의 몰빵 투자라는 것이다.

유대인들과 화교들은 투자 자산의 배분 차원을 넘는 분산 투자를 한다. 동남아 화교들은 가족들이 여러 지역에 흩어져 거주한다. 경제적인 강자지만 사회적으로 소수자인지라 정치적 이유 등으로 인해 위험에 빠질 경우에 대비하기 위해서다. 가족 재산을 국가를 초월해 분산해 놓고 있는 것이다. 큰 부를 일군 화교들은 자녀를 유학 보낼 때 한 나라에만 보내지 않는다. 우리나라의 경우에는 대개 미국으로 유학 보내지만 화교들은 미국, 일본, 영국 등 여러 나라로 보낸다. 자식 교육에도 분산 투자 원리를 적용하고 있는 것이다.

일부 대규모 화교 기업들은 우리나라로 얘기하면 문어발식으로 기업을 확장하기도 한다. 재벌에 대한 인식이 좋지 못한 우리나라에서는 이를 두고 방만한 문어발식 경영으로 비판하지만 일부 화교 대기업들은 이런 확장을 '분산 투자'로 해석한다. 대표적인 인물이 홍콩 경제를 장악하고 있는 리카싱이다. 아시아 최대 재벌인 리카싱은 부동산, 금융, 통신, 해운, 항공 등 돈이 되거나 전망이 있는 곳이라면 적극적으로 투자한다. 분야를 넘어서 캐나다, 영국 등 다국적으로 투자를 한다. 이에 대해 리카싱은 "투자의 법칙에 따라 계란을 한 광주리에 담지 말라"는 철학을 적용한 것이라고 말한다. 다국적 투자의 배경에는 "동양은 밝지 않은데 서양은 밝다"는 분산 투자의 관점이 자리 잡고 있는 것이다.

유대인들은 오래 전부터 분산 투자의 중요성을 이해하고 있었다. 유대교 경전인 『탈무드』에는 이런 얘기가 나온다. "모든 사람이 자기 돈을 세 부분으로 나누도록 하라. 그리고 3분의 1을 토지에, 다른 3분의 1을 사업에 투자하고, 나머지를 준비금으로 보유토록 하라. 이를 현대적으로 해석하면 토지는 부동산을, 사업은 주식을, 준비금은 채권이나 은행 예금 등 현금성 자산을 의미한다. 유대인들이 어려서부터 반복 암기와 토론을 통해 공부하는 『탈무드』에 이런 얘기가 나오는 것을 감안하면, 분산 투자의 사고방식은 유대인들의 머릿속에 뿌리 깊이 자리 잡고 있다고 해도 과언이 아닐 것이다.

왜 이들은 어려서부터 분산 투자의 중요성을 교육받는 것일까? 유대인과 화교들이 늘 '최악의 상황'을 가정하고 있기 때문이다. 이들은 원래 기존 사회의 주류가 아니라 아웃사이더이였다. 언제 박해를 당할지도 모르고 정치적 변화로 인해 재산을 압류 당할지도 모르는 상황에 늘 내몰려 있었다. 정치·경제적 변화가 생기더라도 자신을 안정적으로 지키기 위해서는 분산 투자가 필요하다는 것을 삶 속에서 체득할 수 있었던 것이다.

넷째, <mark>가난한 자와 부자의 삶의 차이를 명료하게 이해한다.</mark> 재테크 담당 기자 생활을 하면서 만났던 자수성가형 부자들 중에 상당수가 어려서 가난했던 사람들이다. 그들은 가난에 대한 본능적 두려움을 갖고 있다. 다시 가난해지는 것이 얼마나 고통스러운 것인지 그들은 몸으로 알고 있다. 그래서 일부 자수성가형 부자들은 부자가 되기 위해서는 부자에게 배우는 것도 중요하지만 가난한 사람들에게 배우는 것이 더 중요하다는 충고를 한다. 가난의 실체를 알면, 가난해지지 않으려는 불타는(?) 의지가 생긴다는 것이다.

일본의 유대 전문가 테시마 유로의 『가난해도 부자의 줄에 서라』라는 책을 보면 1장 제목도 '가난해도 부자의 줄에 서라'이다. 1장의 소제목은 크게 세 가지인데, '빈부의 차이를 인정하라', '부자의 줄에 서라', '부자는 가난한 사람들을 연구한다' 등이다.

각 소제목의 핵심 내용을 간추리면 다음과 같다.

'빈부의 차이를 인정하라' : 돈은 많으면 많을수록 좋다. 그러나 모든 사람이 돈을 풍족하게 갖게 되면 돈의 가치는 내려간다. 빈부의 차가 있기 때문에 돈이 위력을 발휘하는 것이다. 부자는 가난한 사람을 전제로 하고 있다. 만약 모든 사람이 부자가 되어 버린다면 부자가 되어도 의미가 없을 것이다.

'부자의 줄에 서라' : 부자의 마지막 줄에 선 사람이 가난한 사람들의 맨 앞줄에 선 사람보다 실제로 부자가 아닐 수 있다. 설사 그렇더라도 부자의 줄에 서는 것이 낫다. 왜냐하면 마지막 줄이라도 부자의 줄에 서 있는 사람은 부자의 사고방식을 갖게 되지만, 가장 앞줄에라도 가난한 사람들의 줄에 서 있으면 영원히 가난이라는 사고방식에서 벗어나지 못하기 때문이다.

'부자는 가난한 사람들을 연구한다' : 부자보다 가난한 사람이 압도적으로 많다는 사실에서 발상의 전환이 시작된다. 그리고 부자는 다수의 가난한 사람들에게 얻은 이익으로 부를 축적하는 것이지, 결코 부자들로부터 부를 축적하고 있는 것이 아니다. 가난한 사람들이야말로 부의 원천인 것이다. 부유해지기 위한 원점은 바로 여기에 있다. 여기서 말하는 가난한 사람들이란 말 그대로 가난한 사람인 경우도 있고 부자를 포함한 모든 고객이 될 수도 있다. 왜냐하면 고객(구매자)은 자신이 갖고 있지 않은 물건에 대해 돈을 지불하고 얻기를 원하기 때문이다. 원하는 물건을 갖고 있지 않다는 것은 곧 가난한 것이다.

유대인들은 이 사회에 '8:2의 법칙'이 적용되고 있다는 사실을 잘 알고 있다. 가진 자와 못 가진 자로 사회가 나눠진 것은 불평등한 시스템 때문이 아니라 자연의 순리로 받아들인다. 유대 상술의 기초가 되는 법칙이 '78:22의 법칙'이다. 정사각형과 그 정사각형에 내접하는 원의 면적과 원의 면적을 제외한 나머지 정사각형 면적의 비율은 78:22다. 공기 중의 산소의 비율도 비슷하다. 돈을 빌리고자 하는 사람은 빌려 주는 사람보다 많다. 유대인들은 이 비율도 78:22로 해석한다. 그래서 22쪽에 자신들을 세우려고 한다. 당신은 유대인처럼 22를 선택할 것인가, 아니면 경제적으로 고통받는 78에 서고 싶은가. 그 선택은 누구도 아닌 당신에게 달려 있다.

다섯째, **부동산에 밝다**. 유대인과 화교 거부 중에는 부동산으로 부를 축적한 이들이 많다. 홍콩 최대의 재벌 리카싱도 부동산으로 부를 축적했고 미국 사회에서도 부동산 재벌들은 대부분 유대인들이다. IT(정보통신) 열풍이 불기 전인 80년대 말까지만 해도 「포브스」지에서 매년 발표하는 부자 랭킹 상위 15명 중 6~7명은 부동산 재벌들이었다. 물론 6~7명은 늘 유대인들이었다. 때문에 일부에서는 이런 유대인들을 두고 '부동산 귀족'이라고 부르기도 한다. 화교들의 비즈니스도 대부분 부동산과 연계돼 있다. 정성호 교수는 『화교』에서 화교 비즈니스의 중요한 특징 중 하나가 '부동산과의 연계'라고 분석한다. 정 교수는 "화교들에게 부동산은 유형인데다가 추가 자본을 획득할 수 있는 담보로 이용할 수 있어 최상의 투자 대상이 되고 있다"며 "사실상 화교 기업가들의 부는 대부분 부동산"이라고 설명한다.

유대인과 화교들의 부동산에 대한 집착은 유목민이었다는

점에서 그 이유를 찾을 수 있다. 유대인 거주지인 게토에서 해방되기 전까지만 해도 유대인들에게 부동산은 계륵과 같은 존재였다. 『탈무드』에서는 자신의 재산 중 3분의 1을 토지에 투자하라고 했지만, 언제 박해받아 쫓겨나거나 빼앗길지 모르는 상황에서 토지에 투자하기란 쉽지 않았다. 그래서 부동산보다는 환금성이 뛰어난 현금이나 다이아몬드 등의 동산을 선호했다. 유대인들이 다이아몬드 산업을 장악하게 된 이유 뒤에는 이런 배경이 자리 잡고 있다. 하지만 유대인들은 제2차 세계대전이 끝난 후 이스라엘이 건국되면서 그동안의 신분의 족쇄에서 완전히 해방되자 오랫동안 마음속으로만 품어왔던 부동산 소유의 꿈을 미국에서 실현하기 시작한다. 부동산 투자는 부자가 되는 중요한 방법이라는 사실을 유대인과 화교들이 경험적으로 보여주고 있는 것이다.

아시아 최대의 갑부 리카싱 평전을 쓴 린원웨이는 리카싱의 부동산 투자관에 대해 이렇게 적고 있다.

"리카싱은 현실적이다. 부동산은 단기적인 효과를 볼 수 있는 십중팔구 안전한 투자다. 그러므로 투자를 했으면 곧바로 돌아오는 것이 있기를 바라는 리카싱은 대부분의 자금을 부동산에 투자하고 있다. 리카싱은 적게 벌지언정 절대로 손해는 보지 않는다."

믿을 건
가족밖에
없다

우리는 '어려울수록 가족밖에 없다'는 말을 흔히 한다. 곤경에 처하면 끝까지 옆에서 자신을 지켜봐 주고 도와주는 사람은 가족밖에 없다는 얘기다. 고난과 박해의 삶을 살아온 유대인들과 화교들도 마찬가지다. 이들은 가족의 가치를 중시한다. 밖으로 폐쇄적으로 비치더라도 일단 가족 간의 유대 관계에 중점을 둔다.

지금도 국제 금융계에 막대한 영향력을 끼치고 있는 로스차일드 집안이 대표적이다. 나폴레옹 전쟁 뒤 사실상 유럽의 숨은 지배자였던 로스차일드 집안을 두고 "로스차일드의 지원이 없으면 유럽의 어느 왕도 전쟁을 일으킬 수 없다", "고대 유대인은 한 왕에게 복종했다는데, 지금은 여러 왕들이 한 유대인에게 머리를 조아린다"는 말이 있을 정도로 이들의 영향력은 대단했다. 거지 소굴 같은 게토에서 고물상과 환전상으로 로스차일드 집안을 일으킨 마이어 암셀 로스차일드(1744~1812년)는 다섯 아들들을 프랑크푸르트, 런던, 파리, 빈, 나폴리로 보내 전 유럽의 금융 네트워크를 일군 인물이다.

  이 집안은 재산이 밖으로 나가는 것을 꺼려 집안끼리만 결혼할 정도로 가족 관계를 중시했다. 그는 11살 때 부모가 천연두로 죽기 전까지 유대교 랍비 양성 학교에 다녔다. 부모의 죽음으로 소년 가장이 됐던 그는 철저히 『탈무드』를 신봉했던 인물이다. 그의 장남 암셀도 『탈무드』를 생명처럼 신봉하며 아버지 뒤를 이어 프랑크푸르트 금융계의 거물로 성장했다. 마이어가 눈을 감으면서 다섯 아들에게 '묶여 있는 화살'처럼 흩어지지 말고 함께 가업을 이어가라고 한 유언은 유명하다. 하나의 화살을 부러뜨리기는 쉽지만 다섯 개를 묶어 놓으면 부러뜨리기 어려운 것처럼 자식들에게 힘을 합쳐 살라고 유언할 정도로 가족을 중히 여겼다.

  『탈무드』에는 가정의 중요성을 강조하는 말이 많다고 한다. "인간에게 가정이 있다는 사실만큼 더 큰 기쁨은 없다", "양파밖에 먹을 수 없다고 하더라도 집을 구하라. 식비를 줄여서라도 집에 투자하라", "아무리 가난한 사람이라도 자기 집에서는 왕이 될 수 있다."

  유대인이 설립한 기업 중에는 이처럼 가족기업이 적지 않다.

미국 뉴욕에서 가장 유명한 부동산 업자 중 한 사람인 사무엘 르프레이크(1918~2003년)는 4대에 걸친 가족 경영을 하고 있다. 이 집안의 성공 비결은 끈끈한 가족애로 알려져 있다. 그도 후손들에게 가족 경영에 성공하기 위해서 꼭 지켜야 할 원칙을 남겼는데, 하나는 정직하라는 것이고 다른 하나는 남들에게 대접받기 원하는 것처럼 남들을 대하라는 것이다. 이 두 가지는 『탈무드』에서 중요하게 다루고 있는 삶의 원칙이다. 메이시스Macy's 백화점을 키운 스트라우스 집안도 가족 경영을 하고 있다.

화교들도 가족을 중시하기는 유대인과 다름없다. 미국의 대표적인 IT 기업 CA(컴퓨터 어소시에이트, 현 CA 테크놀로지스)의 창립자 찰스 왕은 화교인데, 그의 초기 사업 밑천은 가족들과 친지들이 모아서 준 돈이었다. 화교 기업들의 주된 관심사 중 하나는 바로 가족을 하나로 결속시키는 것이라고 한다. 설사 과다고용 문제나 실업 문제를 일으키더라도 가족 전체를 사업에 참여시킨다. 그리고 가족 간의 갈등이 밖으로 새어 나가는 것을 극도로 꺼려해 내분이 생기더라도 밖으로는 단합된 모습으로 보이도록 노력한다. 또한 유교적 전통에 따라 장자의 역할이 강조되고 자손들은 효의 의무를 다해야 한다. 아들은 작고한 부모를 포함한 조상을 섬길 의무를 가진다. 아들이 없고 딸만 있는 일부 화교 노인들은 임종 시에 양자를 선택, 전 재산을 상속하기도 한다. 양자는 자식으로서의 의무를 성실히 다해야 한다.

사회적 소수이고 유목민이었던 이들에게 가족은 경제적 삶의 단위이면서 동시에 사업의 기본 단위 역할을 했다. 그래서 이들은 가족 간의 유대감을 중시한다. 이들의 이런 태도는 현대를 사는 우리들에게 시사하는 바가 크다. 지금의 시대는 가족의 윤리라는 차원을 넘어 경제적 차원에서도 가족이 중시되는 시대인 것이다.

남보다
뛰어나기보다
남과 다르게 돼라

지금까지 유대인과 화교들의 성공 비결과 그들의 돈에 대한 철학 그리고 비즈니스 방식에 대해 대략 살펴봤다. 이제부터는 그들의 비즈니스 방식에서 우리가 얻을 만한 아이디어가 무엇인지에 대해 알아보자. 유대인과 화교들의 성공은 현대 자본주의를 살아가는 우리에게 몇 가지 아이디어를 제공해 주고 있다.

독점적 이윤을 모색하라

첫째, 시장 선점자와 경쟁하지 말라. 유대인들은 생존을 위해

'틈새'의 중요성에 일찍 눈을 떴다. 유대인은 늘 박해와 폭력으로 인해 생존에 몸부림을 쳤던 사람들이다. 예전에 유대인 거주 지역인 게토에서 하루 벌어 하루 먹고사는 생활을 했던 유대인들은 자그마한 틈새나 희망이 보이면 거기에 달라붙어 악착같이 살아남아야 했다.

그래서 생긴 말이 '공기인간(르후트벤슈)'이라는 말이다. 『유태인 상술 화교 상술』의 저자로 유대인과 화교 전문가인 일본의 미야자키 마사히로는 "유대인들은 생존을 위해서는 상황에 따라 작은 틈새라도 절묘하게 비집고 들어가는 능력을 지니고 있다"고 말한다.

이들이 성공적인 비즈니스를 해온 분야를 보면 이 사실을 금방 알 수 있다. 지금은 주류 산업이 됐지만 과거에는 모두 틈새 비즈니스였거나 주류들이 하기 싫어하는 더럽고 dirty 위험하고 dangerous 어려운 difficulty 3D 분야에서 성공을 이끌어냈다.

현대에 들어와서 유대인들이 막강한 힘을 발휘하고 있는 분야인 금융업도 유대인들이 진출했을 때는 대표적인 3D 비즈니스였다. 중세 유럽에서 게토에 갇혀 살던 유대인들은 땅을 자신의 명의로 소유 하거나 정규직에 진출할 수 없었다. 지금으로 얘기하면 자영업자와 기술자 조합인 길드(중세시대에 상공업자들이 만든 동업조합)에 가입하는 것도 인정되지 않았다. 당시 유대인들에게 허가된 비즈니스 중에 하나가 바로 돈을 꿔주고 이자를 받는 대금업貸金業이었다. 기독교에서는 이자 받는 행위를 죄

악으로 여겼기 때문에 기독교인들은 대금업에 종사하지 않았다. 반면 유대 율법에서는 융자나 대출을 죄로 보지 않았다. 이런 이유로 유대인들이 대금업 시장을 독식할 수 있었고, 그때 부를 축적한 업자들은 대규모 금융업자로 성장하는 계기를 만들 수 있었다. 대표적인 집안이 로스차일드 집안이다. 로스차일드가는 나폴레옹 전쟁에서 전쟁 비용을 빌려주면서 많은 돈을 벌었다. 영국과 오스트리아에 1억 파운드 이상을 빌려 주어 단기간에 거대한 부를 쌓아올린 것이다.

처음으로 지폐와 어음을 만들어 융통했던 것도 유대인들이었다. 언제 박해가 시작되어 도망가야 할지 몰랐던 탓에 무거운 동전보다는 가벼우면서 고액인 지폐와 어음이 편리했기 때문이다.

유대인이 백화점 사업에 진출했던 이유도 기존 주류 시장에 진입할 수 없었기 때문이다. 18세기 당시만 해도 기존 유통 구조는 '전문점 형태'였다. '구두는 구두 가게에서, 냄비는 철물점에서' 하는 식으로 유통업은 전문점 형태를 취하고 있었다. 유대인들은 기존 상인들의 텃세를 피할 수 있는 길을 모색했고, 그것은 백화점이란 형태의 비즈니스로 꽃을 피웠다. 유대인들이 한 건물에서 여러 종류의 물건을 갖다놓고 팔기 시작하면서 백화점이 유통업의 중요한 채널로 등장했다. 미국의 대표적인 백화점인 메이시스와 블루밍데일스 등의 지주회사인 페더레이티드 디파트먼트 스토어와 시어스로벅도 유대인과 밀접한 연관을 갖고 있다. 이들 두 회사의 창업주는 유대인은 아니었지만

이 회사들을 세계적 기업으로 키운 인물들은 모두 유대인이었다.

유대인들은 금융업이나 유통업 등 주류가 아닌 탓에 진출할 수 있었던 분야를 생업으로 삼았기 때문에 성공했다. 남들과 다른 길을 가거나 남들과 다르게 해야 한다는 것은 자본주의의 생존 원리이다. 유대인들에겐 박해가 어찌 보면 큰 축복이었던 셈이다.

화교들도 유대인과 거의 흡사한 사고방식을 갖고 있다. 유대인들이 틈새 비즈니스를 개척해 오늘날 커다란 부를 쌓아올린 것처럼 화교들도 틈새 비즈니스에 능하다. 주류가 아닌 이들의 운명은 기존 주류가 하지 않는 것. 다시 말해 기존 주류들이 더럽고 위험하고 어려워서 하지 않는 일이나 기득권에 취해 쳐다보지 않는 비즈니스를 전개해 돈을 벌었다. 화교들은 경쟁이 심하지 않고 시장 지배력도 쉽게 확보할 수 있는 시장에 특화하는 경향이 있다. 만일 이런 시장을 선점하면 높은 독점적 이윤을 취할 수 있기 때문이다. 워런 버핏이 투자할 때 선호하는 기업과 화교의 비즈니스 방식에는 공통점이 있다. 바로 경쟁자 없이 독과점적 위치를 구축하는 것이다.

'어떻게'에 집중하고 리스크를 줄여라

둘째, '무엇'보다 '어떻게'에 집중하라. 창업을 준비 중인 사람들을 만나보면 모두 아이템을 찾는 데 골몰한다. '돈 버는 아이템이 무엇인가?'를 고민하는 것이다. 물론 아이템은 중요하다. 하지만 더 중요한 것은 기존에 있는 아이템이라도 '어떻게 하느냐'이다. 같은 상권에서 같은 아이템을 팔더라도 잘되는 상점이 있고 그렇지 못한 데가 있다. 이런 차이는 바로 '어떻게'에서 나오는 것이다.

유대인 부모들은 자녀를 키울 때 무엇이 되라고 얘기하기보다는 남과 다르게 되라고 얘기한다고 한다. 나는 이 말속에 수많은 비즈니스의 비밀이 담겨 있다고 생각한다. '어떻게'는 새로운 비즈니스보다는 이미 검증된 비즈니스에서 나오는 것이 많다. IT(정보기술) 분야처럼 기술 개발의 속도가 빠른 곳은 '무엇'이 중요하다. 하지만 음식점, 출판, 제조업 등 이미 검증된 곳에서는 '어떻게'가 승부의 관건이다. '어떻게'로 승부가 가능한 곳은 대개 앞서 얘기했듯이 폼 나지 않는 3D 관련 일이 많다. 화교들의 특징 중 하나가 '힘든 일을 기꺼이 하는 것'이다.

셋째, 초기 위험 부담을 줄여라. 무슨 일을 하든지 초기 위험 부담을 줄이는 게 중요하다. 리스크를 늘 생각하라는 것이다. 화교들은 직장생활을 하면서 삶의 불확실성을 줄일 요량으로 쌈짓돈을 모아 점포나 사업에 투자하는 경우가 많다. 이렇게 하면 초기 자금 부담을 줄이면서도 성공의 과실을 맛볼 수 있기 때문이다. 하지만 실패하는 사람들은 처음부터 폼 나는 일을 하고 싶어 하고, 사무실도 좋은 곳에 두고 싶어 한다.

투자에 있어서도 마찬가지다. 한 번에 승부를 보려고 한다. 하지만 유대인과 화교들이 우리에게 가르쳐 주는 것은 적더라도 확실하게 먹을 수 있는 곳부터 공략하는 것이다. 유대인의 비즈니스 방식은 철저한 '현물주의'에 따른다. 실제로 상품이 존재하고 그 상품의 가치를 평가할 수 있어야만 가격 교섭이 가능하다고 생각한다. 이를 투자에 적용해 보면 '숲 속의 새 떼보다는 손안의 새 한 마리'를 중시하는 사고와 잇닿아 있다. 작지만 꾸준히 확실한 수익을 만들어 가는 것이 돈이라는 마라톤 게임에서 이기는 길이다.

공부는 끝이 없다. 지식에 투자하라

넷째, 공부는 끊임없이 평생 하라. 유대인이 낳은 천재 중 한 사람인 알버트 아인슈타인은 자서전 『만년의 회상』에서 이렇게 말한다.

"교육이란 학교에서 배운 것을 전부 잊어 버린 후에 자신의 몸에 남는 것이다."

"교육은 타인으로부터 독립하여 사고할 수 있는 인간을 만들기 위한 훈련이다. 교육의 힘은 사회가 맞닥뜨리는 복잡한 문제들을 푸는 데 유용하게 쓰여야 한다."

또 『탈무드』에는 이런 말이 있다.

"나이 들어 처음 글을 배우는 사람은 젊은 아내를 맞아들인 노인과 같다."

화교들은 교육도 중요한 이동자산으로 생각하고 교육에 많은 투자를 한다. 돈으로 하는 일은 돈이 없으면 망한다. 하지만 돈을 적게 들여 머리로 하는 일은 망해도 좋은 경험을 하나 얻는 결과를 얻을 수 있다. 상식적인 사람이라면 전자보다 후자가 훨씬 더 안전하고 훌륭할 뿐만 아니라 수익성 높은 일이라는 걸 쉽게 판단할 수 있을 것이다. 투자의 세계도 마찬가지다. 투자의 세계에서도 창의적인 아이디어는 중요하다. 유대인들이 아이디어가 많이 필요한 금융업과 부동산업 그리고 영화 산업에 큰 영향력을 행사하는 것은 그들이 '지식과 학습'이 돈벌이로 연결된다는 사고를 하고 있기 때문이다

6장

위대한 투자가는
위대한 사상가다

세상과 인생을 보는 눈

위대한
인물들의
재테크 실력

나는 개인적으로 위대한 사람들의 일생을 다룬 평전류나 자서전을 좋아한다. 옷 입는 감각이 형편없고 외양에 별 신경을 쓰지 않는 성격인데도 향수 샤넬 NO.5로 유명한 샤넬의 평전은 읽는다. 한 번도 캘빈클라인의 옷을 입어 보지는 않았지만 그의 삶을 다룬 책은 찾아 읽는다. 섹스 잡지로 유명한 「플레이보이」는 고등학교 졸업 이후 거의 본 적이 없지만 창립자인 휴 헤프너의 삶을 다룬 책은 「플레이보이」 못지않게 재미있게 읽었다. 신은 믿지만 종교를 갖고 있지 않아도 부처나 예수, 신학자인 고 문익환 목사, 한신대 창립자 김재준 목사 등의 삶에는 관심이 많다.

그림에 문외한이어도 미술가의 삶을 다룬 책들을 자주 찾는다. 그들이 어떻게 살았는지, 왜 그런 그림을 그렸는지 알고 싶어서다. 최근에는 뜸하지만 한때 문학청년이었던 시절에는 소설책도 즐겨 읽었다.

철들어 갈 무렵(나는 30대 중반이 되어서야 조금 철이 들었다) 그들의 삶을 읽어 가면서 위대한 인물들이 '돈을 어떻게 생각하고, 어떻게 밥벌이를 했는가'가 궁금해졌다. '과연 위대한 인물들은 돈으로부터 자유로웠을까?', '그들도 재테크를 했을까?', '재테크를 했다면 어떻게 돈을 벌었을까?', '사업 감각은 어떠했을까?' 등을 머릿속에 떠올리며 책을 읽어 나갔다. 한 가지 내가 얻은 결론은 극히 일부를 제외하고는 어느 누구도 돈으로부터 자유롭지 못했다는 점이다.

가난에 치여 죽은 해바라기 화가 고흐와 젊어서부터 갑부로 산 피카소의 삶을 비교하면서 과연 누가 더 행복했을지 생각해 봤다. 나는 독자 여러분에게 묻고 싶다. "배부른 피카소의 삶과 굶주린 고흐의 삶을 선택하라면 누구를 선택하겠는가"라고. 나는 이왕이면 피카소를 선택하고 싶다. 그래서 피카소가 어떻게 돈을 벌었는지 궁금했다.

경제학자들도 마찬가지다. 과연 매일 경제를 가지고 씨름하는 경제학자들 중 정말 투자를 통해 돈을 번 사람은 누구일까? 그들이 재테크에 성공했다면 어떤 투자 철학과 투자 원칙을 가졌을까? 그리고 어디에 투자해서 돈을 벌었을까? 나는 이런 점들이 궁금했다.

후세에 위대한 사람으로 기록되는 것과 생전에 행복하게 사는 것은 별개의 문제다. 나는 후세에 기록될 자격도 없지만, 만일 나에게 그런 자격이 주어진다 하더라도 현세의 행복을 좇고 싶은 사람이다. 법정 스님이 말하는 무소유의 삶이 아름답다는 것은 알아도 무소유의 삶을 살 수는 없는 인간이다. 하고 싶은 일도 많고 그 일을 하기 위해서 돈도 벌고 싶다. 그렇게 번 돈으로 사랑하는 사람과 재미있게 살고 싶다.

나는 이 장에서 위대한 사람들도 돈으로부터 자유롭지 못했다는 점과 함께 재테크를 잘하기 위해서는 경제책 외에 문학이나 미술 등에도 관심을 가져야 하는 이유를 얘기하고 싶다. 워런 버핏 자신보다 더 워런 버핏의 투자 기법에 대해 잘 설명하고 있다는 로버트 헤그스트롬은 "현명한 투자자는 많이 읽는다"는 말을 한 적이 있다. 돈은 다른 사람들과의 인간관계에서 얻어지는 것이다. 때문에 나 이외의 사람들의 생각과 사고방식 그리고 심리에 대해 이해해야 한다.

돈이란 다른 사람의 호주머니에서 강제 없이 자발적으로 내 호주머니로 들어오게 해야 한다. 여기에 폭력이나 공감이 있어서는 안 된다. 범법자가 되기 때문이다. 자발적인 돈의 흐름을 만들어 내기 위해서는 인간에 대한 이해가 필수다. 문학과 철학 등 인문학을 공부해야 하는 이유가 여기에 있다.

경제학자의 이재 감각을 빌려 보자

언론에 등장해 경제 현안에 대해 멋진 진단을 내리는 경제학자들을 보면서 누구나 한번쯤 이런 생각을 해봤을 것이다. '경제학이란 학문으로 세계 유수 대학에 유학 가서 박사 학위를 받아오고, 중요한 정책 결정에 코멘트를 하는 경제학자들이라면 일반인보다 더 재테크 실력이 좋아야 하는 것 아닐까?' 재테크란 어찌 보면 경제 상황에 대한 개인의 주관적 대응의 결과라고 할 수 있다. 경제 상황과 흐름에 어떻게 대응하느냐에 따라 투자 수익률이 결정된다. 그래서 재테크를 잘하는 사람들은 늘 경제 흐름에 민감하게 안테나를 세운다. 그러니 늘 경제 상황을 분석하고 향후 경제 예측을 위해 노력하는 경제학자는 어느 직업보다 돈을 벌 위치에 있는 것처럼 보인다.

그런데 재미있는 사실은 정작 경제학자 중 부자로 산 사람은 찾아보기 어렵다는 점이다. 절친한 대학교수는 가끔 나에게 이런 질문을 한다. "상건아, 지금 어디에 투자해야 돈 벌 수 있어?" 내 답변은 이렇다. "그렇게 경제 분석을 많이 하고, 금융기관에 가서도 경제 상황에 대한 강의까지 하는 양반이 왜 나에게 그런 걸 물어요?"

확실한 한 가지는 경제학자라고 반드시 돈을 잘 버는 것은 아니라는 점이다. 왜냐하면 앞서 얘기했듯이 재테크란 극히 주관적이고 개인적인 행위의 결과이기 때문이다. 경제학이란 분야를 직업으로 삼았지만 그것을 자신의 주관적인 재테크로까지 연결시키지 못하는 경제학자들이 많다. 심지어 일부 경제학자들은 학생들에게 노골적(?)으로 "돈을 벌기 위해 경제학을 선택했다면 경제학을 공부할 필요가 없다"고도 말한다. 돈을 다루면서 돈을 벌기 위해서 경제학을 공부하지 말라니 도대체 무슨 소리인가?

『죽은 경제학자의 살아 있는 아이디어』의 저자인 경제학자 토드 부크홀츠Todd Buchholz는 돈에 관한 경제학자들의 입장을 다음과 같은 재미있는 말로 표현한다.

"흔히 세상 사람들은 경제학자들에게 '직접 보여 주든가, 입을 닥치든가 하라고 다그친다. 당신들이 정말 돈에 대해 그다지도 잘 안다면 왜 부자가 되지 못하는 거요?'라고 그들은 묻는다."

역사상 모든 경제학자들이 대학교수나 연구 프로젝트 혹은 인세 수입만으로 살았을까? 그렇지만은 않은 듯하다. 위대한 경제학자이면서 탁월한 이재 감각으로 갑부로 산 경제학자들도 있었다. 그들은 인세 수입이나 각종 연구 프로젝트로 돈을 벌기도 했지만 실제 투자를 통해 큰돈을 벌었다. 그들은 강단에 있었지만 시장을 넘나들며 발군의 재테크 실력을 보여 주었던 것이다. 그 주인공은 뉴딜 정책의 아버지인 존 메이나드 케인즈와 비교우위론을 제창한 데이비드 리카도. 부크홀츠 박사는 '돈의 양量'을 기준으로 경제학자들의 서열을 매긴다면 "케인즈와 리카도가 수위를 다툴 것"이라며 "창피스럽지만 대다수 경제학자들은 꼴찌를 놓고 우왕좌왕하고 있을 것이다"라고 익살스럽게 경제학자들의 이재理財 감각에 대해 얘기한다.

케인즈와 리카도뿐만 아니라 자신의 이론에 따라 투자를 하고 있는 인물도 있다. 1990년도 노벨경제학상 수상자인 윌리엄 샤프William Sharp 교수는 자신의 재산 대부분을 투자 대상의 상대적 비율과 맞게 설계되어 세계의 각 지역에 투자하는 전 세계의 인덱스 펀드에 투자하고 있는 것으로 알려져 있다. 샤프 교수는 수학적으로 주식형 펀드 등이 시장수익률(우리나라로 얘기하면 종합주가지수 상승률)을 능가하는 것은 시장 평균 이상의 리스크를 감수하지 않는 한 달성하기 힘들다는 분석을 토대로 '인덱싱 indexing'이라는 투자 전략을 만들어 냈다.

참고로 말하자면 인덱싱이란 국내 증시의 종합주가지수처럼 지수화하는 것을 말한다. 미국의 S&P 500 지수는 미국의 대표적 우량기업 500개로 만들어진 지수를 말한다. 우리나라에서 사용하는 종합주가지수는 1980년 1월 4일을 기준 시점으로 하여 이날의 종합주가지수를 100으로 정하고, 개별 종목의 주가에 상장주식 수를 가중한 기준 시점의 시가총액과 비교 시점의 시가총액을 대비하여 산출한다. 즉, '종합주가지수=비교 시점의 시가총액/기준 시점의 시가총액×100'으로 나타낸다. 흔히 국내 인덱스 펀드가 추종하는 지수는 증권시장에 상장된 거래 종목 중에서 200개의 종목을 대상으로 산출한 코스피 200이다. 인덱스 펀드에 투자한다는 것은 인덱싱한 이들 지수에 투자한다는 의미이고, 더 나아가서 시장 자체에 투자하는 것이다.

인덱스펀드 투자를 옹호하는 사례로 자주 인용되는 것이 원숭이와 펀드 매니저의 투자 대결이다. 미국의 「월스트리트 저널」은 지난 2000년 7월부터 2001년 5월까지 원숭이 1마리와 펀드 매니저 4명 그리고 아마추어 투자자 4명을 대상으로 투자 게임을 실시했다. 결과는 원숭이의 승리였다. 원숭이는 -2.7퍼센트의 수익률을 기록한 반면 펀드 매니저는 -13.4퍼센트, 아마추어 투자자는 -28.6퍼센트의 투자수익률을 기록했다. 이 결과는 아무 생각 없이 종목을 고른 원숭이보다도 전문가들이 낮은 투자수익률을 보일 수 있다는 증거로 많이 인용되곤 한다. 종목을 고르는 것보다 아예 인덱스 펀드를 통해 시장 자체에 투자해 버리는 것이 오히려 낫다는 것이다.

물론 일부 위대한 투자가들은 인간이 시장을 이길 수 없고 시장 자체에 모든 가격 정보가 반영되어 있다는 효율적 시장 가설 이론을 믿지 않는다.

미국의 대표적인 인덱스 중 하나는 S&P 500이다. S&P 500 지수는 미국 경제를 구성하고 있는 모든 산업의 상대적인 기여도를 고려해 만들어졌다. 한 마디로 미국 내 대표적인 기업 500개의 주식을 기초로 만들어진 지수라고 할 수 있다. 만일 500대 기업 중 하나가 부도가 나서 증시에서 퇴출되면 다른 종목으로 지수 구성을 바꾼다.

인덱싱 개념을 도입한 샤프 교수의 투자 방법론은 본인의 표현을 빌자면 매우 따분한 방법이다. "시장수익률만 얻어도 훌륭한 것이다. 인덱싱이라는 것이 이기는 종목을 사냥하는 흥분은 없어 보이지만, 낮은 비용(수수료가 다른 펀드에 비해 싸다) 덕분에 지속적으로 평균 이상의 수익률을 낼 수 있다. 그것은 부자가 되기 위한 매우 따분한 방법이다."

샤프 교수가 인덱스 펀드에 투자해 부자가 됐는지 그렇지 않은지는 나로서는 알 수 없다. 하지만 자신의 이론을 투자에 적용한 그의 태도는 높이 살 만하다고 생각한다. 참고로 투자의 달인 워런 버핏도 인덱스 펀드를 개인투자자들이 투자하기에 적합한 펀드라고 추천한 바 있다. 미국의 훌륭한 투자가 중 한 명인 찰스 엘리스는 『투자의 법칙』에서 "미국에서 가장 성공한 투자가인 워런 버핏은 개인투자자에게 인덱스 펀드를 권한다"고 말하고 있다.

"현명한 투자자라면 시장수익률을 쫓는 인덱스 펀드의 이점을 정확히 이해해야 한다. 꾸준히 걷는 자가 최후의 승리자가 된다." 찰스 엘리스의 말을 국내 증시에 적용해 보면, 종합주가지수 600~700포인트 대에 인덱스 펀드에 가입한 후 생업에 종사하면서 주식시장을 쳐다보지 않는 수동적 자세로 일관하다 900~1,000포인트 대에 판다면, 비록 따분해 보이는 투자 방법이지만 괜찮은 투자 수익을 올릴 수 있을 것이다.

위대한 경제학자
케인즈 경,
투기로 돈 벌다

부크홀츠 박사는 『일반 이론』이란 저서를 통해 전후 경제학의 패러다임을 바꾼 케인즈(1883~1946)를 '풍류 도락가'라고 표현한다. 이 위대한 경제학자를 두고 왜 그는 '풍류 도락가'라는 이름을 붙였을까? 케인즈가 살아온 직업 편력을 보면, 풍류 도락가라는 말만큼 케인즈에게 어울리는 말도 없을 것이다.

먼저 그는 경제 분야에서 다양한 활동을 했다. 영국 케임브리지 대학 킹스 칼리지 교수 겸 강사, 영국을 대표하는 경제학술지 「이코노믹 저널The Economic Journal」 편집자, 제2차 세계대전 후의 파리 평화회의 재무성 수석대표, 재무장관 고문, 국민상호보험회사 사장, 세 개의 투자회사 경영자, 「네이션The Nation」지 사장, 영국 통화제도를 움직인 맥밀런위원회 위원, 왕립 인도 통화 위원회 위원, 제2차 세계대전 후 세계 금융의 구조를 결정한 브렌튼 우즈 협정의 영국 대표와 이 협정을 기초로 만들어진 국제통화기금IMF과 국제부흥개발은행IBRD 이사 등을 역임했다. 경제 분야뿐만 아니라 미술과 예술에도 조예가 깊었던 그는 20세기 문예운동의 하나였던 블룸즈버리 그룹의 일원이었고, 국립미술관 이사, 음악미술장려회 회장 등을 맡았다. 후일에는 상원의원이 되었고 젊은 시절 동성애자였지만 마흔이 넘은 나이에 러시아의 발레리나 라디아 로포코바와 결혼해 한 여성의 남편 노릇도 했다. 케인즈는 예술 애호가였고 투자가였으며 최고경영자였을 뿐만 아니라 정부 정책에 깊숙이 개입했던 전방위적인 인물이었다. 대학 졸업 시 인생행로를 결정할 때 "나는 철도를 관리하거나 트러스트(기업합병)를 조직해 보고 싶다"는 말을 했을 정도로 진취적인 기업가정신을 갖고 있었다. 투자가로서도 성공한 케인즈는 어떤 투자관을 갖고 있었을까?(이 책은 케인즈의 이론이나 그의 경제학적 업적에 관한 책이 아니다. 오로지 케인즈가 세상을 어떻게 바라보고 그 속에서 어떻게 부를 축적했는가에 초점을 두고 있다. 그의 경제학적 업적에 관한 것은 다른 책을 참고하기 바란다.)

케인즈는 원래 도박을 좋아하는 성격이었다고 한다. 도박 도시 몬테카를로에서는 여비까지 잃고 친구인 벅시 부인에게 돈을 빌린 적이 있다. 영국의 위대한 수상 처칠과도 20파운드 내기를 했고, 1919년에는 환투기를 했다. 그가 환투기를 했던 시점은 1919년 8월이었는데, 영국 런던의 외환시장을 통해서 인도의 루피, 미국의 달러, 프랑스의 프랑, 이탈리아의 리라, 그리고 네덜란드의 플로린 등 여러 나라 통화에 투자해 짭짤한 투자수익을 올렸다.

하지만 그가 늘 투자에서 성공한 것은 아니었다. 1920년 4월경 달러 가격이 오르지 않고 마르크가 예상처럼 떨어지지 않자 케인즈는 1만 3,000파운드 이상의 큰 손실을 보게 된다. 그가 운영했던 투기 회사에서도 8,000파운드의 손실을 감수해야 했다. 그는 위기를 모면하기 위해 할 수 없이 5,000파운드를 빌리고, 자신의 저서 『평화의 경제적 귀결』의 인세와 선인세로 보증금 1,500파운드를 조달해야만 했다. 하지만 케인즈는 투자에 실패해도 투자 자체에 대해서는 후회하지 않았다고 한다. 투자 실패에 대해 후회했을 뿐이다.

신중한 경제학자였던 부친에게 오히려 투기를 옹호하는 발언을 하기도 했다. "투기는 사회의 유동성을 증가시키고 변동을 감소시키며, 생산자에게 신뢰할 수 있는 이정표를 제공하므로 사회적으로 이익이 됩니다."

1920년과 1921년에는 상품 투기에 관심을 갖고 면, 납, 주석, 구리, 고무, 밀, 사탕, 황마 거래에 적극적으로 뛰어들었다. 그는 자신의 경제 지식을 동원해 투자를 했다. 1920년대와 1930년대에는 주식 투자로도 큰돈을 벌었다. 1937년 그의 재산은 50만 파운드(현재 가치로 약 840억 원 가량)에 달했다. 당시 영국 노동자 임금이 2파운드였던 점을 감안하면 그가 얼마나 많은 돈을 벌었는지 알 수 있다. 그와 같이 일했던 동료 재무관 니콜러스 데이븐포트는 "투기에 대한 동물적 직감이 케인즈를 위대한 경제학자로 만들었다"라고 말할 정도였다.

데이븐포트의 얘기처럼 다른 경제학자와 달리 케인즈는 투자에 관한 관심이 남달랐던 경제학자였다. 그는 군중심리, 종목 선정 등 여러 분야에 걸쳐 투자에 관해 이야기했다. 왜 케인즈는 이렇게 투자에 관심을 가졌던 것일까? 물론 그가 투기를 좋아했던 이유도 있다. 이에 대해 『존 케인즈: 새로운 경제학의 탄생』이라는 케인즈 평전을 쓴 일본의 이토 미쓰하루 교수는 "케인즈는 (본래) 투기를 좋아하는 인물이었다. 동시에 그의 수입이 충분하지 않았던 것도 투기를 하게 만든 하나의 원인이었다"고 말한다.

케인즈는 우리나라로 얘기하면 행정고시에 합격해 인도청(이름은 인도청이지만 영국에 있었다. 그는 평생 인도에 한 번도 가보지 않았다)에서 공무원 생활을 했다. 하지만 풍류 도락가답게 답답한 공무원 사회를 떠나 다시 학교로 돌아오게 된다. 이때 그의 수입은 피구 교수에게 받는 연 100파운드, 부친에게 받는 연 100파운드, 대학에서 받는 120파운드가 전부였다. 고상한 예술적 취향을 가진 그는 발레를 보러 가더라도 반드시 1등석에 앉아야 했고, 평생 운전기사 딸린 롤스로이스를 타고 다녔다. 그는 자신의 고상하고 귀족적인 생활을 유지하기 위해 많은 돈이 필요하다는 걸 잘 알고 있었다. 물론 많은 사람들이 그런 바람을 갖고 있다. 하지만 케인즈는 천재였기에 보통 사람들이 이루지 못한 소망을 달성할 수 있었던 것이다.

투자는
불확실성과의
싸움이다

　　　　　미래를 불확실하게 보는 사람일수록 '돈'을 중시한다. 세상이 온통 불확실성으로 가득하다는 사고방식을 가진 사람일수록 '돈의 힘'을 믿는다. 돈은 무가치한 것이지만 독일 철학자 쇼펜하우어의 얘기처럼 다른 재산과는 다른 특성을 갖고 있다. "그 모든 것들은 상대적이지만 돈은 절대적이다. 돈은 한 가지 욕구만 구체적으로 충족시켜 주는 것이 아니라 모든 욕구를 추상적으로 충족시켜 주고 있다."

　유대인이나 화교들처럼 조국을 떠나 불확실한 미래로 뛰어든 민족이나 사람들은 늘 돈을 모으는 데 혈안이 된다. 체면도 필요 없고 실리적인 입장에서 모든 것을 판단한다. 우리나라에서는 체면 때문에 못하던 노가다 일도 다른 나라에 이민 가서는 망설임 없이 하는 것도 마찬가지 이치다.

케인즈는 경제를 불균형의 시각에서 바라봤다. 그의 스승이던 알프레드 마샬로 대표되는 고전경제학파의 논리의 핵심은 '균형'에 닿아 있다. 시장은 수요·공급에 의해 항상적으로 균형 상태를 유지한다는 시각에 케인즈는 비판의 잣대를 들이댔다. 고전경제학파의 전통적 이론은 수요와 공급에 따른 가격의 움직임만으로 조절되는 조화로운 경제라고 생각했다. 그래서 불황은 일시적이고 예외적인 현상으로 해석했다.

이를 자동차 운전에 비유해 보자. 고전경제학파에서는 운전자가 신호등이나 교통법규를 따라 운전하면 된다고 생각했다. 이토 미쓰하루 교수는 이를 '(고전)경제학은 바로 자동차 운전법'으로 보고 있다고 표현한다. 때문에 고전경제학자들은 1929년 경제 대공황 이후의 실업과 불황은 신호등, 즉 가격 움직임이 고장 난 것으로 바라봤다. 하지만 케인즈의 생각은 달랐다. 신호등이 고장 난 것이 아니라 자동차, 즉 경제가 고장 난 것으로 바라봤다. 그는 고장 난 자동차를 고치기 위해서 나서야 할 존재는 정부라고 생각했다. 이는 경제가 균형 상태에 존재하는 것이 아니라 불확실성으로 차 있기 때문에 상황에 따라 정부가 재정 지출을 통해 경기를 부양하고 다시 경기가 좋아지면 재정 지출을 삼가든 탄력적인 운용이 필요하다는 것을 의미했다.

케인즈의 인간관도 불확실성에 근거하고 있다. 우리나라의 대표적인 케인지언으로 서울시장과 서울대 교수를 역임한 조순

씨는 케인즈의 인간관을 다음과 같이 설명한다.

"케인즈 이론은 인간의 지식, 특히 장래에 대한 지식은 극히 제한되어 있다는 점이 강조된다. 장래는 본질적으로 불확실하므로 누구를 막론하고 장래를 예견하는 능력은 심히 제한돼 있다. 따라서 인간은 미래에 대한 '기대'에 입각하여 장래에 대한 의사결정을 현재에 내려야 한다. 미래에 대한 기대는 모두 합리적인 기준에 의해 이뤄진다고 볼 수 없는데, 사실 인간의 심리와 행동 자체는 그리 합리적인 것이 못 된다. 또한 장래에 대한 인간의 기대는 실현되는 경우도 있지만, 실망으로 끝나는 경우도 많다. 그러나 일단 의사결정이 이뤄지면, 그것은 돌이킬 수 없다. 즉 인간의 경제생활은 불가역성不可逆性 내지 역사성을 갖는다고 할 수 있다. 이와 같이 '불확실성'에 직면하여 불가역적인 의사결정을 하지 않을 수 없는 인간은, 어떤 합리적인 기준에 의해서 의사결정을 한다기보다는 관성이나 경험 및 야성적 충동 등에 의해 의사결정을 하는 경우가 더 많다. 현실 경제는 이와 같은 인간의 의사결정에 의해 형성되고 움직이는 불균형의 경제인 것이다."

불확실성, 불합리성, 불가역성의 원리

투자란 불확실성과의 싸움이다. 미래를 어느 누구도 예측할 수 없기 때문에 자그마한 확실성을 추구하는 것이다. 확실성의 추구란 무엇인가? 그것은 바로 시장의 비합리성으로 인해 주식이나 부동산 등 투자 자산이 비정상적으로 가격이 하락한 시점에 싸게 사들이는 것이다. 위대한 투자가들이 모두 자신의 기준에 따라 가격이 싼 투자처를 찾는 게임에 몰입했던 것도 경제를 불확실하게 바라봤기 때문이다. 이 점이 바로 경제의 특성을 불확실성, 불합리성, 불가역성으로 바라본 케인즈에게 배워야 할 첫 번째 투자 아이디어다.

두 번째는 '미인 투표론'을 통해 설명한 군중심리와 인간의 비합리성이다. 그는 투자에 성공하기 위해서는 미래에 일반투자자들이 어떻게 행동할 것인지를 분석하는 것이 기업의 내재가치를 추정하는 것보다 더 효과적인 방법이라고 생각한다. 이런 그의 생각은, 방식 자체는 조금 다르지만 역발상 투자자들의 생각과 본질적으로 같다. 대중들의 심리를 분석한 후 그것을 토대로 투자해야 한다는 그의 생각은 '미인 투표론'으로 표현된다.

신문사 주최 미인 선발대회에서 100명의 미녀 사진 가운데 6장을 뽑아 전체 심사위원 기준에 잘 부합되는 사진을 뽑은 심사위원에게 상을 준다고 가정해 보자. 영리한 심사위원이라면 미에 대한 자신의 기준은 상을 타는 것과는 전혀 관계없다는 것을 알 것이다. 상을 타기 위해서는 심사위원 전체의 평균적인 견해가 어떻고, 앞으로 어떨 것인가에 초점을 맞춰야 한다.

케인즈는 증권시장이 옳건 그르건 그리고 투자에 참여하는 사람들이 누구이든 간에 투자자들의 평균적인 견해를 잘 이해하는 것이 단기 투자에 성공하는 길이라고 주장한다. 단기 투자에서 성공하기 위해서는 이런 심리학적 접근법을 활용하는 것이 재무 분석보다 더 뛰어난 전략이라는 게 케인즈의 주장이다. 케인즈의 말은 '단기 투자를 할 때는 대중들의 심리를 먼저 이해하라'로 정리할 수 있을 것이다.

세 번째로 케인즈는 소수 종목에 대한 집중 투자와 장기 투자의 중요성을 강조한다. 두 번째 아이디어와 충돌하는 것처럼 들리겠지만 투기자이면서 투자자였던 그의 투자 성향을 보면 그에게는 두 가지 의견 모두 진실이었을 것이다. 참고로 케인즈는 투기자와 투자자를 이렇게 구분하고 있다. 투자자는 특정 자산의 미래와 수익에 대한 전망을 바탕으로 자산을 매수하는 사람이고, 투기자는 시장에 참여하는 사람들의 심리 변화를 바탕으로 자산을 매수하는 사람이다.

케인즈는 워런 버핏과 마찬가지로 분산 투자를 하기보다는 자신이 잘 아는 소수 종목에 투자하는 것이 더 낫다는 의견을 피력하고 있다. 그가 동료에게 쓴 편지를 보자.

"시간이 가면 갈수록 나는 가장 최선의 투자 방법이란 내가 어떤 회사인지 잘 알고, 경영진에 대해서도 잘 알고 있다고 생각하는 기업에 집중적으로 투자하는 것이라고 확신하게 되었다. 잘 알지도 못하는 여러 기업에 분산 투자하면 위험을 줄일 수 있다는 생각은 잘못된 것이다. 사람의 지식이나 경험은 나

스스로도 2~3개 이상의 회사에 대해서는 잘 알 수 없다."

즉 자신이 잘 아는 기업의 주식에 투자하는 것이 최선의 투자 전략이라는 것이다. 이런 주장은 여러 위대한 투자가들의 아이디어와도 상통하는 면이 있다. 피터 린치는 개인투자자들은 여러 종목에 투자하는 것 보다는 자신이 잘 아는 종목 5~6개를 압축해 집중적으로 공략하라고 주문한 바 있다. 일본에서 가장 뛰어난 펀드 매니저인 사와카미 씨도 개인투자자들은 5~10개의 우량주를 집중 매매하는 것도 좋은 투자 방법이라고 추천하고 있다. 종목 수도 수지만 자신이 잘 아는 곳에 투자하라는 케인즈의 말은 다른 위대한 투자가들의 지적과 별반 다르지 않다.(1장 참조)

이번에는 장기 투자에 관한 케인즈의 견해를 들어 보자.

"나는 주식시장이 바닥을 향해 지속적인 하락세를 보일 때 주식을 보유하고 있다는 것에 대해 전혀 부끄러움을 느끼지 않는다. 기관투자가나 개인투자자 또는 어떤 투자자든 하락하는 증권시장에서 주식을 팔아야 하는가 혹은 참아야 하는가를 결정하는 것은 중요한 일이 아니며 하락장세에서 주식을 보유하고 있다는 것에 대해 자책할 필요도 없다. 오히려 진정한 투자가는 하락장세에서 자신이 보유하고 있는 종목들의 가치가 감소하는 것을 냉정하면서도 침착하게 지켜볼 수 있는 능력을 지녀야 한다고 생각한다.

즉 투자자는 기본적으로 장기적인 투자 결과를 지향해야만

한다고 생각한다. 일반적인 하락장세에서 주가가 하락하고 있다는 것은 결코 후회나 실망의 대상이 아니다."

42세에 은퇴한 백만장자 데이비드 리카도

외국에서 인기를 끄는 책들 중에는 돈을 많이 벌어 젊어서 은퇴한 사람들을 다룬 책들이 많다. 돈을 많이 벌어서 조기 은퇴한 후 자기가 하고 싶은 일만 하는 것은 모든 사람들이 꿈꾸는 생활일지도 모른다. 사실 돈이 좋은 것은 자유를 주기 때문이다. 이 자유에는 시간과 일의 선택권 개념이 포함돼 있다.

돈이 많으면 돈으로 시간을 살 수 있다. 가사 노동은 가정부로 해결하고, 자동차 운전도 운전기사를 고용해 운전하는 시간을 뒷좌석에 앉아 온전히 자기 것으로 만들 수 있다. 그리고 돈이 많으면 자기가 싫어하는 일은 하지 않고 하고 싶은 일만 할 수 있다. 피곤한 몸을 이끌고 도살장에 끌려가는 소 같은 표정으로 회사에 출근하지 않아도 되고, 말도 안 되는 상사의 잔소리를 듣지 않아도 된다. 그래서 많은 사람들이 돈이 주는 자유를 꿈꾸고 그것을 추구한다.

하지만 사실 이것은 진실이 아닌 경우가 많다. 돈이 많은 사람일수록 더 많이 일하기 때문이다. 왜냐? 그들은 일을 즐기기 때문이다. 일을 즐기고 좋아하기 때문에 돈을 번 것이고, 일로부터 일정 정도 자유를 제약당해도 크게 개의치 않는다. 이런 모습을 두고 중졸 학력으로 지난 2004년까지 일본 고액 납세자 10위 안에 꼬박꼬박 들었던 건강식품회사 긴자마루칸의 창업자 사이토 히토리 씨는 이렇게 말한다.

"성적이 나쁜 사람은 공부를 하면 좋으련만 절대 공부하지 않는다."

"돈이 없는 사람은 일을 하면 좋으련만 돈 쓸 생각만 한다. 반대로 돈이 있는 사람은 돈을 쓸 생각을 하면 좋으련만 어떻게 된 일인지 돈을 벌 생각만 한다."

빨리 돈을 벌어 조기 은퇴를 원하는 사람도 있을 것이고, 히토리 씨 얘기처럼 돈을 벌어도 더 일을 하는 사람도 있을 것이다. 이에 대한 선택은 물론 개인의 성향과 가치관에 따라 달라질 것이다. 물론 둘 다 쉽지 않은 일이지만 말이다.

만일 돈을 많이 벌어 중년 이후에는 자기가 좋아하는 일만 하기로 마음먹었다면 『국부론』으로 유명한 아담 스미스와 함께 경제학의 기틀을 마련한 데이비드 리카도David Ricardo의 삶을 살펴볼 필요가 있다.

리카도는 42세의 나이에 돈 버는 일에서 완전히 손을 뗐다. 리카도는 당시 "스스로의 모든 욕망뿐만 아니라 나와 관련된 모든 사람들의 합리적 욕망을 충족시킬 만큼의 부를 축적했다"고 말할 정도로 많은 돈을 모았다. 이 말은 70년대 중반 미국 경제 잡지 「포브스」가 미국 최고 갑부로 선정했던 석유재벌 폴 게티의 말과 일맥상통하는 면이 있다. 폴 게티는 1976년 83세의 나이로 죽기 전에 쓴 자서전에서 "자기 재산이 얼마나 되는지 알 수 있는 단계라면 아직 억만장자로 불릴 수 없다"라는 말을 한 적이 있다. 폴 게티의 말과 리카도의 말을 비교해 보면, 리카도가 어느 정도의 재산가였는지 대략 짐작할 수 있을 것이다.

'비교우위론'으로 후세의 경제학자들에게 커다란 영향을 미쳤던 리카도는 대학 문턱도 가 보지 못한 인물이다. 그는 제도교육은 못 받았지만 길거리에서 온몸으로 부딪치며 경제와 시장을 배웠다. 유복한 유대인 가정에서 태어난 리카도는 부모가 네덜란드 암스테르담에서 영국으로 이민을 떠나온 직후인 1772년 4월 18일 런던에서 태어났다. 그는 14세 때 아버지의 영향으로 증권 중개업을 배우기 시작했다. 그러나 21세의 나이에 부모의 뜻을 거스르고 기독교도인 부인을 만나 결혼하면서 아버지와 결별하게 된다. 그때 그가 아버지에게 받은 돈은 불과 800파운드. 하지만 시장통에서 몸으로 배운 투자 지식을 갖고 있던 그는 이 돈으로 증권, 채권 등에 투자해 20대 중반에 이미 백만

장자 소리를 듣게 된다.

그의 탁월한 투자 실력을 보여 주는 에피소드는 영국 정부가 프랑스 나폴레옹과 전쟁을 위해 발행한 전시 국채에 투자한 일이다. 당시 영국 정부는 이 전쟁을 위해 4억 파운드어치의 전시 국채를 발행했다. 리카도는 4억 파운드를 50억 파운드로 불리는 탁월한 이재 감각을 보여 주었다. '전쟁은 투자 기회'라는 투자 격언을 몸소 실천했던 것이다. 리카도와 동시대인 인물로 절친한 친구이자 논쟁 상대였으며 '식량은 산술급수적으로 증가하지만 인구는 기하급수적으로 증가한다'는 주장으로 경제학을 '음울한 과학'으로 만든 맬서스Thomas Malthus도 이때 전시 국채에 같이 투자했다.

물론 자신의 판단에 따른 투자가 아니라 리카도의 권유에 의한 것이었다. "두 사람의 돈벌이 감각 차이는 나폴레옹 득세 때 여실히 드러났다. 프랑스에 새 헌법이 공포되자 맬서스는 영국 주가가 폭락하지 않을지 불안해했다. 맬서스는 기어들어가는 목소리로 리카도에게 자신의 주식을 팔아 달라고 말했다. '내 판단이 아주 잘못되었거나 아니면 자네에게 너무 번거롭지 않는 한 내 주식을 좀 처분해 주게나. 나중에 어떻게 되든 간에 자네의 수고는 잊지 않겠네. 또 절대로 불평하지 않을 걸세.' 리카도는 맬서스의 주식을 팔았지만 자기 주식은 그대로 갖고 있다가 얼마 후 맬서스가 받은 주식값의 2배에 가까운 돈을 벌었다."(『죽은 경제학자의 살아 있는 아이디어』 중에서)

당대의 경제학자였던 맬서스의 얘기는 평범한 우리네와 너무 비슷하게 들린다. 주식을 처음 산 아마추어 투자자들이 갖는 불안감과 공포심이 맬서스를 짓누르고 있었다. 심지어 리카도에게 부탁하는 말 자체도 애절하게(?) 들린다. 하지만 맬서스는 친구를 잘 둔 덕에 돈을 벌었다. 이 돈은 맬서스가 투자를 통해 번 유일한 돈이다. '친구 따라 강남 가서' 성공한 대표적인 케이스라 할 것이다. 맬서스는 이후에도 친구 리카도의 덕을 톡톡히 보게 된다. 1823년 죽기 전 리카도는 맬서스에게 마지막 편지를 보냈다. 그동안 맬서스와 벌였던 논쟁을 나열한 후 리카도는 다음과 같은 말로 끝맺음을 했다고 한다. "만약 자네가 내 의견에 모두 찬성했다 하더라도 지금보다 자네를 더 좋아할 수 없었을 걸세." 리카도의 유산 상속인은 3명이었는데 그중 한 명이 맬서스였다. 나는 이 얘기를 들으면서 나도 리카도와 같은 친구를 가졌으면 좋겠다는 조금 객쩍은 생각을 해 보기도 했다.

최악의 위기를 기회로 삼은 위대한 투자가들

리카도의 재산 형성 과정에서 우리가 얼핏이라도 얻을 수 있는 지혜는 두 가지다. 강단의 지식과 길거리 지식은 다르다는 것이다. 맬서스는 훌륭한 경제학자였지만 이재에는 젬병이었다. 하지만 시장통에서 굴러먹으면서(?) 치열하게 살아온 리카도는 길거리 지식으로 단단히 무장한 인물이었다. 돈에 관심이 있다면 그리고 돈을 벌고 싶다면 살아 있는 길거리 지식을 습득해야 한다는 걸 리카도는 웅변적으로 보여 주고 있다.

또 하나는 어느 시대를 막론하고 위대한 투자가들은 위기를 기회로 삼았다는 점이다. 위기는 전쟁이나 주가 대폭락, 공황, IMF 환란 등 뜻하지 않게 갑자기 찾아온다. 하지만 이런 사건들은 시간이 지나면 치유되게 마련이다. 위기에 과감하게 투자하고 시장이 자신의 기능을 찾아갈 것이라는 특유의 낙관적인 믿음을 우리는 리카도의 투자에서 배울 수 있다. 그리고 마지막으로 한 가지. '좋은 친구를 사귀어야 한다는 것'. 맬서스는 리카도를 만나 이재에는 젬병이었지만 돈을 벌었다. 과연 나를 포함해 여러분 주변에는 리카도와 같은 친구가 있을까?

피카소처럼
살 것인가,
고갱처럼 살 것인가

여기서 잠시 퀴즈를 하나 풀어 보자.

"예술은 무한한 화폐의 흐름이다. 그런데 그걸 아는 건 내가 부자이기 때문이다."

다음 중 이 말을 한 사람은 누구일까?

① 투자가 워런 버핏 ② 화가 파블로 피카소
③ 경제학자 존 메이 나즈 케인즈 ④ 미술평론가 존 버거

이 퀴즈를 풀었으면 다음 문제도 풀어 보자.

"어떤 이가 내게 물었다. '노련한 사업가들이 현대미술 작품에 수만 파운드의 대가를 지불하는 것은 무슨 이유 때문일까요?'라고. 이 질문에 대한 답을 한 가지만 말한다면, 그건 그들

이 노련하기 때문이다."

이 말을 한 사람은 다음 중 누구일까?
① 투자가 워런 버핏 ② 화가 파블로 피카소
③ 경제학자 존 메이 나즈 케인즈 ④ 미술평론가 존 버거

정답은 생전에 현대미술계의 황제로 군림했던 파블로 피카소다. '이 위대한 화가가 이렇게 돈을 밝히는 사람이었나?'라고 생각하는 사람도 있을 것이다. 그렇다. 피카소는 돈뿐만 아니라 여자도 무척이나 밝히는 사람이었다.

"유통되는 화폐, 즉 통화로써의 예술은 결코 가치가 떨어지는 법이 없다. 예를 들어 루브르박물관에 소장된 미술작품들이 어느 날 한꺼번에 소실되어 버린다고 해도 아무 염려가 없는 것이 또 다른 피카소는 여전히 건재하기 때문이다. 그가 걸작을 거듭 거듭 그려 내면 되는 것이다."

또 그는 이런 얘기도 했다.

"한 남자가 파리 경매에서 10만 파운드(20만 달러)가 넘는 돈을 내고 고갱의 작품을 한 점 샀는데, 그게 여러분 생각에 너무 비싼 것 같은가? 사실 그 사람은 고갱의 다른 작품들도 소장하고 있는데, 또 다시 10만 파운드를 내고 새 작품을 사들인 것은 그나마 그 작품이 다른 것들보다 싸기 때문이라고 한다면? 아깝게 경매에서 진 사람이 이 사람에게 전화를 걸어 고맙다는 인사를 했다는 사실을 알면 여러분은 더 놀랄 것이다. 그도 그럴 것

이 그 사람 역시 고갱의 작품을 다섯 점 소장하고 있는데, 덕분에 가격이 덩달아 뛰어올라 재산 가치가 5분 만에 월등히 상승했으니까! 다른 사람들이 5년 동안 뛰어도 못 따라올 정도로."

이 말을 한 후 그는 다음과 같은 말을 덧붙였다.

"폴 고갱 스스로도 이 점을 십분 이해하고 있었을 것이다. 화가가 되기 전에는 그도 파리 금융권의 주식 브로커였으니까."

영국의 저명 미술평론가이자 소설가인 존 버거John Berger는 『피카소의 성공과 실패』에서 "피카소는 스물여덟 살 때부터 돈 걱정을 할 필요가 없었고, 서른여덟 살엔 이미 부자였다. 예순다섯 살부터는 백만장자였다"라고 쓰고 있다. 같은 책에서 버거가 피카소의 부를 약간 비꼬듯이 묘사한 글을 읽어 보면, 피카소가 얼마나 부자였는지 단박에 알 수 있다.

"1950년대 이전에도 피카소는 부자였다. 화상들은 그의 작품을 1906년부터 사기 시작했다. 1909년(피카소의 나이 28세 때) 그는 앞치마를 두르고 모자를 쓴 하녀를 고용해 식사 시중을 들게 했다. 그가 프랑스 남부 프로방스에 있는 흰 벽에 그림을 그린 1912년, 그의 화상은 수지가 맞을 것이라고 생각해 그 벽을 헌 다음, 벽면 전체를 파리로 보내 전문가로 하여금 나무판에 얹도록 했다. 1919년 피카소는 파리에서도 최고의 상류사회에 속하는 지역의 거대한 저택으로 이사했다. 1930년 그는 17세기에 지은 부아젤루 성을 별장으로 구입했다."

피카소가 이렇게 부자가 될 수 있었던 이유는 무엇일까? 이재에 밝은 그의 탁월한 비즈니스 감각도 감각이지만 시대적 배경을 제대로 활용했다는 게 존 버거의 분석이다. 버거는 "피카소의 신화가 시작된 것은 1950년대 초"라며 "그의 지위에 그렇게 급격한 영향을 미친 결정들은 그와 아무 관련 없는 사람들이 내렸다"고 지적한다. 피카소와 관련이 없는 사람들은 바로 미국과 영국 정부 그리고 경제 호황이었다.

1950년대 초 미국 정부는 유럽 미술의 수입을 장려하기 위해 자기 나라 미술관에 미술품을 기증하는 사람들에게 '소득세 감면' 혜택을 주었다. 소득세 감면은 즉각적으로 실시됐으나 미술품 소유자는 죽은 이후 미술관에 양도하면 되었기 때문에 미술품 소유자들은 이 제도를 이용했다. 영국 정부는 반대로 미술품 유출을 막기 위해 상속세를 돈 대신 미술품으로 지불하는 제도를 도입했다. 어느 나라나 돈은 세금을 싫어하는 법이다. 절세가 가능해지자 미술품 경매장에서 미술품의 가격은 폭등했다.

세금 제도의 변경과 더불어 전후 경제 부흥도 미술품 가격 인상의 촉매제가 됐다. 제2차 세계대전이 끝난 후 선진국들은 전후 경제 부흥에 힘쓰고 투자를 확대하기 시작했다. 당연히 많은 돈이 풀렸고 그 돈은 실물 자산의 가격을 끌어올렸다. 당연히 미술품 가격도 급격히 올랐다. 1950년대 초부터 10년 동안 미술품 경매 가격은 무려 최소한 10배 이상 올랐다.

버거는 이 두 가지 외에 전문 투자 그룹의 등장도 피카소를 부자로 만들어 주었다고 지적한다. "개인은 고도로 조직화된 투자 집단에 그의 자본을 넘겨주었다. (중략) 투자자들은 흥미 있고 자극적인 기회를 제공하면서도, 아직은 돈을 날릴 위험이 적은 투자처를 찾게 되었다. 그들 중 일부는 미술을 발견했다. 그래서 이때부터 미술은 과거에 어떤 사람들이 남아메리카의 철도, 볼리비아의 주석, 실론의 차 재배 농장에 투자했던 자리를 대체하게 되었다."

잘 아는 분야에 집중하고 변화에 올라타라

피카소는 자신의 그림을 비싸게 파는 재주도 뛰어났지만 자신도 미술품에 투자해 돈을 벌었다. 경매에서 화가 고갱의 그림이 엄청난 가격에 팔렸을 때 피카소가 뛸 듯이 기뻐했다는 일화가 있다. 자신이 소장한 고갱의 그림 가격도 덩달아 올랐기 때문이다.

피카소는 재능과 경제 환경의 변화라는 운까지 거머쥔 인물이었다. 거기에 투자 안목도 있어 다른 화가들의 그림을 사서 돈을 벌기도 했다. 그의 예술에 대한 평가는 차치하고 이제 감각만 놓고 보면 우리는 두 가지 아이디어를 얻을 수 있다.

하나는 자신이 잘 아는 분야에 집중하는 것이 돈을 잘 버는 길이라는 것이다. 그는 그림에 집중해서 자신의 그림을 팔고, 그림에 대한 지식을 활용해 다른 화가의 그림을 사서 돈을 벌었다. 직업과 재능에 투자를 결합한 삶의 태도를 보였던 것이다.

다른 하나는 경제 변화에 능동적으로 대응했다는 점이다. 다른 화가들이 자신의 예술 세계에만 갇혀 있을 때 그는 경제 흐름의 변화에 자신을 실었다. 큰 부자는 개인의 노력도 있어야 하지만 시대 상황을 잘 만나야 태어난다는 걸 피카소의 삶이 웅변적으로 보여 주고 있는 것이다.

피카소에게 많은 돈을 벌게 해 준 고갱(1848~1903)은 돈에 관해선 피카소와 사뭇 다른 삶을 살았다. 증권 중개인으로 어느 화가보다 돈 가까이에 있었던 그는 가난하게 삶을 마쳤다. 프랑스 후기 인상파를 대표하는 화가 폴 고갱은 35세에 화가의 길로 들어서기 전만 해도 잘 나가는 증권거래소의 청산인이었다. 실적에 따라 돈을 받았던 고갱은 능력을 인정받아 꽤 부유한 생활을 했다. 12년 동안 증권거래소에서 청산인으로 일하면서 그는 다섯 아이를 둘 정도로 단란한 가정도 일궜다. 지금으로 얘기하면 평온한 중산층 생활을 하던 인물이었다.

하지만 본격적인 화가의 길에 들어서면서 그는 가정도 돈도 모두 잃게 된다. 생활이 어려워지자 아내와 사이가 나빠졌고, 한때는 처가가 있는 덴마크의 코펜하겐에 갔으나 결국에는 처자식과 헤어지고 파리로 돌아왔다. 가장 중요한 이혼 사유가 돈 문제라는데, 고갱도 예외는 아니었던 것이다.

43세 때인 1890년에 그는 도시생활에 염증을 느끼고 태평양의 남동부에 위치한 타히티로 건너갔다. 우리가 흔히 고갱 하면 떠올리는 그림들은 주로 타히티를 배경으로 한 것들이 많다. 3년 후 다시 프랑스로 귀국해 그림을 팔아 그 돈으로 타히티로 돌아가 여생을 보내고자 했지만 그림이 잘 팔리지 않았다. 피카소의 표현을 빌자면 그의 그림은 '무한한 화폐 흐름'이 되지 못했던 것이다. 1895년에 다시 타히티로 돌아갔지만 손발에 생긴 습진과 타히티 원주민을 옹호했다는 이유로 관헌과 시비를 벌인 끝에 실형을 선고받는 등 비탄과 고통 속에서 살다가 1903년에 생을 마감하게 된다.

고갱은 피카소와 달리 예술로 돈을 벌지 않았다. 그가 예술을 선택하는 순간 그에게서 돈이 떠나갔다. 자신의 그림을 비싸게 팔고 싶어 했지만 그의 그림을 너무 야만적이라고 생각한 당시 대중들로부터 외면받았다.

어찌 보면 고갱처럼 예술과 돈은 일치하지 않을 때가 많다. 고갱은 불후의 명작을 남겼지만 그가 자신의 이상을 좇는 순간, 가정은 무너졌고 고통 속에서 살아야 했다. 나는 피카소나 고갱 중 어느 예술가가 더 위대한지는 알지 못한다. 하지만 굳이 인생을 살라고 하면 피카소와 같은 삶을 살고 싶다. 나에게는 위대한 음악가 베토벤의 얘기가 고갱의 삶보다 더욱 깊은 울림으로 다가온다. "내가 돈을 벌기 위해 곡을 쓰는 음악의 고리대금업자는 아니다. 그러나 독립적으로 살기 위해서는 얼마간의 수입이 있어야 한다."

고갱 자신은 가난하게 삶을 마쳤지만, 그가 죽은 후 그의 그림을 소유했던 사람들은 부자가 되었다. 한 위대한 예술가의 작품을 단지 소장했다는 이유로 말이다. 참고로 지난 2004년 11월 소더비 경매에서 유모와 아기를 그린 〈마테르니테Ⅱ〉가 고갱 작품으로는 최고가인 3,920만 달러, 당시 우리 돈으로 453억 3,000만 원에 팔렸다.(이 작품은 2022년 11월 뉴욕의 크리스티스 경매에서 1억 570만 달러, 한화 약 1,316억 1,800만 원에 판매되었다.)

마케팅의 귀재
화가 루벤스에게 배우는
돈 버는 법

피카소 이전에 가장 뛰어난 이재 감각을 보여 준 화가는 누구일까? 대개 위대한 화가들은 그 명성과 달리 대부분 경제적으로 풍족한 삶을 살지 못했다. 그런데 아주 예외적인 인물이 있으니 그가 바로 〈마리와 앙리 4세의 결혼〉 등으로 유명한 17세기 화가 루벤스다. 영국의 미술평론가 오브리 메넨은 『예술가와 돈, 그 열정과 유혹』에서 루벤스를 '영민한 사업가와 뛰어난 마케터'로 묘사한다.

바람둥이 벨기에 외교관 탈릴란드의 아들로 1577년에 태어난 루벤스는 어려서부터 탁월한 화재畫材를 보였다. 루벤스는 화가로서 성공하기 위해 지금으로 얘기하면 '시장조사'라는 것을 했다. 이탈리아로 건너가서 과거에 예술가들을 지원한, 다시 말해 후원자가 예술가에게 어떻게 돈을 지불하는지를 면밀히 연구했다. 메넨은 "(루벤스는 이탈리아에서) 후원자가 예술가에게 돈을 지불하는 과정에서 왜 망설였는지를 완벽하게 파악했던 것이다. 그런 후에야 북쪽으로 돌아와 자신의 스튜디오를 열었다"고 적고 있다.

루벤스는 먼저 당시 전형적인 그림 사업 방식이던 궁정화가가 되는 길을 선택했다. 만투아 영주의 궁정화가가 됐는데, 이 영주도 다른 영주들처럼 그림에 대해 대가를 지불하지 않았다. 그러자 다른 화가들과 달리 루벤스는 구차한 소리를 늘어놓지 않고 그를 떠났다. 이런 루벤스의 태도를 두고 메넨은 "이것이 그의 처세술이자 재정 운용 방식"이라고 지적한다. 그는 자신의 재능에 대해 돈을 지불하지 않는 사람들과는 결코 다시 상대하지 않았다.

그는 나이가 들어서도 후원자를 확보하고 있었는데, 합스부르크 왕가가 후원자였다. 루벤스가 이 왕가에 대해 불만을 토론한 기록(1609년 9월 23일)이 남아 있는데, 그 내용은 돈에 관한 것이었다. 그들은 내게 금으로 된 족쇄를 채웠다. 메넨은 이 기록을 두고 "후원자들이 그만큼 (루벤스에게) 많은 돈을 지급했다"고 평한다.

루벤스는 자신의 재능을 돈으로 환산할 줄 아는 능력뿐만 아니라 탁월한 고객 관리와 마케팅 능력을 가졌던 인물이다. 루벤스 그림의 대표적인 구매자 중에는 마리 드 메디치라는 프랑스

여왕이 있었다. 그녀는 남편이 죽자 어린 아들을 대신해 수렴청정을 하면서 실질적으로 프랑스를 통치했다. 그러나 어머니와 사이가 좋지 않았던 아들은 어머니의 측근을 제거하고 1617년에 권력을 잡게 되는데, 그 이후 어머니와 아들은 화해를 하게 된다. 그녀의 통치는 추기경 리슐리외가 권력을 잡을 때까지 계속됐다. 마리는 라슐리외가 전면에 나서기 전까지 너무 바빠서 루벤스에게 지불하기로 한 돈을 지불하지 않았고, 리슐리외는 거래를 아예 취소했다.

최고의 권력자들에게 루벤스는 과연 어떻게 돈을 받아냈을까? 우리나라 조선시대로 얘기하면 영의정이 거래를 취소했는데, 일개 그림쟁이가 그림값을 달라는 격이었다. 메넨은 루벤스의 묘책을 두고 이렇게 설명한다. "리슐리외는 허영심이 지나치게 강한 사람이어서, 루벤스가 성직자 의상을 입고 있는 그의 초상화를 펄핏 쿠션으로 가득 채워서 그려 보내자 두둑한 보수를 주었다." 상대방의 심리를 이용한 뛰어난 상술을 발휘한 것이다.

루벤스는 부자 고객들을 위해서 특별한 이벤트를 열곤 했다. 자신의 호화 주택에 있는 스튜디오에 부자 고객들을 초대해 구매자들이 자신의 그림을 마음껏 구경하게 했다. 여기에 자신의 재능을 맘껏 뽐낼 수 있는 독특한 이벤트도 추가했다. 루벤스는 자기가 그림 그리는 모습을 직접 보여 주면서 비서에게 편지를 받아쓰거나, 좋은 책을 소리 내어 읽도록 했다. 이는 자신이 동시에 여러 가지 일을 할 수 있다는 걸 드러내기 위해 고안된 연출이었는데, 고객들은 이런 이벤트 분위기에 휩싸여 기꺼이 호주머니에서 돈을 꺼냈다.

그는 '끼워팔기'라는 마케팅 기법도 활용했다. 오지랖이 넓었던 루벤스는 영주들로부터 외교적인 업무 부탁도 자주 받았는데, 루벤스는 이를 그림 장사의 기회로도 활용했다. 대부분의 고객들은 루벤스에게 자신의 그림뿐만 아니라 쓸 만한 다른 화가들의 그림도 부탁을 했다. 루벤스는 유럽 지역을 돌아다니며 골동품과 예술품을 사들여 고객들에게 판매했다. 그는 다른 화가의 그림을 고를 때도 구매자의 취향을 최우선으로 생각했다. 그래서 자신의 소장품이 팔리는 것에도 크게 개의치 않을 정도로 고객 제일주의 사고를 갖고 있었다고 한다.

메넨은 루벤스가 이렇게 비즈니스에서 성공할 수 있었던 중요한 이유 중 하나로 그의 겸손함을 꼽는다. "루벤스는 성공한 예술가치고 매우 겸손했는데, 특히 돈에 관계된 일일 경우 그의 겸손함은 대단히 적절한 마케팅 수단이 되었다."

루벤스는 피카소와 달리 부와 명성, 그리고 칭송을 다 얻었다. 피카소는 돈을 많이 벌면 벌수록 구설수에 자주 올랐지만 루벤스는 그런 게 없었다. 메넨은 피카소보다 오히려 루벤스를 대단한 인물로 여긴다. "루벤스는 돈을 많이 벌면 벌수록 더 많은 추종자들이 추앙해 마지 않았는데 이런 점은 피카소와는 사뭇 대조적이다. 그런 면에서 루벤스는 분명 대단한 인물이다."

루벤스의 이런 비즈니스 감각은 우리에게 몇 가지 시사점을 던져 준다. 무슨 일을 하든지 자신의 일을 돈으로 평가할 수 있어야 한다는 것이다. 그는 자신의 그림에 대한 대가를 지불하지 않으면 거래를 그만두었다. 그만큼 자신감도 있었다는 얘기지만 '일의 대가=돈'이라는 명료한 인식을 갖고 있었던 것이다. 당연한 얘기지만 비즈니스에서 성공하기 위해서는 고객들에게 가격 이상의 만족과 가치를 팔아야 한다는 사실을 루벤스는 잘 보여 주고 있다. 흔히 비즈니스 하는 사람들이 자신의 생각에 사로잡혀 고객이 어떻게 느끼는지는 염두에 두지 않는 실수를 가끔 범하는데, 루벤스는 고객을 만족시키기 위한 노력을 게을리하지 않았다. 비즈니스는 혼자 하는 것이 아니라 상대가 있는 게임이다. 상대가 만족해서 자발적으로 돈을 꺼내지 않으면 비즈니스에서 결코 성공할 수 없는 법이다. 17세기의 위대한 화가 루벤스가 이 자명한 진리를 다시 한번 우리에게 가르쳐 주고 있다.

미국 현대문학의
아버지 마크 트웨인은
투기꾼?

'계란을 한 바구니에 담지 말라.' 이 말은 포트폴리오의 중요성을 나타내는 대표적인 투자 격언이다. 이 말에 정면으로 도전한 인물이 있다. "계란을 한 바구니에 담아라. 그리고 그것을 잘 지켜보라." 『톰 소여의 모험』, 『허클베리 핀의 모험』 등의 작가 마크 트웨인의 익살이다. 그 어느 작가보다 돈에 관한 얘기를 많이 남긴 작가가 마크 트웨인이다. 본인 자신이 투기와 파산으로 점철된 삶을 살았기 때문이다. 그는 50세에 상당한 재산을 모았지만 60세에 거의 파산했다. 그리고 재기에 나서 70세에 다시 부자가 되었다. 그가 남긴 유산은 50만 달러에 달했다. 여기서 잠깐 마크 트웨인의 돈에 관한 익살을 들어보자.

"10월은 주식에 투자하기에 특별히 위험한 달이다. 또한 7월, 1월, 9월, 4월, 11월, 5월, 3월, 6월, 12월, 8월, 2월도 위험하다."

"돈을 벌어라. 그러면 온 세상이 작당하고 당신을 신사라고 부를 것이다."

"단숨에 재산을 모을 수 있는 계획이 하나 있다. 쓸모없는 광맥을 하나 찾은 후 그 위에 수직 갱도를 판다. 그다음에 마차 가득 품질이 좋은 광석을 사서 쏟아붓고 말뚝으로 표시한 다음 어떤 바보에게 비싸게 팔면 된다."

"톰 소여는 인간 행동에 대한 위대한 법칙을 발견했다. 그것은 어른이든 아이든 어떤 물건을 탐내게 하려면 그 물건을 얻기 어렵게 하면 된다는 것이다."

"바보는 '모든 계란을 한 바구니에 담지 말라'고 한다. 그것은 '당신의 돈과 관심을 분산시켜라'라고 말하는 것과 다름없다. 그러나 현명한 사람은 '계란을 한 바구니에 담고 그 바구니를 잘 지켜보라'고 한다."

"일생에 투기하지 말아야 할 때가 두 번 있다. 한 번은 여유가 있을 때이고 또 한 번은 여유가 없을 때이다."

"돈을 절약하는 간단한 규칙 : 자선단체에 기부하고 싶은 열렬한 충동에 빠졌을 때는 잠시 진정하고 40까지 세라. 절반을 절약할 수 있을 것이다. 4분의 3을 절약하려면 60까지, 전부 절약하려면 65까지 세라."

"은행가란 햇빛이 내리쬘 때 우산을 빌려 주었다가 비가 내리는 순간 돌려 달라고 하는 인간이다."

마크 트웨인은 역사상 어떤 문학가보다도 이재에 밝았던 인물이다. 그는 1835년 미국 미주리 주의 가난한 가정에서 태어나 1910년 코네티켓 주에서 부자로 생을 마감했다. 그가 마지막으로 살았던 집은 방 18개짜리 이탈리아식 주택이었다. 그가 쌓은 부는 순수하게 맨 주먹으로 일군 것이었다. 마크 트웨인의 아버지와 형은 그에게 어떤 재정적 도움도 되지 않았다. 변호사였던 그의 아버지 존 클레멘스는 여러 사업에 손을 댔지만 실패하고 순회 법정의 서기직을 구하던 중 폐렴으로 죽었다. 형인 오리온 클레멘스도 마크 트웨인에겐 골칫거리였다. 오리온은 마크 트웨인에게 신문사 일자리를 구해 주고, 네바다 주의 장관이 되었을 때는 자신의 보좌관으로 일하도록 해 주었다. 이때 마크 트웨인은 네바다 주의 은광 열풍에 참여하게 되는데, 이때의 경험은 그의 작품 『유랑』에 잘 담겨 있다. 유랑 서문 앞에는 '정직한 캘리포니아 사람이자, 다정한 동료이며, 건실한 친구인 캘빈 H. 히그비에게 우리 두 사람이 열흘 동안 백만장자가 되었던 일을 기억하며 이 책을 바친다'라는 헌사가 나오는데, 그 헌사에서 당시 불어닥쳤던 투기 열풍의 일단을 엿볼 수 있다. 하지만 형을 도와준 것은 결국 마크 트웨인이었다. 하지만 어느 곳에서도 제대로 정착하지 못했던 그의 형은 마크 트웨인에게 생활을 의지하게 된다.

마크 트웨인은 케인즈만큼이나 다양한 경력을 지녔던 인물이다. 케인즈는 최고의 엘리트 교육을 받았던 사람인 반면 마크 트웨인은 아버지의 죽음으로 열두 살까지만 학교를 다닌 전형적인 자수성가형 부자였다. 그는 수로 안내인, 광부, 기자, 식자공, 사업가, 작가, 강연자 등 다양한 직업을 거쳤다. 뿐만 아니라 귀금속, 광산주 등 투기에도 적극적이었다. 마크 트웨인은 발명가이기도 했다. 그는 수많은 발명으로 특허를 받았는데, 사업으로 발전시켜 크게 성공한 것도 있었지만 재정적 위기로 몰아간 것도 있었다. 자동 부착 스크랩북, 자동 식자기, 영양보조제 등 끊임없이 발명하고 발명에 계속 관심을 가졌다. 지금으로 얘기하면 얼리어답터Early Adaptor이기도 했다. 그는 『톰 소여의 모험』을 집필할 때 타자기를 창작에 사용한 최초의 사람이라고 주장했다.

비즈니스맨으로서의 그의 초기 삶은 결코 순탄하지 않았다. 형의 비공식 비서로 임명된 마크 트웨인은 첫 번째 회사인 목재회사를 차린다. 하지만 얼마 후 화재로 그의 회사는 모두 소실되고 만다. 그 후 그는 '클레멘스 금은광 회사'를 차려 샘 페치 광맥, 호레이쇼 광맥 등 의 광업권을 구입했다. 마크 트웨인은 주식 투기에도 열을 올렸다. 대표적인 것이 광산주인데, 그 광산회사들은 부풀려진 주가를 뒷받침할 만큼의 귀금속을 찾아내지 못했다.

재기에 성공해 상당한 돈을 벌지만 이번에는 자동 식자기와 영양 보조제 같은 발명품에 수년간 투자하면서 50만 달러 이상을 날리게 된다. 특히 그는 출판업을 하면서 큰 재정적 위기를 겪게 된다. 출판에서만 16만 달러의 부채를 지게 됐다. 사업 실패 후 공황이 닥쳐 빚으로부터 구원해 줄 투자자나 후원자도 구할 수 없는 상황이었다.

이 때 그를 도와준 인물이 그의 열렬한 독자이자 친구이며 자금 관리자인 스탠더드오일 사의 경영자 헨리 허틀스턴 로저스였다. 마크 트웨인이 출판업 실패로 빚더미에 오르자 그는 마크 트웨인의 부인 리비에게 마크 트웨인 출판사의 주채권자임을 선언하게 하고, 마크 트웨인의 부채 상환 계획을 만들었다.

또한 여행이나 강연 등으로 마크 트웨인이 해외에 있을 때는 그를 대신해 자금을 관리했고, 판권 협상도 했다. 마크 트웨인은 자신의 친구를 두고 "내가 지구를 4년간 배회하며 여러 나라에서 강연할 수 있었던 것은 그가 4년이 끝나는 시점에 내가 모든 빚을 갚을 것이라는 약속을 내세워 채권자들과 협상을 했기 때문에 가능한 일이었다. 그 협상은 성사되었다. 그렇지 않았다면 나는 지금쯤 문밖에서 빌린 우산을 쓰고 살았을 것"이라고 말한 적이 있다. 그는 자신의 재능인 뛰어난 입담을 팔아 부채에서 벗어났던 것이다.

세상에 공짜 점심은 없다

우리는 마크 트웨인의 삶에서 몇 가지 교훈을 얻을 수 있다. 첫째, 돈을 버는 기본은 자신의 재능을 극대화하는 데 있다. 마크 트웨인은 사업 실패로 빚더미에 올랐지만 비싼 강연료를 받아서 빚에서 탈출할 수 있었다. 돈을 버는 기본은 자신의 몸과 재능을 파는 것이다. 매춘이 역사상 가장 오래된 직업 중 하나라는 것도 어찌 보면 당연한 일이다. 남들이 나의 어떤 점을 살까를 항상 고민해야 한다. 기술이든 재능이든 성실이든 자신만의 무기를 하나쯤 들고 있어야 한다는 얘기다. 또한 대가 없는 그림을 그리지 않았던 루벤스처럼 마크 트웨인은 '세상에 공짜 점심이 없다'는 경제학의 금언을 중시했던 인물이다.

"대가 없이는 아무 것도 얻을 수 없다. 당신이 얻는 모든 것에 대해 그에 상응하는 대가를 지불해야 한다. 당신이 빚지고 있는 것이 감사의 마음이라면, 그것을 수없이 많이 지불해야 한다."

둘째, 이재에 밝은 사람과 가까이 하는 것이 좋다는 것을 마크 트웨인은 우리에게 가르치고 있다. 그에게는 헨리 허틀스턴 로저스라는 좋은 친구가 있었다. 그는 그의 부채 상환 계획을 도와주고, 그가 강연으로 돈을 벌 수 있는 시간을 벌어 주었다. 이처럼 주변에 이재에 밝은 사람이 있으면 당신이 어려움에 처했을 때 조언을 해 줄 수 있다. 사촌이 땅을 샀다고 배 아파하지 말고, 축하해 주고 그로부터 배워야 한다.

셋째, 어떤 투기도 최종적으로는 큰 실패로 끝난다는 사실이다. 캘리포니아 골드러시는 세계 역사상 대표적인 투기 사건 중 하나다. 금광을 캔 사람들도 있겠지만 그때 돈을 번 사람들은 대부분 청바지를 만들고 술을 팔았던 사람들이다. 투기와 투자는 다른 것이다. 우리는 투자를 해야지 투기를 해서는 안 된다. 마크 트웨인처럼 처음에는 투기를 했지만 나중에는 투자자로 돌아온 케인즈의 말을 다시 들어 보자. "투자자는 특정 자산의 미래의 수익에 대한 전망을 바탕으로 자산을 매수하는 사람이고, 투기자는 시장에 참여하는 사람들의 심리 변화를 예측하여 자산을 매수하는 사람이다."

끝으로 두 가지 더.

하나. '나는 왜 되는 일이 없어?' '하는 일마다 안 돼!'라고 패배 의식에 찌든 사람들을 위해 마크 트웨인이 준비해 놓은 말을 들어 보자.

"하고 싶지 않은 일을 매일 한 가지씩 해라. 그것은 고통 없이 의무를 행하는 습관을 만드는 황금률이다."

둘. 다음은 인생이 따분하고 즐거움이 없다고 생각하는 사람들을 위한 마크 트웨인의 충고다.

"인생은 전반적으로 순서가 잘못되어 있다. 인생은 여러 가지 특권과 돈이 확보되어 있는 노년기에 시작되어 그런 이점들을 훌륭하게 누릴 수 있는 청년기에 끝나는 것이 좋다. 사실 청년기에는 약간의 돈만 있어도 그 가치의 100배에 달하는 즐거움을 누릴 수 있지만 그때는 아쉽게도 돈이 없다. 나이가 많아지면 어느 정도 돈은 모았겠지만 이미 돈으로 살 만한 가치 있는 것들이 거의 없어진다. 이것은 인생의 축도다. 인생의 전반부는 즐길 수 있는 능력은 충만한데 기회가 주어지지 않으며, 인생의 후반부는 기회는 얼마든지 있는데 반해 능력이 사라진다."

(마크 트웨인의 돈에 관한 철학은 『돈은 나에게 길을 묻는 손님이다』에서 대부분 빌어왔다. 더 자세한 내용을 원하는 독자들은 이 책을 읽어 보기 바란다.)

철학자 쇼펜하우어가 말하는 돈! 돈! 돈!

염세주의 철학자로 알려진 쇼펜하우어는 돈에 관한 의미 있는 말들을 많이 남긴 철학자 중 하나다. 독일 단치히의 부유한 은행가인 아버지와 작가인 어머니 사이에서 태어난 쇼펜하우어는 물려받은 재산으로 평생 돈 걱정 없이 살았다. 그는 1820년 베를린 대학에서 강의를 맡았으나 철학자 헤겔에 밀려 강의가 인기 없자 사직한 후 프랑크푸르트 암마인으로 옮겨 평생을 그곳에서 살았다. 그는 평생 헤겔을 미워했는데, 헤겔과의 논쟁에서 이기기 위해 『논쟁에서 이기는 38가지 방법』이란 책을 쓰기도 했다. (이 책은 국내 출판사 두 곳에서 출판됐는데, 다른 제목은 『토론의 법칙』이다.) 이 책의 마지막 논쟁 요령은 촌철살인 그 자체다. 논쟁에서 자신이 도저히 이길 수 없을 때 쇼펜하우어가 제시한 해법은 이렇다. 한 마디로 도저히 안 되면 '깽판을 치라'고 위대한 철학자가 우리에게 얘기하고 있다.

"상대방이 우월하여 우리 자신의 정당성을 인정받지 못할 것 같으면, 인신공격과 모독, 무례의 방법을 사용하라. 인신공격은 (이미 논쟁에서 패배한 까닭에) 논쟁의 소재를 떠나 논쟁의 상대, 다시 말해 그 사람 자체를 어떤 방법으로든 공격하는 것을 의미한다. 이것은 대인 논증과 구별하여 인신공격이라 부를 수 있을 것이다."

돈은 자유다, 하지만 욕망은 끝이 없다

다시 돈 얘기로 돌아가 보자. 쇼펜하우어는 상속으로 돈 걱정하지 않고 살았던 덕에 돈의 본질을 정확히 꿰뚫고 있었다. 쇼펜하우어는 자신의 인생관을 담은 에세이 『쇼펜하우어 인생론 에세이, 사랑은 없다』에서 한 장을 돈에 관한 견해로 채워 놓고 있다.

첫째, 그는 돈이 없는 사람은 자유인이 아니라고 말한다. 어느 정도 재산을 갖춰야 자기 시간과 능력에 대한 주권을 가진 자유인이 될 수 있다는 게 쇼펜하우어의 주장이다. "재산은 궁핍을 면하게 해 주고 먹고살기 위해서 어쩔 수 없이 해야 하는 힘든 노동으로부터 해방시켜 준다. 사람이 살면서 최소한 그 정도의 은총을 받아야 진정한 의미의 자유인이라고 할 수 있다는 게 내 생각이다." 쇼펜하우어의 말을 다시 이렇게 정리할 수도 있을 것이다. '진정으로 자유를 얻고 싶다면 돈을 벌어라'라고.

둘째, ==행복해지기 위해서는 자신의 욕망지수를 줄이라고 쇼펜하우어는 충고한다.== "재산과 명성은 바닷물과 같아서 마실수록 목이 마르기" 때문에 "우리가 소유로 인해서 불행을 느낄 때는 자신의 욕망지수를 줄일 수밖에 없다."

쇼펜하우어는 불행은 바로 욕망에서 시작된다고 지적한다. "사람들에게 갖고 싶은 것을 말해 보라고 하면 모두 자기가 현재 가진 것들을 빼고 자기 능력으로는 손에 넣을 수 없는 것들만 나열해 놓을 것이다. 모든 사람들에게 욕망의 지평선이 있다는 얘기이며, 욕망의 범위도 그 지평선 안에 머물러 있다는 뜻이다. 바로 그 욕망의 한계선 내에 있는 것들을 자기 손에 넣을 수 있으면 행복을 느끼지만 어떤 장애로 인해서 소유가 불가능해지면 불행을 느낀다. 그리고 욕망의 지평 밖에 있는 것들은 거의 욕구의 대상이 되질 못한다."

사람들의 욕망지수는 한계가 없다. 지하 단칸방 300만 원짜리에서 결혼 생활을 시작한 한 선배가 자기 아내의 집 욕심에 대해 이렇게 말한 적이 있다. "단칸방에서 벗어나 20평대 아파트 전세로 들어가니 마누라가 내 집은 아니지만 여한이 없다고 말했거든. 그런데 32평 아파트를 사서 살아 보니 이번에는 좀 더 넓은 집으로 이사 가고 싶다고 하는 거야. 여자들의 집 욕심은 끝이 없더군."

인간의 욕구는 쇼펜하우어의 지적처럼 "한 욕구가 채워지자 이제는 더 큰 욕구를 향해 간다."

욕망지수를 낮추는 것이야말로 행복해지는 지름길이라고 말하는 쇼펜하우어는 소비의 시대를 사는 우리들에게 큰 울림으로 다가온다. "전에 잘살던 사람이 집안이 망해서 가난하게 되었더라도 옛 생각만 하면서 고통스럽게 살지 말고 욕망의 지수를 낮춰 버리면 행복을 되찾을 수 있다. 우리의 목표는 행복하게 사는 것이지 많이 갖는 것은 아니기 때문이다."

셋째, 쇼펜하우어는 돈의 중요성을 제대로 알라고 조언한다. 그는 사람들이 돈을 소중히 여기는 것을 지극히 자연스러운 일로 받아들인다. 왜냐하면 다른 소유물과 달리 돈은 절대적이기 때문이다.

"돈이 아닌 다른 소유물은 단지 한 가지 욕구만을 충족시켜 준다. 예를 들어 음식은 배를 채워 주고, 술은 취흥을 돋구고, 약은 환자들에게 요긴한 것이고, 모피 코트는 추울 때만 필요하다. 그 모든 것들은 상대적이지만 돈은 절대적이다. 돈은 한 가지 욕구만 구체적으로 충족시켜 주는 것이 아니라 모든 욕구를 추상적으로 충족시켜 주고 있다."

부자들의 개인 도서관

4판 1쇄 인쇄 2025년 11월 30일
4판 1쇄 발행 2025년 12월 5일

지은이 이상건

발행인 양원석 **편집장** 최두은 **디자인** 남미현, 김미선
영업마케팅 윤송, 김지현, 최현윤, 백승원, 유민경, 김수윤

펴낸 곳 ㈜알에이치코리아
주소 서울시 금천구 가산디지털2로 53, 20층 (가산동, 한라시그마밸리)
편집문의 02-6443-8844   **도서문의** 02-6443-8800
홈페이지 http://rhk.co.kr
등록 2004년 1월 15일 제2-3726호

ISBN 978-89-255-7281-9 (03320)

※ 이 책은 ㈜알에이치코리아가 저작권자와의 계약에 따라 발행한 것이므로
본사의 서면 허락 없이는 어떠한 형태나 수단으로도 이 책의 내용을 이용하지 못합니다.
※ 잘못된 책은 구입하신 서점에서 바꾸어 드립니다.
※ 책값은 뒤표지에 있습니다.